食
年年欲惜春春去不
容惜今年又苦雨兩月秋
蕭瑟臥聞海棠花泥
污燕支雪闇中偷負
病

中国佛教美学典藏

总主编

高建平　尹　佃

各分部主编

佛教绘画部　丁　方

佛教造像部　张　总　王敏庆

佛教书法部　何劲松

各分卷作者

造像经典与仪轨　王敏庆　普　能　著

石窟造像（上下）　何　莹　全　薇　著

地面寺院造像（上下）　宋伊哲　著

出土及传世造像　王敏庆　杨小娟　吴源虹　著

经卷佛画　张建宇　著

石窟壁画　张俊沛　著

绢帛佛画　刘　韬　著

禅意绘画　陈粟裕　著

禅德墨迹　聂　清　著

佛教碑刻　胡吉连　著

敦煌写经　李逸峰　著

佛塔建筑　王　耘　著

伽蓝建筑　徐　翥　著

主要编辑、出版人员

社　　长　刘祚臣

副总编辑　刘金双

主任编辑　曾　辉

编　　辑　（按姓氏笔画排序）

于淑敏　马　蕴　王　绚　王　廓

王一珂　王嘉飞　冯　然　邬四娟

刘金双　李　静　李玉莲　宋焕起

林思达　易希瑶　帖慧祯　胡春玲

郭银星　黄佳辉　曹　来　盛　力

程　园　曾　辉　鞠慧卿

特约审稿　汤凌云　韩　伟　陈丽丽　王怀义

装帧设计　今亮后声

禅德墨迹

内容简介

禅德，即禅宗大德，用以尊称禅师。墨迹即所有的手写书法作品，尤其指禅宗历史上著名禅师的手迹。虽然中国传统上并没有对禅师的手迹予以单独关注，但历代禅学高僧和参禅居士的书法作品，却形成了独立风格。本书叙述了从北宋到近代时期，具有代表性的禅德大宗的墨迹，并将佛教与书法相结合，通过对书法的分析，详细解说了书法中蕴含的佛教意义。本书视角独特，图文并茂，内容丰富，可读性强。

聂清

1971年出生于山东，2000年于北京大学获哲学博士学位，现任上海科技大学人文科学研究院研究员。研究范围集中于东方哲学尤其是禅宗，同时兼顾中国书法艺术的研究。发表相关论文多篇。已出版的著作有《荷泽宗研究》《道教与书法》等。

国家出版基金项目
NATIONAL PUBLICATION FOUNDATION

高建平　尹佃
-总主编-

中国佛教美学典藏

佛教书法部
主　编·何劲松

禅德墨迹

聂清一著

中国大百科全书出版社

图书在版编目（CIP）数据

中国佛教美学典藏．禅德墨迹/高建平，尹佃，何劲松主编；聂清著．—北京：中国大百科全书出版社，2024.5

ISBN 978-7-5202-1366-0

Ⅰ.①中… Ⅱ.①高…②尹…③何…④聂… Ⅲ.①佛教—美学—研究—中国 Ⅳ.①B948

中国国家版本馆 CIP 数据核字（2023）第 126419 号

出 版 人 刘祚臣
策 划 人 曾 辉
责任编辑 邬四娟
责任校对 齐 芳
责任印制 李宝丰
装帧设计 今亮后声
出版发行 中国大百科全书出版社
地　　址 北京市阜成门北大街 17 号
邮政编码 100037
电　　话 010–88390969
网　　址 http://www.ecph.com.cn
印　　刷 北京雅昌艺术印刷有限公司
开　　本 889 毫米 ×1194 毫米 1/16
印　　张 13.75 拉页 6 面
字　　数 195 千字
印　　次 2024 年 5 月第 1 版
2024 年 5 月第 1 次印刷
书　　号 ISBN 978-7-5202-1366-0
定　　价 380.00 元

总序

这部多达十五卷的佛教美学和艺术的总汇，是聚数十名专业研究者，积八年之功完成的一项宏大工程。在过去的这些年里，各位参与者都很辛苦。现在，终于苦尽甘来，欣喜之感油然而生。

当前，我们正处在中国式现代化建设的伟大进程之中。要建设中华民族现代文明，就要将现代理论与优秀传统文化遗产相结合。中国佛教艺术是中国传统文化和美学的一个重要组成部分。古人给我们留下了许多精美的艺术珍品，值得我们花大力气去整理、总结，站在现代的立场进行思考、研究。

在五千年的中华文明史中，最初一千多年，中华美学思想的萌芽可从巫史传统和工艺创造中体现。当时的人留下了丰富的实物，给我们提供了对那个时代文化状况的丰富的想象空间。其后，从商到周，出现了精美的青铜器皿，形成了发达的礼乐文化，在实物、操作和观念这三个层面推动了中华美学思想的形成和发展。佛教是发源于印度的宗教，传入中华大地以后与中国原有的礼乐文明碰撞交融，经历了一次外来思想中国化的过程，由此造就了文明的更新。

中国的礼乐文化在周朝兴盛，历经春秋战国，尽管礼崩乐坏，但还是有人竭力保存，到秦汉时仍有所传承。礼乐文化服务于周王室，通过分封的等级制度，实现以上化下、以夏化夷的政治设计。秦汉以后，分封逐渐消失，大一统的帝国逐步形成。这一时期，社会的上层与下层相距遥远，礼乐仍在上层社会的一些礼仪性活动中施行，这时就需要宗教在下层起到填补审美需求空间的作用。

在欧洲，希腊式的城邦制度解体，原来的希腊－罗马宗教体系只在上层社会被维持；而基督教则从社会的下层开始发展，得到广大民众的支持，最终迫使罗马皇帝改宗，同时也在巨大的罗马帝国范围内流传，成为世界性的宗教。在中国，佛教在一定意义上也起着这样的作用。从汉代到唐代，普通民众的审美需求成为佛教兴盛的土壤。正是由于这一原因，通过满足社会中下层民众的审美需求，佛教的审美理想和艺术创造在文明的深处扎下了根。

中国佛教美学有着一些突出的特点。

第一是理想性。这种理想性与非现实性、虚无和出世的观念结合在一起。这在华严宗和净土宗等宗派的思想中有明显的表现。它们所追求的净土，并非存在于现实的此岸世界，而是在理想的彼岸世界。它们的美，也从属于那个世界。现实的美只是彼岸世界美的影子。

第二是通过悟来感受世界。通过悟获得真美，或是苦修而悟道，或是禅宗所主张的顿悟——机缘触发，瞬间就能得道，即达到真美的境界。

第三是偶像崇拜。各种源于犹太经典的宗教，无论是犹太教、基督教，还是伊斯兰教，都流传逃出埃及的以色列人由于崇拜偶像而引起摩西震怒的故事，从而形成各种反偶像崇拜的传统，有的弃绝一切形象，有的不准造圣像。即使后来最热衷造像的天主教，也是依据一套“愚人的《圣经》”的说辞，即运用图像给不能阅读的人演绎《圣经》故事，提供图像存在的理由。这样一来，天主教的图像只是神圣故事的演绎，其本身不具有神性；圣徒所崇拜的不是偶像，而是通过图像感受神的道理。与此不同，尽管佛教早期也有过一段无佛像时期，但后来很快就有了对佛像的普遍接受。佛教的造像被认为其本身就有神性，是神的化身。

第四是宏阔的时空观。源于犹太经典的各种宗教都具有关于世界起源的传说和关于世界末日的预言。佛教则不同，不认为有起源和末日，而认为世界在时间上是无限的，循环往复，以至无穷；在空间上也是无限的，无所谓中心、边缘。体现在美学和艺术上，佛教就具有一种超越时空、追求无限的美学观念。

第五是和谐圆融的审美境界。美的理想是一种圆，但这不是毕达哥拉斯的数学上的圆，而是圆融的生存境界。佛教讲世界和谐，这又是通过圆的意象得到体现。

本套书共分四部十五卷，涉及书法、绘画 、造像、建筑等。

佛教书法部共有四卷，即《敦煌写经》《佛教碑刻》《禅德墨迹》和《禅意绘画》。

在印刷术流行之前，佛经的流传主要靠人工抄写。在这方面，敦煌藏经洞给我们留下了大批人工抄写的佛经。当时传抄佛经是基于保存和流传的需要，同时佛教徒们也将抄写佛经当成一种修行，通过艰辛的抄写工作以积累功德。这不仅为我们留下了大量的经典，同时也留下了重要的对当时的书写进行研究的材料。绝大多数佛教徒在抄写佛经时，都有一种虔敬的心态，他们书写认真，字迹清楚、容易识读。在字体上，楷、行、草三体均有，但以楷书为主。

佛教碑刻包括佛经碑刻、造像题记及寺塔碑碣。这些碑刻用途不同，风格上也有差异，但大体上是以隶书和楷书为主，风格上庄严静穆，偶有装饰意味。

禅德墨迹包括具有文人趣味的禅僧的书法作品，以及受禅宗思想影响的文人的书法作品。这些作品风格自由活泼，字体多为行书和草书，通过笔墨直抒胸臆，表现内在的情感。

禅意绘画，最初是画者致力于表现禅理，强调直觉性和感悟性，并以此使绘画超越形象的描绘。这种绘画追求推动了中国绘画意识的发展，并且与文人绘画结合，对中国绘画观念的发展和转折起到了关键作用。

佛教绘画部共有三卷，分为《石窟壁画》《绢帛佛画》《经卷佛画》，各有其鲜明的特点。

石窟壁画是指画在石窟壁上的绘画。壁画是人类最为古老的一种绘画形式。中国佛教石窟壁画主要存在于西域地区，以佛像和佛教故事为主要题材，也包括对佛国之境的描绘，其中乐舞飞天的壁画穿越千年，给人以惊艳之感，成为当代众多艺术创作的灵感来源。石窟壁画大多受印度绘画人物造型的影响，又开始具有中原绘画的元素，成为中西艺术风格结合的最早范例。

绢帛佛画以敦煌藏经洞绢画为主，现多藏于英、法、俄、德等国的博物馆中，日本、印度、韩国等国也有保存。这些绢画所画的形象不同，有佛、菩萨、罗汉、武士，以及供养人。从这些画中可看出中国绘画中线条之美的来龙去脉、中国绘画色彩的源与流。宗白华区分了中国艺术的错彩镂金之美与芙蓉出水之美，绢帛画大体属于错彩镂金一类。

经卷佛画，即佛经中的插图或附图，包括佛教经卷的卷首画（也称扉画）、随文插图、卷末的拖尾画。从制作技艺来看，经卷佛画分墨绘佛画和版画，雕版印刷繁盛时代出现了讲述各种佛经故事的版画。对经卷佛画的研究很有价值，但过去研究不多，本卷是对此研究领域的开拓。

佛教造像部内容最为丰富，分为《石窟造像》《地面寺院造像》《出土及传世造像》《造像经典与仪轨》。

《石窟造像》分上、下两卷。上卷讲新疆和中原北方石窟，下卷讲南方和藏传佛教造像。将这些不同地域、不同时代所创作的造像放在一起来对比，可以清晰地看出这些造像的造型和艺术风格在文化交流中留下的痕迹和在时代变迁中的沿革。

地面寺院造像则呈现出多样性和变动性。遍布西域和中原大地的佛寺中的造像，以及在藏区的藏传佛教寺庙中的造像，呈现出各自的地域特点；经过千年变化，又呈现出不同的时代特点。尽管佛像有“千佛一面”的说法，但不同地域、不同时代佛像的差别仍鲜明地体现出来。

出土及传世造像可称为前两种佛教造像的补充。这些造像被发现和保存，具有极大的偶然性。它们不像石窟造像，可系统发掘；也不像现存寺院里的造像，原本就有完整布局，具有系统性。这种出土及传世造像相对零散，其系统性需要研究者构建。

《造像经典与仪轨》是很特别的一卷。该卷对佛教造像特点和主要菩萨、天王等形象的基本框架做了概述，还对佛教活动的空间、所用法器等做了阐释。

佛教建筑部共两卷，一卷讲伽蓝，一卷讲佛塔。

《伽蓝建筑》主要讲历代的中土佛寺及藏传佛教的寺庙。正像欧洲历史上的建筑集中体现于教堂一样，佛教寺庙亦成为中国古代建筑的典范。本卷分朝代展示中国古代的寺庙，并对藏传佛教的寺庙做了专门的论述。

《佛塔建筑》专门论述佛塔。佛塔造型精美，是中国古代建筑精华所在。佛塔近可与寺庙组成一个整体，高耸的塔在建筑群中起画龙点睛的作用；远可装点河山，在自然山水中加上人工点缀。佛塔原本是瘗埋高僧圆寂后遗体和珍藏舍利的地方。它既是死亡之所，又是涅槃和超越之地。生死之事，永远是最大的事，这与僧人生活有密切关联，也使塔有了人情、人性、理想等多种意味。

佛教美学和艺术的内容丰富多彩，包含各个艺术门类。除本套丛书所介绍的之外，还包括诗词、音乐、歌舞等。我们的想法是，在现阶段能做什么，就先做起来。希望这套典藏为更全面地研究中国佛教美学起奠基作用；也希望将来在此基础上，借助新媒体，使中国佛教美学的精华得到更为全面的展示。

在最初组织这一课题组之时，我们的计划是，从几个主要的佛教艺术门类中，选取最有代表性的作品，给予精要的说明，以形成佛教美学的一个总汇。其目的在于，将佛教美学的精华在一个选本系列中汇总起来，将一些平时很难见到、只有专家才掌握的佛教艺术作品的图片加以集中，配以解说，从而使这些作品受到人们的关注。佛教从两千多年前开始传入中国，带来了佛教美学和艺术，在中国大地上生根、开花，与中国原有的传统结合，再经过历代僧俗信众的传承和创新，形成了璀璨多彩的中国佛教文化。中国佛教文化成为中华文化的一个组成部分，在世界文化史上也具有重要意义。在今天，加强佛教美学的学术研究，对佛教艺术的普及，对大众熟悉和了解佛教文化，对传承和弘扬中华优秀传统文化，都是一件功德无量的事。

记得第一次开编纂工作会，任务是明确大脉络的分工，确定各卷的主持人和基本研究队伍，划定各卷内容的边界。各位参编者的热情都很高。大家一方面认为，这件事很重要，编出的书会很宏伟壮观，成为一个大制作；另一方面也认为，这方面的书过去很少，有了一个好的立意，再加上选对了人，编起来不会费多大的劲，不过是将相关领域的专家集中起来，将原本就熟悉的材料以一个新的、对读者更具有亲和力的形式重新组织一遍而已。

到了真正上手去做才发现其中的种种艰难。材料难找，解说不好写。历史事实考证清楚，解说内容正确，这是基本的要求。这方面的要求，说说容易，做起来就有难度。不仅如此，由于这套书冠名美学，在选材时体现美学视角、在解说中体现美学阐释就很重要，对于长期致力于事实考证的专家来说，这种工作也有一定的难度。在撰写过程中，有人畏难退缩，有人赶不上进度要求，但是，这样一个庞大的工程，开弓没有回头箭，再艰难也要做下去，并且要保质保量地完成。

在这几年的工作中，撰稿和编辑人员都付出了巨大的努力。他们不仅研读既有的书籍、史料和画册，还要遍访全国各地的代表性寺院。最让我感动的是，他们跋山涉水，带着沉重的拍摄器材到现场拍摄。为了获得最佳的拍摄角度，课题组还购置了无人机，以便在人无法到达的角度进行拍摄。他们的努力，为这套书提供了大量精美的独家图片。

在此期间，课题组多次在北京召开会议；还远赴广东、山西等地，举行各种工作会议。每次会议都力求实效，解决编写过程中所出现的各种具体问题，包括工作分工、人员配备、文字质量、图片规格和要求、工作进度，以及编撰者与编辑如何相互配合以加快进度，等等。为了深化这套书的美学特色，我们还邀请了几位对中国古代美学有研究的学者对文字内容进行了审阅，提出了许多具体的修改意见。

现在，书稿终于付印了。感谢参加撰写《中国佛教美学典藏》的各位作者，各位均为对佛教美学和艺术有深厚研究基础的专家。他们不辞辛劳，集中精力，终于使这项巨大的工程得以完成。更令我们感动的是，著名佛门高僧尹佃法师自始至终参与我们的策划立项、内容框架研讨和后期编纂工作，多次参加编纂工作会议，提出重要意见。中国大百科全书出版社的郭银星和曾辉两位接力领导的编辑团队，对这项工作极为负责，在编辑出版过程中提供了周到而贴心的服务。本书是各位辛勤劳动的结晶。

佛教艺术和文化是中华美学的一个重要组成部分。中国佛教之美是先人留给我们的一笔宝贵遗产。同时，它又是在当代充满生命力的活的美学。我们带着对文化传统的虔敬之心来整理这份遗产，又以面向当代、面向世界、面向未来的态度，带着责任感和使命感，以激发传统文化在当代的生命力为目的，来审视并引领中国美学的辉煌未来。

总论

佛教在西汉末至东汉初自西域传入中国，融入中国经历了一个较为漫长的过程，这个过程也是其逐步实现中国化的过程，最终孕育了有别于原始佛教的中国佛教。在此基础上，佛教以“同盟军”的身份一步步融入中国文化之中，并以其优长彰显于世。在佛教中国化的漫长的文化融合和发展过程中，中国书法始终与之相契相合，彼此之间相互影响，相互融通，相得益彰，绵延至今。历代有关佛教与书法、佛教书法的相关论述不少，但要对“佛教书法”进行明确界定，仍是一件不容易的事。黄君认为，“佛教书法的内涵应该主要体现在书法作品（及其理论）对于佛教思想的吸收、溶化、表现”等方面，“对于作品中的文字内容（经、律、论、公案、偈语等），虽然我们承认它属于佛教书法内容，但它毕竟是第二位的，次要的、非本质的”。[①] 从文本意义上，佛教书法在两汉时期随着早期佛经翻译的开始而出现，但此时的佛教书法更多的意义还是体现在其作为考证史实的文献，还并未上升到“艺术”的层面，更谈不上佛教思想的体现。

佛教在中国的发展与传播同时是一个不断比附中国文化的过程，其通过结合已有的中国观念与实践，以易于理解和接受的方式逐渐融入中国文化，对中国的哲学、文学、艺术等产生了深远的影响。客观地说，佛教在中国的传播与发展，实现了对中国传统文化艺术的再创造，扩展了中国文化艺术的范畴，丰富了中国文化艺术的内容。汉末两晋时期，佛教与中国原有的儒、道文化之间的交流表现为玄、禅两大思潮的碰撞和融合，并在此基础上促使当时的文化艺术走向自觉之

① 黄君：《“佛教书法”之我见》，《法音》，1993 年第 2 期。

路。这一点在书法上表现得尤为突出：佛教犹如催化剂一般，使得中国书法艺术逐渐丰满、丰富起来。首先，玄学给书法注入易学“道”的本体，即书法艺术所要表达的是宇宙万物“一阴一阳”的本质规律；其次，佛教又给书法艺术注入另一本体——“心”，人们开始真正将书法视为“心画”，即清人刘熙载所说的“书也者，心学也”；最后，书法一改过去被当作工具、被视为“小技”或“末流”的局面，成为人们的审美对象，社会上开始出现书法世家，甚至出现书法上“父子争胜，兄弟竞爽”的场面。尽管这一时期以“二王”（王羲之、王献之）为代表的书家未必都对佛教思想表现出炙热之情，但此时佛教思想与老庄玄学相互统摄，自然而然地影响到书家们的审美与创作。就这样，书法迅速实现了艺术“自觉”，出现“人心营构之相”，即表现中国人特有的宇宙观和生命情调的艺术形式。正如宋人朱长文感叹的那样：“书之至者，妙与道参，技艺云乎哉！”

南北朝时期，佛教在中国得以空前发展，出现了“南朝四百八十寺，多少楼台烟雨中”的盛况，中原王朝朝野上下，信士满天下。此时，各阶层的佛教信众们都热衷于祈福避灾，捐造佛像。早期佛教认为人体是禁锢灵魂的躯壳，故不主张塑造佛像，直到佛教大众派与上座派分裂，偶像崇拜的思潮开始在大众派中出现，加上印度佛教传至罗马文化影响下的犍陀罗地区，与当地的雕塑艺术相结合，佛教造像广为流传。传入中国以后，佛教造像更是成为其重要的宣传手段。在捐造佛像过程中，以造像时间，供养人官职、籍贯，出资造像的因由及发愿文为主要内容的造像题记逐渐出现。与此同时，造像题记作为一种佛教书法类型也随之出现。造像题记以龙门石窟内的《龙门二十品》为代表，这类碑刻书法整体上雄健刚强、率真质朴，呈现出风格多样性的特征，与当时以北魏洛阳元氏墓志为代表的官方书风迥然有别。

北朝后期，由于受到佛教“末法”思想影响，特别是在经历了北魏和北周的两次灭佛浩劫后，一场声势浩大的刻经之风骤然兴起，佛教徒开始将经文刻在山崖或石碑上。这些刻经既有皇家背景，也有典型的底层文化特征。前者以位于北齐京畿附近的邯郸响堂山刻经与中皇山摩崖刻经等为代表，后者以位于山东的泰山经石峪《金刚经》与邹城“四山摩崖”等最为突出。这类摩崖刻经书法在风格上呈现出雄浑圆厚、浑穆简静之美。

尽管南北朝时期的佛教造像题记书法与佛教刻经书法所呈现出来的风格特征和美学追求与佛教的教义教理并没有直接、必然的联系，但作为佛教与书法两者融合的风格类型，对后世书法影响深远。正如清人阮元在《北碑南帖论》中说："短笺长卷，意态挥洒，则帖擅其长；界格方严，法书深刻，则碑据其胜。"康有为在《广艺舟双楫》中也说："吾见六朝造像数百种，中间虽野人之所书，笔法亦浑朴奇丽有异态。"清代书家大多重碑，对北朝碑刻书风给予高度评价。

隋唐时期，佛教的发展迎来了宗派林立的局面，天台、华严、禅宗、唯识、净土等佛教宗派的出现，表明此时中国佛教已完全融入中华文化体系，并形成其相对独立的理论体系，最终实现了佛教发展的中国化。晚唐时期，禅宗思想凭借它强大的渗透力，开始向社会的各个层面转化并实现它自身的价值。

晚唐以后，禅宗思想持续影响中国思想发展的进程，铸造中华民族的人生哲学，陶冶知识阶层的审美情趣。禅宗思想的发展逐渐由山林禅寺转向社会和思想界，对文学艺术产生了极大的影响，书法也概莫能外。这一时期，禅宗特别是主顿悟的南宗禅主张不立文字，教外别传，直指人心，见性成佛，认为只要"本心澄净"便可立地成佛。在"若不究心，坐禅徒增业苦；如能护念，骂佛犹益真修"的思想支配下，禅宗各派中普遍出现不尚坐禅、不尚苦行现象，修禅者随缘任运，呵佛骂祖，机锋棒喝，亦狂亦癫。此时的书法家们从南禅风中找到了强有力的宗教思想依据来支撑直指人心、直抒胸臆的创作理念，这使他们隐约领会到书法应重视清净本心，要以抒情达意为书法创作的第一要义。以怀素、亚栖、贯休、梦龟、彦修等僧人为主要代表的书家们强调书法创作中推陈出新、通变的观念，认为"变"是古往今来书家成功的关键，若执法不变，终成书奴。这种对于创新的重视与佛教中以"自觉觉他"、涅槃智慧挽救众生为目标如出一辙。这一创作理念几乎垄断了整个晚唐乃至五代书坛，为宋代尚意书风的形成埋下了伏笔。

宋代最为杰出的三位书家——苏轼、黄庭坚、米芾，都与禅师常相酬往，他们的书法自然而然地受到禅宗思想的影响。特别是苏黄二人，在与高僧交往酬答中，着力于佛学思想义理和禅宗美学境界方面的探索与体悟，"以文字而做佛事"，在佛法与书法中体悟如来的不二法门。正是以苏黄为代表的宋代文人在经历了人生起伏、仕途荣辱后，或"由儒入禅"，或"由儒入道"。他们参禅问道、游戏笔墨的书斋生活与尚意自适的日常书写，成了“一种集士大夫学问、道德与文人审美于一体，融合儒、释、道三家哲学内涵，既受文人敬仰又亲近生活的状态”，最终促成了宋代尚意书风的形成。[①]宋代以后，尽管佛教与书法频频交往，但佛教思想对书法艺术新的渗透并不多，值得一提的是明人董其昌,《明史》称其“性和易，通禅理，萧闲吐纳，终日无俗语”。董氏与莲池、憨山等禅师关系甚密，还曾批阅过禅宗经籍《永明宗镜录》，具有非同一般的佛学修为。董氏受《楞严经》中“八还辨见”的启发，悟得“书未有学古而不变”的道理，并将佛家“梵我合一”“无上清净”的境界巧妙地化入其书写实践，创造出笔法“无迹可寻”、墨法“淡趣”的萧散简远书风，对晚明以后的书法产生重要影响。

佛教传入并逐渐融入中国文化的过程，始终都离不开文人士大夫的支持与倡导。反之，佛教思想又影响他们的精神世界、文艺创作与日常生活。在书法上，佛教思想除了影响其艺术理念、审美取向和创作实践之外，古代文人又以书法抄经等酬报助扬佛法。历代书法名家，几乎都写过佛教相关的经典或碑文书帖。如王羲之写了《遗教经》，张旭写了《心经》，柳公权写了《心经》《金刚经》和《清净经》，苏轼书写了《心经》《金刚经》《华严经》等经、序十余种。另如欧阳询、褚遂良、虞世南、颜真卿、黄庭坚、赵孟頫、米芾等都参与过佛教写经。

佛教自初传起，经典的翻译与传播都依赖于手工传抄，随着佛教的迅速发展，抄经更是需要大量人员的参与。此时，佛教典籍中都将抄经视为重要的修行行为，称之有无上功德，如《妙法莲华经·普贤菩萨劝发品》云：“若有受持读诵，正忆念，修习《法华经》者，当知是人则见释迦牟尼佛。”于是，抄写佛经、念诵佛经便成为一种普遍的社会现象。写经、抄经者除了僧侣，还有普通民众、居士、文人、商人、手工业者，更有王公贵族等，几乎涵盖了社会的各个阶层。这些人中除了一部分有一定文化基础的佛教信徒是由自己来抄经，其他绝大部分的人要借助于他人来完成抄经。更多时候，他们雇佣一些社会地位较低且有一定书写经验的人，于是便有了专门的职业写经人，被称为“经生”。与此同时，寺院也形成了一套由经生、官经生、书手、楷书手、校书手、典经师等组成的专门的组织机构，

① 刘超：《〈元祐党籍〉碑刻与元祐文人精神——兼论“苏学”“苏字”在南宋的传播》，《荣宝斋》，2019年第4期。

并对写经的过程和仪轨进行严格规定。据宋代《宣和书谱》载：经生在抄经过程中“修整自持”，“数千字终始如一律，不失行次”，“一波三折，笔之势亦自不苟。岂其意与笔正，特见严谨，亦可嘉矣”。由此可见，抄手们在抄写经文时，要有恭虔之心，心无杂念，心平气和，神智宁静，完全进入角色，达至玄妙境界。对经生来说，还要做到速度与质量两不误，既要抄写得快，不耽误功夫，又要规矩齐整，便于诵经之人诵读。就这样，写经书法虽然在各个时代体现出一定的差异，但是其用笔、结构和章法逐步固定下来，形成独特的风格类型，在书法史上被称为“写经体”。现在人们看到的敦煌写经，在这类书法中蔚为大宗。

敦煌写经书法主要是楷书，而且是小楷，书写工整清楚，通篇从结体、笔法和章法布白形式上都趋于统一稳定，既与所处时代的主流书法相互融合、相互影响，又具有相对的独立性。魏晋时期的写经，因正处于隶书向楷书的过渡时期，带有明显的隶书意味，类似当时流行的钟繇楷书。南北朝时期的写经则明显受到魏碑书风的影响，基本上摆脱了隶书风格，结体上“斜画紧接”，笔画中明显体现出刀刻外露的锋芒之感。隋唐时期的写经风格与当时的主流书风相比则有一定滞后性，尚有隶书、魏碑的余续，整体上为工整优雅的妍美书风所代替。到晚唐五代时期，受“唐尚法”的影响，敦煌写经书法在笔势、结构、笔法上逐渐与社会主流书风趋于一致。

敦煌写经以大量的墨迹遗存清晰地展现了书法字体从隶书到楷书的演变过程。此外，敦煌写经虽有千人一面之嫌，但仍具有鲜明的类型特征，颇受后人关注，如王学仲便将之与“帖学”“碑学”并列，作为一种新的书法类型——“经系”提出来。

从中国绘画的发展历程来看，来自佛教的影响同样至关重要。

首先，佛教文化的发展促进了绘画艺术自觉的产生。汉代以前的绘画，如常见的“圣贤图”“帝王图”“烈女图”等人物画，其目的和书法一样是为了“成人伦，助教化”，重视外形之似、相貌之真。自汉末魏晋时起，人物画虽未完全摆脱人伦教化作用，仍强调形似貌真的一面，但已然发生着明显的变化，即朝着神似的方向发展。这些新的变化，在曹不兴、卫协、顾恺之三代画家的身上体现得尤为明显。此外，这一时期的人物画中开始增添了佛教的诸佛、菩萨、天神、伎乐等形象，并开始涉及山水自然。虽然此时的自然并不作为画面的重点，其目的只是以“物”衬“人”。但颇受战乱纷争、政治煎熬的人们开始逃离世俗，崇尚自然、寄情山水，最终导致山水题材绘画的出现。这一时期绘画观念的转变与佛教在传播、发展中形成的玄禅思想密切相关。在玄禅思想指导下，书画都得以上升到“道”“心”本体论高度，于是便由“技”进入“道”的境界。此时的书画家要表现心中的“意”，而这个“意”即来源于天地阴阳的变化，二者是相通的。由于“心”与“物”互相作用，不相对立，因此中国书画美便成为由阴阳变化所决定的天地万物和谐之美，以及与之相一致的主体“心”的共同表现，两者打成一片，不可分割。至此，绘画艺术在“道”理念下，对自然现象重新加以组织、加工、提炼，显示的是生命的和谐结构，以及宇宙生生不息的运动变化。这种中国特色的美学理念与西方美学中古希腊的“模仿论”、西方现代的“表现论”迥然有别。

其次，佛教文化对中国绘画最为深刻的影响还表现在来自禅宗的影响。自晚唐以来，禅宗的审美情趣影响到中国绘画，最终促成中国绘画艺术的革命，即写意书画的出现。之后，写意书画逐渐成为中国书画的主流。在禅宗思想影响下，绘画成为文人士大夫们参禅悟道的重要手段。该类绘画的内容往往超越时空的限制而带有很大的主观随意性，譬如绘者往往会将桃花、芙蓉、莲花等属于不同季节的内容置于同一画面。宋人沈括将之概括为“此乃得心应手，意到便成，故造理入神，迥得天意，此难可与俗人论也”。宋代以后，这一理念得到进一步发展，人们开始关注“主意”，以“意”为尺度评价画作的高低优劣。可以说，唐宋以后逐渐走向成熟的“以意为主”的审美观及写意画的形成和发展与禅宗的影响密切相关。

最后，学理上论述绘画与禅宗的关系颇为顺畅，但要对“禅画”进行明确界定颇为艰难，众说纷纭。综合起来，禅画的特殊性并不局限于题材或者绘画方式，而是作品在形式之外的精神内核，这种内核与禅宗修行的特殊体验有着密切联系，从而使得人在绘制或观看画作获得类似于禅修一般的心理体验。随着“禅”的世俗化、生活化，禅画也并不囿于禅门之内，作者的身份也不局限于沙门比丘，故其名号称为禅意画更为合适。概括起来，禅意绘画总体上表现出心中自然、直观顿悟、水墨妍彩等美学特征。

《中国佛教美学典藏》佛教书法部分为《佛教碑刻》《敦煌写经》《禅德墨迹》《禅意绘画》四卷，分别由胡吉连、李逸峰、聂清、陈粟裕负责撰写。各卷在编写体例上各有特色，或以时间为序，或分门别类。四卷对佛教书法中的碑刻、写经、禅德墨迹及禅意绘画在各个时期的代表作品进行讨论，着重阐释佛教文化与书画艺术的融合与互动，解析不同作品的美学内涵。

有关佛教与中国文化艺术关系的讨论，是一个老生常谈的问题，也是不断发展且常谈常新的问题。囿于我们的水平有限，所述难免存在纰漏之处，敬请有识者批评、指教

何劲松　胡吉连

2022 年 10 月 29 日

目 录

图片目录

第一章 北宋禅德墨迹

第二章 南宋禅德墨迹

第三章

元代禅德墨迹

第四章

明清之际禅德墨迹

第五章
近代禅德墨迹

鼇爭駢頭此生蹔寄寓常
恐名實浮我比陶令愧
師爲遠公優送我還過溪〻
水當逆流聊使此人山永記
二老遊大千在掌握寧有離
別憂

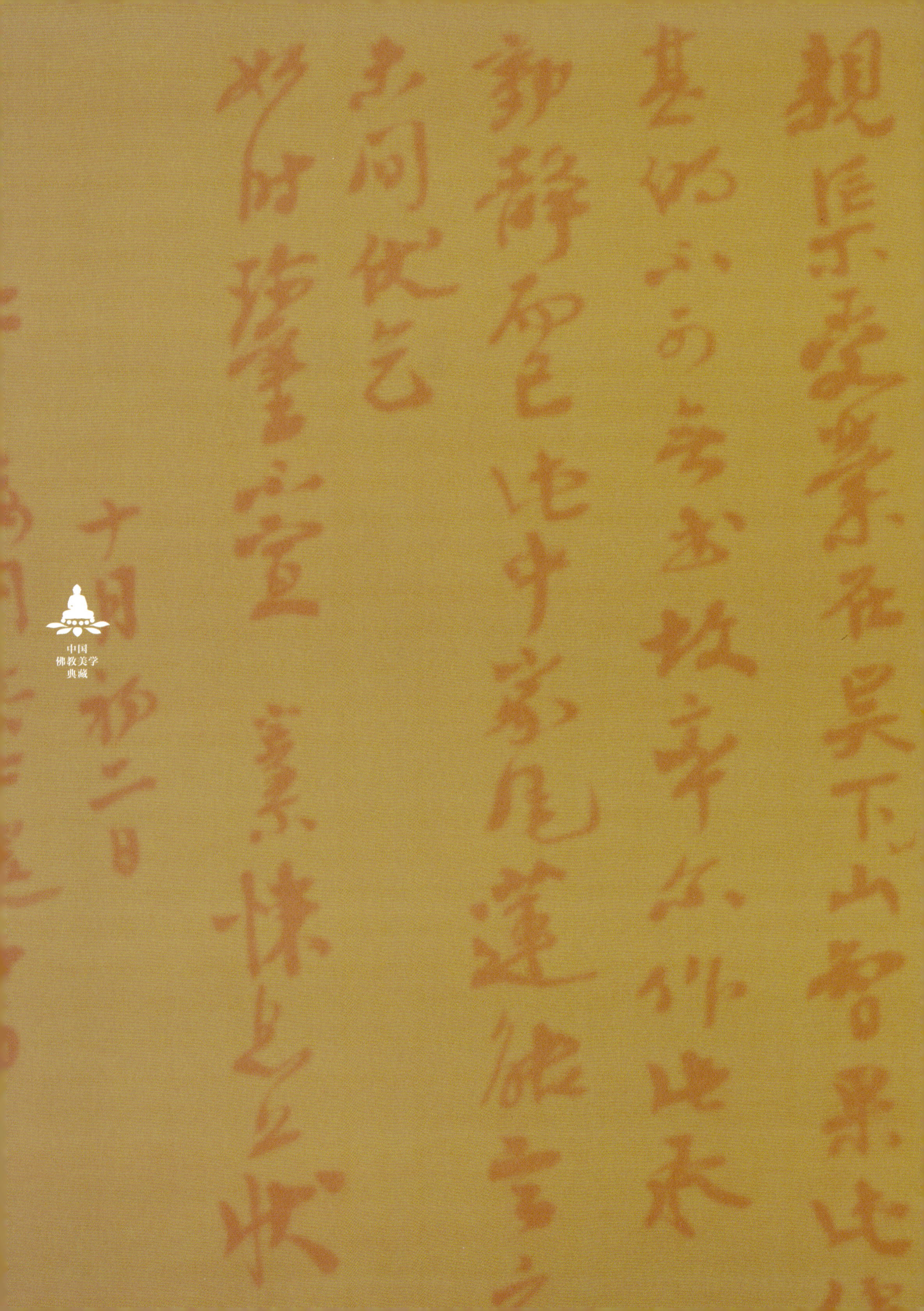

中国
佛教美学
典藏

绪论

一、禅德墨迹的界定

禅德，即禅宗大德，用以尊称禅师。

从汉语的角度讲，对于禅的理解可以分为狭义和广义两种：广义指禅定，即人类锻炼思维、生发智慧的一种方式；狭义指佛教禅宗。

禅定普遍存在于各种古典精神系统当中，中国先秦时代的儒道诸子对此已有深入的探讨，两汉之际佛教的传入使之更为盛行。太虚法师曾指出“中国佛教的特质在于禅”，便是从广义来说明中国佛教各宗的思想来源于禅定实践。天台宗有渐次止观、不定止观和圆顿止观等多种禅法，华严宗有理无碍、事无碍、理事无碍等禅法，净土宗源自印度的观想佛像禅法，随后衍生出通过念诵达至一心不乱的禅法。

中土各宗中最为特别的一派是禅宗，也就是所谓的狭义的禅。从表面上看，禅宗反对传统的禅法，因此很长一段时间内难被佛教界理解和认可。《六祖坛经》明确指出，禅宗“唯论见性，不论禅定解脱”。内侍薛简代表唐中宗拜访慧能时曾对此提出质疑：“京城禅德皆云：欲得会道，必须坐禅习定；若不因禅定而得解脱者，未之有也。”禅宗的独特理念在于定慧一体，它认为如如不动的空性与了达空性的智慧只是一种存在的两种表述。从这种角度来看，真正的禅定就是空性，并非复杂烦琐的有为观想。在禅宗看来，这种空性与智慧的结合，存在于每个人的本性当中，只要洞察本性就能达至定慧合一的境界。

这种洞察自己本性的过程，禅宗称之为顿悟，而顿悟本身无法通过固定的方式获得。自然界的现象、导师的激发、偶然的际遇，都可能成为顿悟的因缘。然而在顿悟之前，学禅者毫无例外都要经历漫长而专注的参究过程。其中仅有极个别的参禅之士取得了最终的成就，学人更多是从参学的历程中获得各种启发。参禅经历带来的启发，深刻影响了宋以后中国的哲学、文学与艺术等诸多领域。书法艺术只是呈现禅悟的载体之一。禅德墨迹当中，既有禅宗泰斗的无心之作，也有深受禅学熏染的书法家的精心书写。它们的共同特点在于，在书写具体内容之外，通过笔墨形态呈现出书写者对于禅悟的理解。

“墨迹”一词在书法史上有广义和狭义两种内涵。

从广义上讲，所有的手写书法作品都可被称为墨迹，中国早在六朝就使用“墨迹”一词，如《南史·范晔传》：“上示以晔墨迹，晔乃引罪。”到了宋代，墨迹成为书法的同义语，尤指古代流传下来的代表作原件。从这个意义上讲，墨迹是同铭刻相对应的概念。铭刻是对书法原作的再次加工，在加工之前的手写原作就是墨迹。诸如甲骨文和金文就属于典型的铭刻作品，而同时代的朱书和墨书则属于墨迹范畴。随着时代的演进，墨迹在书法作品中所占比例越来越大。这是因为铭刻文字比墨迹更容易保存，还便于复制。但从艺术的角度来讲，墨迹具有更高的地位和更丰富的内涵。

从狭义的角度讲，墨迹在日本指的是中国流传到日本的手迹及日本国内禅师的手迹，尤其指禅宗历史上著名禅师的手迹。在日本室町时代（1336—1573），书法被视为禅宗大师应具备的一项主要文化素养，墨迹成为与禅宗有关的重要艺术成就。日本人之所以重视这些禅师的墨迹，一方面是出于对禅师本人的景仰；另一方面是相信这些墨迹具有强大的精神力量，可以启迪后学者的心智。

中国传统上并没有对禅师的手迹予以单独关注，但历代禅学高僧和参禅居士的书法作品形成了事实上的独立风格。本卷《禅德墨迹》就是对这些作品的集中解说，以此呈现书法史中此流脉的独特面貌和内涵。本卷所谓墨迹的内涵比日本人所言更为开阔，不仅包括了禅师的手迹，也包含了参禅居士的代表作品。这一部分内容与通常的书法史在题材上有所重合，然而本卷将会对其佛教意义给予更为充分的解说。

二、禅德墨迹的意义

佛教与书法的结合源于南北朝，主要是通过写经、刻经来进行佛教义理的传播。这种结合一直延续到唐宋乃至元代，在这种结合方式中，书法主要是作为承载佛教思想的工具的。而禅德墨迹则不同，其中书写文字一方面用来表达佛教的思想内容；另一方面，其书法形态本身也具有宗教层面的启发性功用。从某种角度看，墨迹形态开示佛法的作用甚至超过它本身所承载的文字内容，这是禅德墨迹能够成为独立艺术形态的根本特征。

墨迹的这种独特功用来源于汉字书法的表意性源头。一方面，汉字本身是一种表意性文字，它既不是完全的象形造字，也不是音节的组合，表意是汉字最为基本的构成方式。另一方面，书法作为相对独立于表述内容的艺术形态，根本途径是通过意境来传递一种内在精神，这种艺术形式最初可以追溯到《易传》“立象以尽意”的传统。《易传·系辞上》中曾经明确提出问题：“书不尽言，言不尽意。然则圣人之意，其不可见乎？”随后又对此解答道：“圣人立象以尽意。”《易传》明确指出，一方面，“意”本身幽微深妙，难以言传；另一方面，可以通过对“象”的把握来通达“意”的内涵。这两个角度恰好合为一个整体：正是因为语言无法完全达意，所以才要立象以穷尽意之所指。从《易传》开始，通过“象”来把握“意”逐渐成为中国思想中最为重要的认知途径。它超越了具体思想派系的分歧，不局限于思辨哲学领域，而是广泛地渗透到宗教、文学、艺术乃至政治等诸多领域。

佛教初传东土之际，对于“义”的关注占据了上风。无论是用本土思想予以解说的“格义”，还是西行求法以澄清的“本义”，都是将佛教理解为一个可以充分言说的思辨体系。各个宗派之间的区别，只存在于如何理解佛典的含义。大家都认为在此思想体系基础之上，布施、持戒乃至禅定、神通才有所凭借。然而，随着禅宗的兴起，中国佛教的模式发生了巨大变化：文义从此不再成为理解佛法的必由之路，意会在很大程度上替代了义解的功用。在极端情况下，禅师甚至认为文字阻碍了意会的过程。既然文义无法发挥领悟佛理的功能，那么随之而来的诗歌、棒喝、手势等意象就成为常见的领悟手段。

魏晋以后，更多的中土思想元素渗透到禅学师承之中。禅宗甚至把对佛理最根本的领悟直接称为“意”。《祖堂集》中所载梁武帝请教菩提达摩时尚且关注“圣谛第一义”，而慧明请教慧能时就已经变成“上来密语密意外，还更有密意否”。从“义”改变为“意”，不仅仅是用词习惯的微小变化，其所蕴含的思想背景，已经从初期禅宗袭自印度的义解传统向中国本土的意会传统转化。

从此之后，诸如“黄梅意旨”“祖师意”“西来意”等对于意的关注，成为禅宗最重要的活动内容。禅师消解疑情的手段不再局限于解说义理的途径，而是转向以象释意。象与意，在参禅活动中重新获得其重要而密切的关联。由此，禅宗的启发手段具有了丰富的艺术色彩，诸如诗歌、偈颂、绘画乃至言行，都成为禅师承载并传达意象的媒介。

总而言之，禅宗的兴起使得中国佛教逐渐摆脱了印度佛教通过思辨抉择来修正观念的途径，走向对于“意”的直截领悟。这种领悟超越了具体文字，但是又不离开文字。禅德墨迹恰好在这两个方面都与之产生对应：墨迹的文本呈现了禅德对于佛法的文字性表述，而书法形态则表达了禅德超越文字内容本身的意蕴。在禅德墨迹当中，不立文字和不离文字形成具有张力的统一，从而激发出一代又一代人对佛理的意象性领悟。

三、尚意书风的影响

尚意书风与禅德墨迹都兴起于北宋，这并非偶然。相对于盛唐时代对法度的重视，宋初诸书家试图通过摆脱刻板规范来直指本原。这种努力恰好与禅宗直指本心的趋势不谋而合，因此禅德墨迹与尚意书风之间存在着高度的共鸣。

禅宗兴起的源头可以追溯到北魏，但直到唐末禅宗才成为影响巨大的佛教派别。早期禅宗思想的弘扬，很大程度上要借助于对佛教义理的理解。禅宗初传时期，跟相同时期的唯识、天台诸宗类似，主要借助《楞伽经》《涅槃经》《维摩诘经》和

《般若经》等佛典来阐发自己的观点。这个时期的禅宗还是偏重于法。重法不仅是唐代佛教的共识，也是唐代书法的基本特征。在严格的规范约束之下，佛法与书法在唐代都达到了后人难以企及的高度，也产生了诸如刻板固执的弊端。

在禅宗的发展过程中，语言的局限性逐渐被禅师们所认知，于是出现了摆脱经典和文字的趋势，以此来消解重法带来的弊病。禅宗大量采用意会的方式来启发后学，诸如偈颂、动作和图像都成为表意的工具。这种工具的方便之处在于，既可以截断学人纷繁的思虑，又不至于由此落于枯寂之境。宋代书法尚意思潮的动机与此类似，一方面试图纠正唐人过于重法带来的弊端，另一方面试图寻找更为有效的启发途径。

尚意书风表面上是《易传》“立象以尽意”观念在宋代的复兴，但考虑到当时的具体思想背景，不得不说更多是受到禅宗修证方式的激发。因为尚意书风不仅仅是要通过象来通达意，更重要的目的是要通过尽意而达到无意之境。《庄子》中已经提到超越具体物相而领会真意的观点，所谓“得鱼忘筌，得意忘言”；王弼《周易略例·明象》中又提到“得意忘象，得象忘言”。后来禅宗对《庄子》多有呼应，因此得意忘象的观点也随之盛行。然而尚意书风还有更进一步的阐发，即苏轼（1037—1101）首先提出“书初无意于佳乃佳”的命题。苏轼的这一命题得到众多呼应，这种超越具体的法则而又能合乎法则的立场，即是尚意书风所推崇的至高境界。

艺术家通过坚持不懈的努力来趋近无意境界，而对于禅师来说无意境界则是他们的本然状态。在这种无意状态下的书写，恰好符合尚意书风所推崇的最高层次，于是无论是通过象来达意，还是越过象来达至无意，此时的禅学和书法都展现了高度的契合性。

尚意书风起源于宋代，但并未局限于宋代，从它产生之后就成为最有活力的书法理念之一。以赵孟頫为代表的复古阵营力图避免宋代过于随意的书写方式。但元代诸位禅德的书写并没有为赵孟頫的理念所束缚，依然具有浓厚的写意色彩，恰好与赵孟頫的主张形成鲜明对比。明代禅德墨迹继承前辈的尚意传统，与当时的流行之作保持了足够的距离。清代禅德墨迹延续了明代的写意风气且又有所发展，同样独立于清代主流书风而自成一系。从北宋到清末，经过一代代禅德的不懈努力，其书写墨迹构成了相对独立的艺术脉络。它既与普通的日常书写有着密切关联，同时又表现出迥异于世俗书写的思想艺术境界，其后营造的张力引发了越来越多艺术家的思考与借鉴。

四、禅德墨迹的解说方式

就禅德墨迹的整体风格而言，最为重要的是考察其如何从意会达至无意。就具体的作品分析而言，在禅宗诸多关于无心的论述中，我们选取源自《六祖坛经》的“无相、无念、无住”三种角度作为基本理论框架。因为《六祖坛经》的这一理论框架既继承了印度佛教的三三昧系统，又涵盖了远东思想本有的精神传承，可以看作是禅宗思想的基本构造。我们借助《六祖坛经》的“无相”之说来阐发书法中造型与气质的关系，然后借用“无念”之说来阐述书法创作中有意与无意的关系，最后用“无住”之说来阐述书法艺术中规范与突破的关联问题。

古典书法时代，作品的欣赏过程与创作过程的时间性相共鸣，视觉虽然不可避免地参与到创作与欣赏的过程中，但是不足以强大到泯灭其他感知形式的地步，尤其是无法掩盖沿时间线展开的音乐性元素。成熟的欣赏者能从静止的书画作品中抽取出隐含的音乐性韵律，倾听线条的声音，感受点画的舞动。但是这种能力，在馆阁、碑学及西方美术共同的视觉中心主义的熏染之下，已经逐渐衰微。视觉中心主义对于书法整体性的侵蚀可以概括为“着相”，即过分地从最终作品形态来理解书法艺术。禅宗很早就有了针对执着于视觉中心主义的解药，这种解药以《六祖坛经》的术语而言即是“无相”。无相，无形相之意，为“有相”之对称。一切诸法无自性，本性为空，无形相可得，故称为无相。无相是传统佛教的三三昧之一，由三三昧可达三解脱门。无相三昧谓既知一切法空，乃观男女一异等相实不可得，若能如此通达诸法无相，即离差别相而得自在。《六祖坛经》也将无相放到非常重要的位置："善知识！我此法门，从上以来，先立无念为宗，无相为体，无住为本。无相者，于相而离相……外离一切相，名为无相；能离于相，即法体清净；此是以无相为体。"慧能继承大乘佛教空观的思想，认为无须排除所有现象而达致无相，即便是在现象之中，如果能不为现象所惑即是无相。简要而言，禅宗理解的无相可谓"于相而离相"。

苏轼基于禅宗不动心的观念，最终得出"书初无意于佳乃佳"的结论，确定了尚意书风的基本原则。他认为，高妙的书写须避免刻意的布置，而是任笔自为，这样就会合乎般若境界。《六祖坛经》对此境界有类似的表述："般若三昧即是无念。何名无念？若见一切法，心不染著，是为无念。用即遍一切处，亦不著一切处；但净本心，使六识出六门，于六尘中，无染无杂，来去自由，通用无滞，即是般若三昧。"《六祖坛经》所言无念，有两重含义：一个是体，一个是用。从体而言，无念法门意味着心无染着，不执着于任何存在；从用而言，无念心体又能够挥运自在而不凝滞。无刻意造作，固然在《庄子》中已经有明确的阐释，但是宋人对此的感悟很大程度上来自禅宗，尤其是六祖一脉倡导的无念、不作意对尚意诸家影响颇深。如果我们放宽视野，会发现不仅宋代，其实整个古典书法时期都注重无意之中的创作胜过刻意的篇章谋划，不过宋人深受禅宗无念之影响而对此详加阐发而已。

正是因为真正的书法创作强调无意乃佳，所以古典书法作品往往面貌各异。不仅各个时代不同，其实每个书家也各有千秋，甚至同一书家的不同作品、同一作品的不同位置，造型都不雷同。这种不为规则所局限的能力，我们借用禅宗的术语，可以称之为无住。无住也是三昧之一，住此三昧时能观见诸法念念无常无有住时。同时《维摩诘经》中提出"从无住本立一切法"的观点，由此中土佛学多将无住理解为空性的另一种表达。《六祖坛经》中对无住之说更加重视："无住者，人之本性，于世间善恶好丑，乃至冤之与亲，言语触刺欺争之时，并将为空，不思酬害，念念之中，不思前境。若前念、今念、后念，念念相续不断，名为系缚。于诸法上，念念不住，即无缚也。此是以无住为本。”它将抽象的无住阐发为具体翔实的心性涵养途径，认为人如果能摆脱对于所有观念的执着，便能达到终极的解脱。禅宗的这种观点渗透到东方的技艺之中，心体无住的目的便不是终极解脱，而是达到技艺的高端境界。艺术家往往借助禅宗的无住法门来突破传统，认为学书也要达到不住于任何法则方算登堂入室。

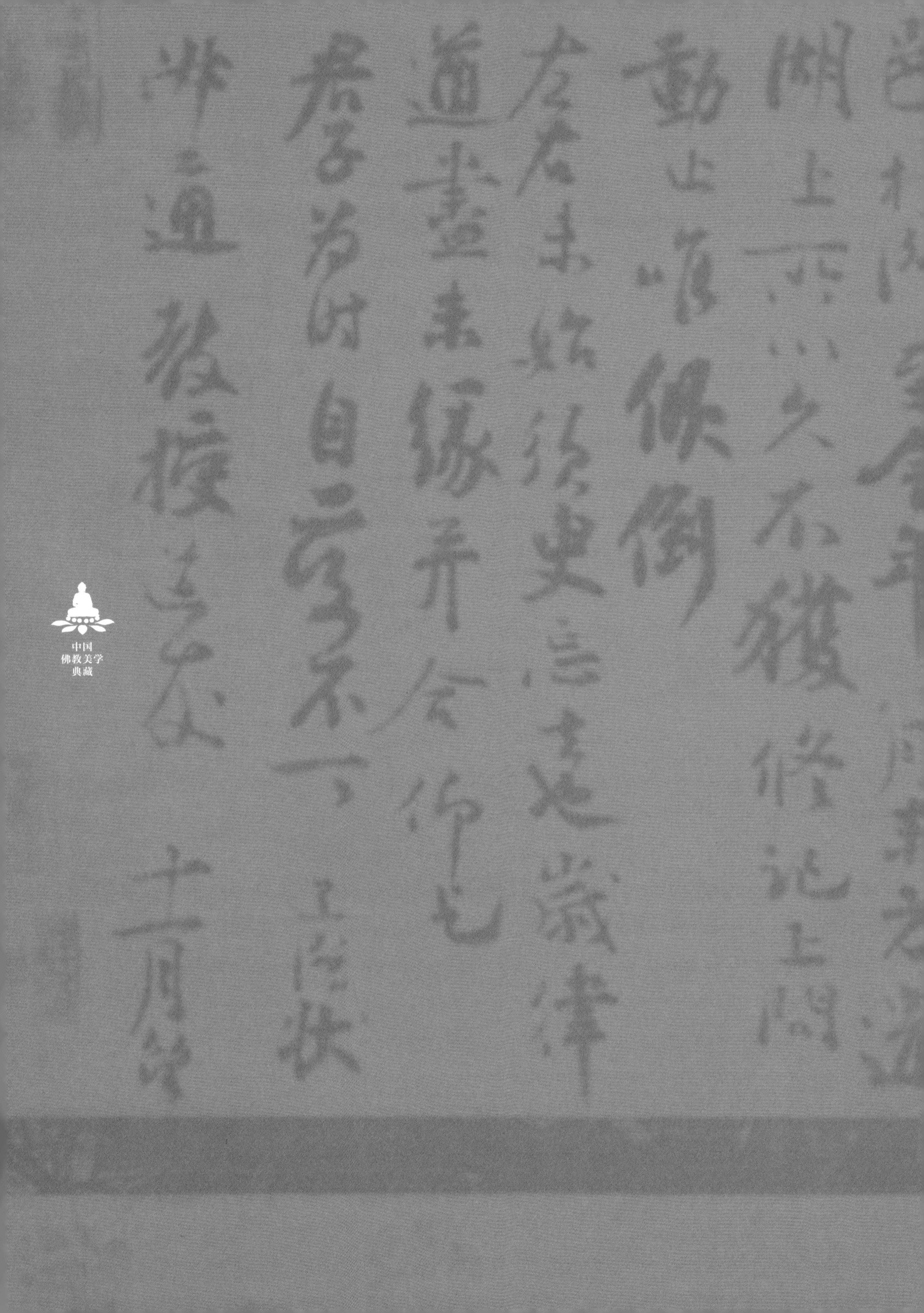

中国
佛教美学
典藏

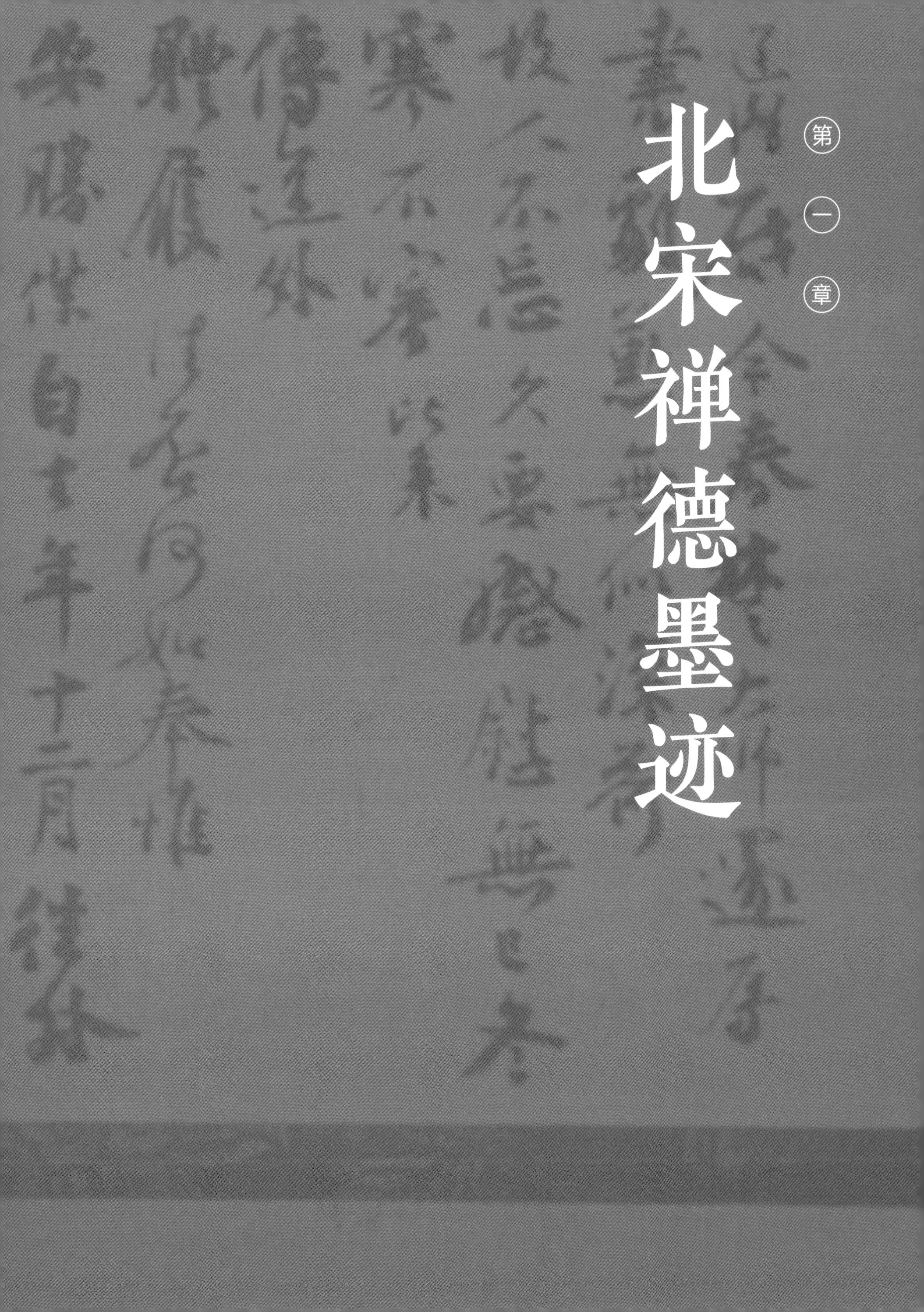

第一章

北宋禅德墨迹

引言

超凡入圣

禅宗在勘破语言的局限性之后并没有放弃语言，而是试图通过对语言的巧妙运用来消解妄想。与之类似，中国哲学在洞察现象变动不居之际也没有抛弃日常生活，而拓展出一条极高明而道中庸的超越之路。两种不同文化在中国的结合基于共通的中道模式，具体的结合点则在于对意会能力的把握。

意会是中国文化传统当中最具特色的思维模式，根基于汉字本身的表意构成，扩展到哲学、宗教、政治、医学和艺术等几乎所有重要的领域。由于禅宗反对印度佛教传统的逻辑思考模式，中国本土固有的意会模式遂成为其理想的替代。禅宗与艺术之所以产生牢不可破的关联，是因为一方面禅宗利用艺术灵动的表意来诉说不可言说之境，另一方面艺术借助禅悟的洞察来窥见隐藏的真实。两者之间的密切结合意味着在凡圣之间存在贯通的渠道，而这一隐秘的渠道即固有的意会能力。禅宗大德和艺术大师的共同之处在于，他们能够将这种百姓日用不知的能力提取出来予以千锤百炼，最终获得超凡脱俗的洞察力，从而重新将其表现于日常的形形色色。

固然艺术离不开形而下的现象，而禅悟的目的在于追求形而上的本原，但这并不妨碍艺术借助禅宗获得升华，禅宗借助艺术启发后学。对于禅宗来说，一花一叶与一棒一喝是一回事，应以何法得度，即施展何种手段。堪受棒喝者毕竟是上根利器，稀如星凤，大部分人还是要靠文字般若才得以一窥门径。文字般若在中国文化背景之下，既包括文字的内容也涉及文字的形态，汉字的表意构成使得它天然具有通过造型来表达意境的能力。尤其是以尚意为主导的北宋书风，禅师墨迹与居士翰墨交映生辉，开启了禅德墨迹的鼎盛时代，或许也是一个难以逾越的巅峰时代。无论是圆悟克勤（1063—1135）墨迹对于后世茶道的影响，还是大慧宗杲（1089—1163）墨迹对于参话禅（看话禅）的传承意义；无论是苏轼穷而后工的《寒食帖》，还是黄庭坚（1045—1105）困而后得的《诸上座帖》，都成为后世仰之弥高的泰山北斗之作。

这些墨迹在当初都不过是日常的寻常书写，或是信札，或是叮嘱，或是诗稿，或是抄书……无一件刻意创作的艺术品。其构成也不过是一点一画而已，并无奇文异字、故弄玄虚。从内容到形式，禅德墨迹只是寻常。但就是在这些寻常的书写当中，有非同寻常之意境蕴含其中，甚至由意会达至无意之境界。《六祖坛经》所谓“于相而离相”是真无相，尚意书风所谓无意于佳乃佳是真意，可谓同出异名，殊途同归。

第一节

参寥道潜墨迹

禅宗自六祖之后分处弘化，依据不同的教学风格形成不同的禅宗宗派。北宋徽宗在《续灯录序》中说：“自南岳、青原而下分为五家，各擅家风，应机酬对。虽建立不同，而会归其一。莫不箭锋相拄，鞭影齐施，接物利生，启悟多矣！源派演迤，枝叶扶疏，而云门、临济二宗，遂独盛于天下。”在唐末宋初时期，禅宗云门宗和临济宗两派影响最大。云门宗以创始人文偃禅师所在云门山而命名，其宗风被称颂为云门三句：“函盖乾坤，截断众流，随波逐浪。”“函盖乾坤”指云门禅法的普适性，对一切处境都有应对方法；“截断众流”指云门禅法的有效性，可以截断所有众生的纷繁妄想；“随波逐浪”指云门禅法的灵活性，依据众生的病症提供相应的治疗方法。宋室南渡后云门宗逐渐衰退，少为人知。但在禅风鼎盛的唐末，云门宗有“禅宗天子”之称，可见其地位之高。现存的中国禅德墨迹大多属于南宋以后的临济宗，而参寥道潜（生卒年不详）的《与叔通教授道友》可以说是北宋时期唯一的云门宗墨迹。

道潜，号参寥子，俗姓何，出生于於潜（今属浙江临安），参学于云门宗大觉怀琏禅师（1009？—1090）。得法后，住持杭州智果寺。其法脉为云门文堰—双泉师宽—泐潭怀澄—大觉怀琏—参寥道潜。云门宗到了北宋中晚期，势力渐为临济、曹洞两宗所掩。作为云门宗禅僧的道潜，以其诗文为当时所重。这种禅僧与诗人两重角色的兼容现象，自禅宗创立以来屡见不鲜。其中的关键原因在于，禅宗既要摆脱语言文字对于认知世界本相的遮蔽，又要依赖文字来对治世人的迷惑，于是不得已采用诗歌式语言以言遣言。从《高僧传》中的记载可知，禅宗二祖慧可已经开始通过诗歌来向居士阐发禅理。后来五祖传六祖，也是通过诗偈来印证弟子的悟境。自五家禅法分立之后，诗偈更是大行其道，唐末宋初更是一度形成了以诗偈为主导的文字禅风。参寥道潜即此文字禅风之代表，以其卓绝的诗才闻名士林，与苏轼、秦观等多有诗文唱和，有《参寥子集》12 卷传世。“参寥子”之号便由苏轼所取，且苏轼改其原名“昙潜”为道潜，可见二人情谊之深。

苏轼同禅林大德交往以参究禅法者为多，与参寥道潜的交往多出于私交。贬谪黄州之时是苏轼生平最困顿的时期，他以往的交游多半零落疏远甚至断绝关系，唯有参寥道潜不畏压力，经常致信慰问，令苏轼大为感动。后来苏轼再贬惠州时，对磨难已经颇有苦中作乐的达观，给参寥道潜去信道：“不要担心我死在南方的瘴疠之中，京都国医名手之下死的人或许更多。”由此可见，有参寥道潜这样的方外之友对苏轼笑对磨难是莫大的慰藉。苏轼在为参寥道潜画像的题记中写道：“东坡居士曰：维参寥子，身寒而道富；辩于文而讷于口；外尫羸而中健武；与人无竞，而好讥刺朋友之过；枯形灰心，而喜为感时玩物不能忘情之语。此余所谓参寥子有不可晓者五也。”[①] 苏轼用几个貌似矛盾的特征归纳了参寥道潜的品行：“身寒而道福”是参寥道潜首要的品性，他虽非地位显赫的贵族僧人，却身怀妙悟，恰如圣人被褐怀玉之道；“辩于文而讷于口”，指参寥道潜不善言辞但文笔卓绝；“外尫羸而中健武”说的是参寥道潜的性格，外表柔和但内有坚定不移之操守；“与人无竞，而好讥刺朋友之过”，是参寥道潜的另一面，他经常毫不留情地指出朋友的过错，乃是古人所推崇的诤友；“枯形灰心，而喜为感时玩物不能忘情之语”，是对参寥道潜艺术风格的概括，也暗示了参寥道潜对于禅宗的把握方式。“枯形灰心”语出自《庄子》，形容至人形如槁木而心若死灰，指悟道之人不为世间得失荣辱所动摇。但禅宗兴起之后并没有局限于此，而是于枯寂之中探寻灵光闪现之机，如此一来空寂之体与纷繁万象才能融为一体。这既是印度佛教色空不二的道理，也合乎中国哲学体用一如的原则。参寥道潜固然已经达至枯形灰心不动之境，但这完全不妨碍他于世间万象兴感动之诗。宗教的超脱精神与艺术的感物而动之间并不存在根本的矛盾，有时恰好相得益彰。反倒是恪守寂灭的枯木禅，一贯为禅宗所批判。其道理在苏轼《送参寥师》诗中也有阐发：“颇怪浮屠人，视身如丘井。颓然寄淡泊，谁与发豪猛。细思乃不然，真巧非幻影。欲令诗语妙，无厌空且静。静故了群动，

① 苏轼：《参寥子真赞》，《苏轼文集》第 2 册，中华书局，1986 年，第 639 页。

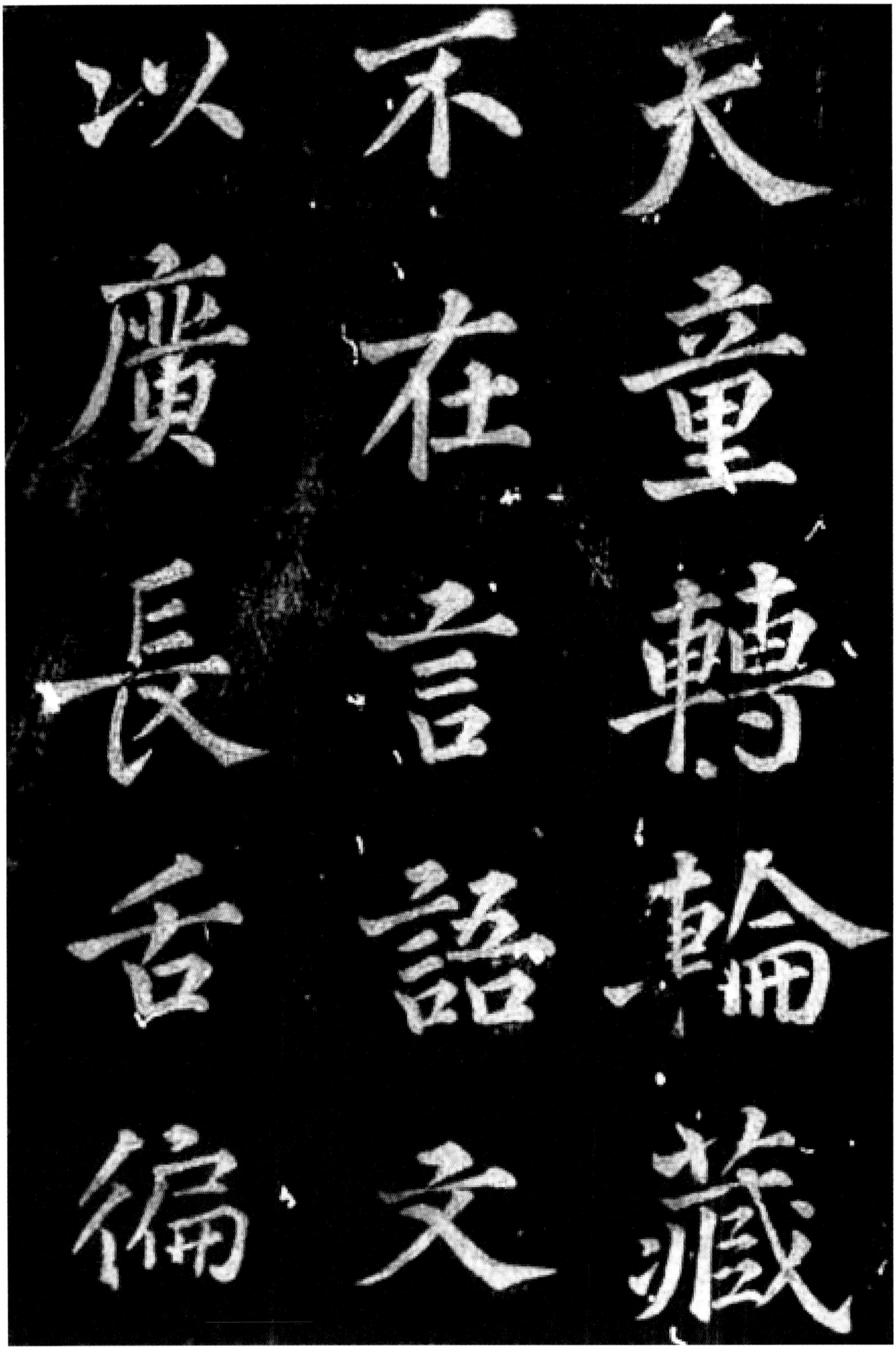

图 1-1 《明州天童山景德寺转轮藏记碑》(局部),参寥道潜,宋

空故纳万境。”本来佛教徒以空寂为究竟境界，但为何往往在艺术上有如此强的感染力？这种表面上的矛盾，深究之下又有其必然的道理：如果要达至艺术的高度，首先要经历空静的境界，只有在空静之下才能激发创作的灵感和丰富的表现。苏轼对于参寥道潜诗歌艺术成就的分析，可以看作是对禅宗与艺术之密切关联的内在原理的揭示。

除诗歌外，参寥道潜还以书法闻名于当时，他曾经应明州天童山景德寺所请，用楷书写了《明州天童山景德寺转轮藏记碑》，今拓本藏于日本皇居宫内厅书陵部。从这通碑刻的拓片来看，参寥道潜在书法一道也用功颇深。该作整体沉稳端正，其用笔结字以柳公权书法为基底，而以行书笔意参与其中，于转折处多自在变化，避免了唐人状若算子之弊端。

日本九州福冈市美术馆中珍藏着一幅参寥道潜的尺牍墨迹，名为《与淑通教授道友》，为当今日本传世最古的禅僧墨迹，纸本，纵 28.4 厘米，横 47.6 厘米，共 14 行，行书体。尺牍内容如下：

> 道潜启：今春楚大师还，辱书剧勤，无以深荷。故人不忘，久要感慰无已。冬寒不审，比来传道外，体履佳否？何如奉惟安胜？仆自去年十二月往外邑於潜，至今年八月末方还湖上。所以久不获修记，上问动止，唯倾倒左右，未始须臾忘去也。岁律道尽，未缘并合。仰乞君子，为时自爱不一一。道潜状。淑通教授道友，十一月望。

与碑刻拓片相比，墨迹保留了更多书写痕迹，从而可以体现书写者更丰富的精神特质。这件尺牍给人的第一印象是与苏轼书风的高度相似，但细看又截然不同。与苏轼书风相似未必是两人之间刻意模仿，更有可能是无意间的互相熏染。如尺牍中“今春”“辱书”“感慰无已”等与苏轼书风酷似之处，多为书信常用词语。考虑到参寥道潜与苏轼之间密切的书信往来，无意间的模仿在所难免。毕竟苏轼也是开一代风气的书坛巨擘，其影响潜移默化在情理之中。难得之处在于，参寥道潜与苏轼交往密切之际能于翰墨有独到之处。

从书写技巧的层面而言，苏轼的作品可以说无懈可击，几乎无一笔无来历。相比之下，参寥道潜墨迹并没有绝对严格地遵守书法的固定准则，在用笔和结字上都有些随意。这种技巧上的不足，从另一个角度看未尝不是一种优势。从气质上看，参寥道潜的墨迹较苏轼更为自然，而苏轼的大部分作品往往更为刻意求工。这种情况可以理解，苏轼以书法闻名于世，对自己的墨迹有着严格的要求，务必使其合乎书法的主流审美标准。这种书法家的自觉，一方面带来技巧上的精准；另一方面往往使作品过于注重细节的完美，

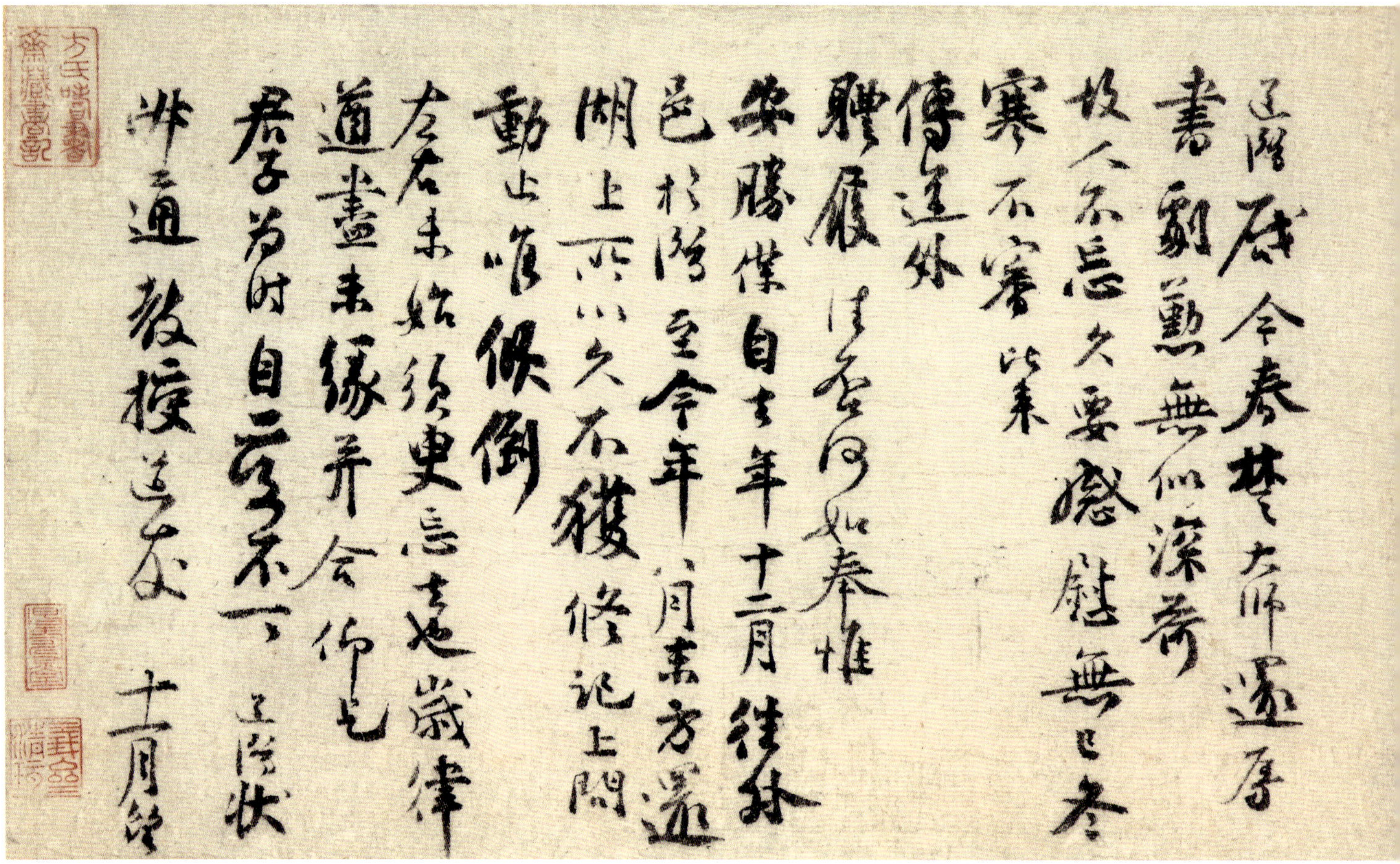

图 1-2 《与淑通教授道友》尺牍，参寥道潜，宋，纸本，行书，纵 28.4 厘米，横 47.6 厘米，14 行，日本福冈市美术馆藏

而不期然失去了整体风格的天然。如果说苏轼的作品体现了令人叹为观止的精巧，那么参寥道潜的墨迹则体现了如沐春风的天然。这种天然印象，由平易和奇崛两个矛盾的元素共同构成。参寥道潜虽然善书，但还没到成为一代书法宗师的地步，这是大部分擅长书道禅师的处境。所以他反而可以采用较为平易踏实的书写方式，无须刻意营造独特的书写风格。参寥道潜的结字和用笔显然源自柳体，但并没有严格遵守柳体的规则，而是在基本准则之上任意发挥，点画轻重曲直信手随意，字态顾盼倾斜而无有定则，反倒令人深感其天然洒脱，仿佛有魏晋之际的气息，远非唐人的法则可以束缚，倒是依稀与苏轼等人所推崇的杨凝式有所仿佛。无论是禅宗还是书法，都以摆脱陈规之束缚为上，但实际上又往往难以超脱。苏轼天资聪慧，举世罕见，早早便悟到了无意于佳乃佳的至高境界，但实际上达到这个境界的是木讷的参寥道潜，盖当局者迷。参寥道潜虽工书但不以书法为意，其枯形灰心之禅境自然流露于尺牍墨迹当中，反而不为世俗书法美丑高下的标准所束缚，能达到自然变化的境界，成为无意为书的绝佳典范。

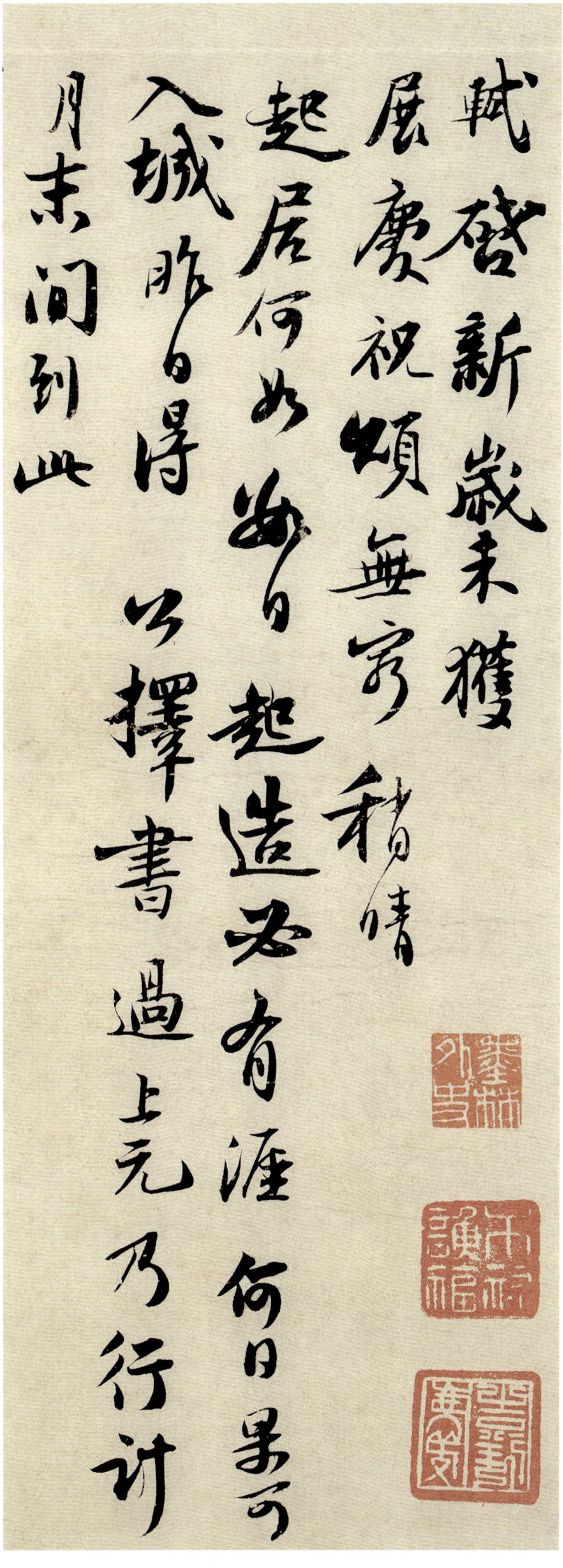

图1-3《新岁展庆帖》（局部），苏轼，宋

第二节

圆悟克勤墨迹

一、圆悟克勤的参禅因缘

圆悟克勤出生于宋仁宗嘉祐七年（1062），俗家姓骆，崇宁县（今属四川）人氏。他自幼聪颖，很早就出家，跟从敏行法师学习《楞严经》。有一次他重病，回想生平所学佛法在病死之际毫无助益，遂感叹："诸佛涅槃正路不在文句中，吾欲以声求色见，宜其无以死也！"[①] 这场疾病是他摆脱传统佛教义理之学，走向禅宗真修实证的契机。于是病好之后，圆悟克勤放弃了过去那种沉溺于文字知见的做法，前往参拜宗门大德。他离开四川之后拜见诸方禅宗大德，禅宗大德对他评价都非常高，唯有法演禅师对其并不认可。圆悟克勤自诩辩才通达，因此对法演禅师的态度颇有微词。法演禅师批评他道："你所拥有的机巧聪辩，对于解决生死问题毫无益处。"圆悟克勤认为法演禅师刁难后学，因此拂袖而去。法演禅师道："等你大病一场的时候会想起我来的。"果不其然，圆悟克勤又大病一场，接近死亡之际，他用平生所学佛法来抵挡，却发现全然无用。于是他发誓："如果能病愈，我一定重新回到法演禅师身边学习。"

痊愈后，圆悟克勤回到法演禅师身边担任侍者，时刻接受法演禅师的熏陶和教化。有一次，一位原籍四川的州府官员陈氏告老还乡，前来向法演禅师求道："什么是祖师西来意？"法演禅师出人意料地引述一首艳诗回答他："提刑少年曾读小艳诗否？有两句颇相近，'频呼小玉元无事，只要檀郎认得

① 弘学、李清禾等整理：《圆悟克勤禅师——碧岩录·心要·语录》，巴蜀书社，2006年，第2页。

声’。”陈氏一听，惘然莫测，并不了解法演禅师的开示。按照佛教的戒律，吟诵世俗艳俗诗歌是犯戒之举，那么法演禅师所借用的这句艳诗必定另有所指。虽然这位官员觉得莫名其妙，但侍立于侧的圆悟克勤恍然有省。陈氏走后，圆悟克勤问：“师父举的艳诗，陈提刑懂了没有？”法演禅师说：“他只认得声。”圆悟克勤问：“他既然认得声，为什么不能领悟道呢？”法演禅师反问：“什么是祖师西来意？庭前的树子！”圆悟克勤忽然有所领悟，连忙走出丈室，这时正好看见一只鸡飞上栏鼓翅而鸣。圆悟克勤大悟道：“此岂不是声？”于是圆悟克勤重新入丈室，向法演禅师呈偈曰：“金鸭香销锦绣帏，笙歌丛里醉扶归。少年一段风流事，只许佳人独自知。”法演禅师对圆悟克勤的悟性大为高兴，告知诸方大德圆悟克勤已经通达禅法。圆悟克勤的领悟始于艳诗而终于艳诗，其中必然有不能以表面含义来解说的地方，因此需要稍做分解。“频呼小玉元无事，只要檀郎认得声”原意为女子故意频频呼唤自己的侍女以期吸引心上人的关注，但这句话处在禅宗语境中就同男女毫无关联了。檀郎在此指人的本然佛性，我们无法直接洞察佛性的本原，必须要借助曲折的方法。“频呼小玉”比喻各种旁敲侧击的禅宗手段，这些手段似乎同目的并无直接关联，但不乏引发佛性显现的可能。圆悟克勤由此悟入，然后又以一首艳诗作为证悟之后的回应，关键在于“只许佳人独自知”。禅宗讲究自性自悟，外来的方法包括文字等最多只是辅助手段，最终的证悟还需要自己切身领会才能成就。圆悟克勤用这首诗告诉法演禅师，我如今已经有了自己独到的领悟而无法告诉你真正的体会。法演禅师之所以为他高兴，是因为这种独有的本己体悟才是禅宗追寻的真正领悟。后来圆悟克勤果然名满天下，宋徽宗赐号佛果禅师，宋高宗赐号圆悟禅师，参学者之多往往无立身之地。

二、圆悟克勤与文字禅

马祖道一和石头希迁时期，禅法的师资传授往往借助于简短的语句或者是直截的动作，极端情况下甚至出现棒打与大喝的情形。这种教学方法在长时期传承之后出现一系列弊端：禅者之间棒喝交加，但不明白棒喝背后蕴含的佛教原理。于是越来越多的禅僧开始注重文字性理解对于参禅的意义。如临济善昭禅师说：“夫参玄大士，与义学不同，顿开一性之门，直出万机之路……心明则言垂展示，智达则语必投机；了万法于一言，截众流于四海。”[1]在他看来，语言与精神境界之间有密切的关联，真正洞察本原的禅者必然有相应的开示，而境界相通的人则可以通过语言进行明确的沟通。能够领会禅师的一句话，便能够截断所有的妄想。出于对文字的推重，善昭法师借用古代禅宗公案再次进行诠释：“古人公案未尽善者，请以代之；语不格者，请以别之。”他对于前代禅宗公案的诠释保存于《公案代别百则》和《诘问百则》中，对宋代文字禅的发展起了很大的促进作用。随后雪窦重显（980—1052）仿效善昭，作《颂古百则》，将文字禅进一步向前推进。最为成熟的文字禅是由圆悟克勤来完成的。圆悟克勤认为文字禅的功用在于“以言遣言，以机夺机，以毒攻毒，以用破用”，通过文字来遣除妄想，归于解脱。圆悟克勤不认为语言有揭示真实的功用，但认为可以通过语言的诸多妙用来破除妄执。

圆悟克勤所编辑的《碧岩录》，是其文字禅思想的集中体现。此书是圆悟克勤在夹山期间，对雪窦重显《颂古百则》进行的讲解，后由弟子们记录整理，以夹山的别名“碧岩”为题作书名，故曰《碧岩录》。《碧岩录》以雪窦重显《颂古百则》所选的100个公案为骨架进行组织，共分10卷，每卷解释10个公案和相应的颂古，形成10个部分。每一部分都有5项内容。第一是垂示，是对公案和颂文总的说明，圆悟克勤对公案、颂文的解释都围绕垂示展开。第二是公案本则，列举雪窦重显《颂古百则》所选的公案。第三是雪窦重显的颂文，复述雪窦重显原著的颂文。第四是着语，是圆悟克勤给公案本则和雪窦重显的颂文做的夹注，也称下语，文字简短，多则十余字，少则三五字，有时只有一个字。有的夹注是正面的解释，有的是反面的批评，充分表现了禅宗呵佛骂祖的反权威精神和大胆怀疑一切的倾向，也是文字禅与义学经注的明显区别之处。第五是评唱，是圆悟克勤对公案和颂文的正面解释，这是《碧岩录》的主体部分，分散在公案本则和颂文之后。[2]《碧岩录》问世之后，轰动禅林，褒贬不一。有人对它评价很高，称其为“宗门第一书”，并有许多模仿作品陆续问世；也有人反对这种雕饰言辞、舞文弄墨的做法，认为其有违直指人心、不立文字的禅宗宗旨，圆悟克勤的弟子大慧宗杲甚至烧掉了《碧岩录》的刻板，但这并不能阻止该书的广泛流传。

① 善昭：《汾阳语录》卷下，《大正藏》卷四七，第619页。
② 杨曾文：《宋元禅宗史》，中国社会科学出版社，2006年，第391—400页。

三、圆悟克勤的墨迹

圆悟克勤的墨迹在日本尚存3件，其中两件是付与高足虎丘绍隆的法语，也称印可状，即认可绍隆禅悟境界的信物；另外一件是给密印禅师的尺牍书翰。[①]

其中影响最大的一件是《与虎丘绍隆印可状》，墨迹为纸本，书于北宋宋徽宗宣和六年（1124），纵43.9厘米，横52.4厘米，现存日本东京国立博物馆。现存部分为整件作品的前半部分，共19行，后半部分去向不明。其内容是写给弟子虎丘绍隆的，文字存于《圆悟克勤禅师语录》及《圆悟心要》中《示隆知藏》一节，叙述了禅宗的简要历史及基本教学方法，鼓励绍隆精进修证并传授禅门正见、邪见之别。

这件墨迹在日本的流传颇有传奇色彩，被称作“漂来的圆悟”。相传此件墨宝在桐木盒中随海浪漂到了日本九州南端鹿儿岛县的坊之津海岸上，被人发现。这件墨迹最终辗转到一休宗纯（1394—1481）的手中。据日本茶书《山上宗二记》里记述：日本茶道开山祖师珠光（1423—1502）随京都大德寺的一休宗纯参禅，大悟之后，一休将圆悟克勤的墨迹作为印可的信物传授，珠光将之悬挂在茶席中瞻礼。这一墨迹成为后来茶与禅结合的最初标志，成为茶道界的宝物。1938年，松平家族将其捐赠给帝室博物馆（日本东京国立博物馆前身），而原先卖给伊达政宗的后半幅至今下落不明。

圆悟克勤所处的时代，宋四家的影响已经非常显著，一般书家莫不受其影响。但从这件墨迹来看，圆悟克勤与当时主流的书写风格之间保持了恰当的距离。如果一定要说圆悟克勤的墨迹同谁的有相似之处，那么应该说与米芾的用笔方式较为接近，二人皆源于褚遂良的风格。圆悟克勤的墨迹没有米芾的作品那么夸张极端，却又比褚遂良的作品更为自然灵动。如果一定要对圆悟克勤的墨迹进行风格归纳，可以名之曰天然。从笔墨的娴熟程度来看，圆悟克勤一定在书法上进行过长期的严格训练，虽然我们无从得知具体的经过，但是可以感知到，纸面上的天然气息毫无疑问是来自圆悟克勤天然本色的内心，由此可见这种训练并没有影响圆悟克勤自由地表达内心境界。

众所周知，大部分书法家在用笔上有较为固定的模式，即便是米芾这样充满创造力的书法家都不能例外。然而，从点画上看，印可状的用笔痕迹极其复杂多变，甚至可以说没有规律可言。其中起笔有顺入、侧入、钝入、逆入等各

---

① 其中一件印可状可能是大慧宗杲的代笔，而非圆悟克勤亲笔。

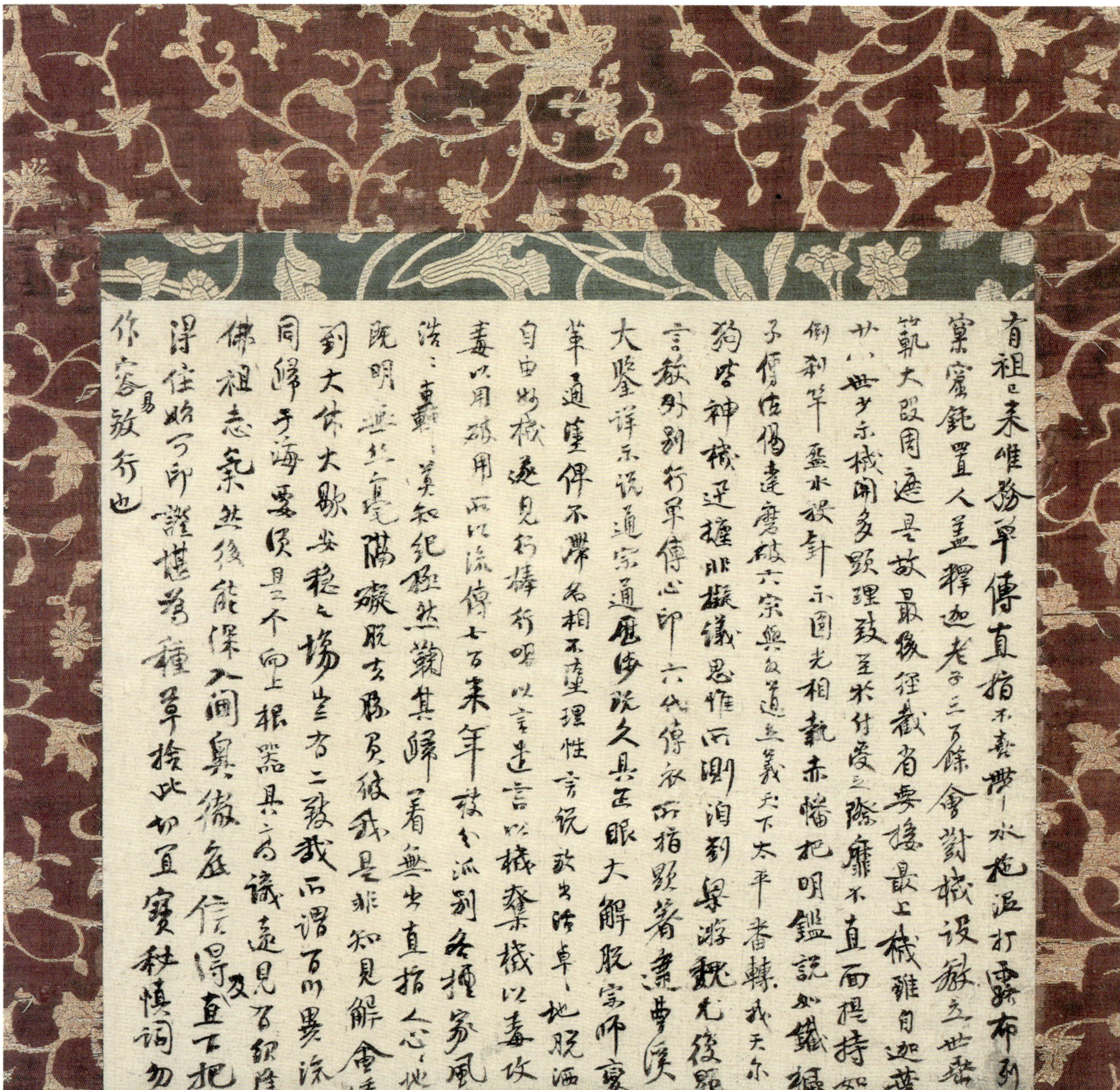

图 1-4 《与虎丘绍隆印可状》，圜悟克勤，宋，纵 43.9 厘米，横 52.4 厘米，日本东京国立博物馆藏

种模式，收笔则有顿笔、波磔、顺出、回锋等多种方式，不一而足。至于行笔，其中内擫、外拓交替出现，令人目不暇接。至于结字，印可状更为独特，貌似全不经心而衣衫褴褛，细看却从容不迫，骨鲠雄强。

黄庭坚曾经描述杨凝式书法如“散僧入圣”，其实用来形容圆悟克勤的墨迹也非常恰当。所谓散僧，即无拘无束之状，正因为无所执着，反而能够超凡入圣。圆悟克勤在《佛果禅师心要》中讲道：“若是本色真正道流，要须超情离见，别有生涯。终不向死水里做活计，方承绍得他家基业。到个里直须知有从上来事。所谓善学柳下惠，终不师其迹。是故古人道：一句合头语，万劫系驴橛。诚哉！”依照禅宗观点，人不仅不能执着妄想，甚至正念亦不能执着，才能够继承如来家业。善于学习的人，不能执着于前人形式，方可称之为善学。从这个观点讲，圆悟克勤的墨迹既能吸收前代和同时代书法的精粹，又不被他人行迹所缚，足见其超情离见的功夫。所谓无心方能合道，与尚意书风所推崇的“无意于佳乃佳”也不谋而合。

图 1-5 《与虎丘绍隆印可状》（局部），圆悟克勤，宋

第三节 苏轼墨迹

通常论述禅德墨迹，并不包括佛教居士的书法作品。然而从大乘佛教的观点看来，佛教居士也可以领悟佛教的妙理。因为大乘佛教认为空性（出世间法）与色相（世间法）本无二致，只是理解世界的两个角度而已。由此出发，大乘佛教发展出色空不二、真俗不二的圆融观点，集中于《维摩诘经》等大乘空宗经典之中，指出了世俗社会对于领悟妙理的功用，所谓“出淤泥而不染”即源于此。禅宗兴起之后，因为其不拘一格的教法，参究的居士更是不乏其人。如禅宗正式传入初期的傅大士、与二祖慧可交好的向居士、与马祖道一同时的庞居士、参学药山禅师的李翱、张拙秀才等都名盛一时。进入宋代，随着禅宗的广泛传播，参究禅宗的居士更为常见。宋代参禅的居士包括富弼、张方平、张商英、苏轼、黄庭坚等诸多士大夫。居士参禅大彻大悟者凤毛麟角，但经过参究禅法而获得艺术上的灵感者则所见甚多。在解释禅宗与艺术的关联时，居士是不可忽略的重要组成。

一、苏轼与佛教的渊源

或许因为苏轼的经历和成就太过于传奇，历史上有很多关于他的传说，据传苏轼乃五祖寺师戒禅师的转世。惠洪《冷斋夜话》记载，元丰七年（1084）四月，苏轼在抵达筠州前，云庵和尚梦到自己与苏辙、圣寿寺的聪和尚一起出城迎接五戒和尚（即师戒禅师），醒来后感到很奇怪，于是将此梦告诉了苏辙，苏辙还未回答，聪和尚说："我昨天晚上也梦见我们三人一起去迎接五戒和尚了。"苏辙抚手大笑道："世上果真有三人做同样梦的事，真是奇怪啊！"不久，苏轼到达，大家对他谈起了三人做相同梦的事，苏轼若有所思道："我八九岁时，也曾经梦到我的前世是位僧人，往来陕右之间。还有我的母亲刚怀孕时，曾梦到一僧人来托宿，僧人风姿挺秀，一只眼睛失明。"云庵惊呼道："五戒和尚就是陕右人，一只眼睛失明。"

类似的传说难以考证真伪，但苏轼与佛教有密切关联是历史事实。苏轼的父亲苏洵和母亲程氏都虔诚敬信三宝，好做佛事，家中长年供奉罗汉像。苏轼任杭州通判三年后，又以龙图阁学士身份知杭州近三年。天台宗、禅宗、净土宗信仰在杭州十分兴盛。苏轼与天台宗僧海月惠辩、南屏梵臻、辩才元净，禅宗云门宗的契嵩、怀琏的弟子径山法琳、参寥道潜等都有交往。苏轼年轻时受时代影响，对于当时盛行的佛学肯定有所涉猎，但主要是为了通过佛学来丰富其诗歌创作，并非对佛教本身有所偏好，所谓"佛书旧亦尝看，但暗塞不能通其妙"。事情的转折发生在苏轼因乌台诗案被贬黄州之后，第二年开始他自号东坡居士，其心态已经从经邦治国的儒家转向寻求个体精神解脱的佛教了。

这段经历见于他的《黄州安国寺记》一文当中：

> 元丰二年十二月，余自吴兴守得罪，上不忍诛，以为黄州团练副使，使思过而自新焉。其明年二月，至黄。舍馆粗定，衣食稍给，闭门却扫，收召魂魄，退伏思念，求所以自新之方。反观从来举意动作，皆不中道，非独今之所以得罪者也。欲新其一，恐失其二。触类而求之，有不可胜悔者。于是，喟然叹曰："道不足以御气，性不足以胜习。不锄其本，而耘其末，今虽改之，后必复作。盍归诚佛僧，求一洗之？"得城南精舍曰安国寺，有茂林修竹，陂池亭榭。间一二日辄往，焚香默坐，深自省察，则物我相忘，身心皆空，求罪垢所从生而不可得。一念清净，染污自落，表里翛然，无所附丽。私窃乐之。旦往而暮还者，五年于此矣。①

苏轼反思自己之前的过错，将之归因于自身的秉行习气不能合乎道理。然而如果简单地从日常伦理涵养出发进行修正，又恐怕不能根除，因此他开始转

① ［宋］苏轼：《苏轼文集》，中华书局，1986 年，第 391—392 页。

向佛道，寻求根本的解决途径。他时常前往城南安国寺焚香静坐，反躬自省，以至于达至物我两忘、身心皆空的禅定境界。这时苏轼意识到禅宗所揭示的道理：众生本原清净，而所谓过错只是了不可得的幻觉。当我们体会到自己的本性之时，所谓的罪过也就烟消云散了。后来的禅宗三祖僧璨还没出家时，身患重病，他认为这是因为自己罪业深重，于是去求二祖慧可忏悔。慧可说："你把自己的罪业拿出来让我看，我才能为你忏悔。"僧璨沉思良久道："觅罪了不可得。"慧可说："我已经为你忏悔完了。"宋代法薰和尚专门为此公案写了一首诗："觅罪不可得，更于何处忏。云翳豁然开，青天孤月上。"所谓"青天孤月上"即是指本性开始显现，"云翳豁然开"则指烦恼自然退散。苏轼在安国寺中悟到此理，明了诸多烦恼、习气与自性本不相关，于是居穷处困而能怡然自得。

虽然苏轼领悟了深刻的禅理，但其磨难并没有止息。在他复起后不久，宋哲宗执政，新党得势，苏轼再度被贬，被贬之地是荒凉的惠州。不久，他又被贬到儋州，此时他已是年逾六旬的老人。在他生命最后的这段时间，苏轼对于生命的领悟也接近圆熟，不再斤斤于现实的处境。在给晚年好友维琳禅师的诗《答径山琳长老》中，他感慨道："与君皆丙子，各已三万日。一日一千偈，电往那能诘。大患缘有身，无身则无疾。平生笑摩什，神咒真浪出。"苏轼借用老子的话，表明苦难是生命的必然，但其内涵依然是对于佛法的理解。以佛教的立场来看，苦、空与无我是一体的三个侧面，只要存在自我的观念，那么痛苦就无法消除。经历重重磨难之后，苏轼终于领会了这层佛理，消解痛苦在于从根本上消除对于自我的执着。从苏轼一生的所作所为看，他是入世士大夫的典型；但从内心看，他更像一位游戏世间的僧人，所经历的一切都是为了揭示世间如梦如幻的本质，并将此领悟凝结于他的艺术作品当中。

二、苏轼书论中的禅宗思想

苏轼不仅在书法创作上成就斐然，在书法理论方面也颇有建树。他的书论并没有系统的专著，多散见于诗歌和题跋之中。但就是这些零散的论述，引领了宋代及其后的尚意书风。

苏轼在《石苍舒醉墨堂》中写道：

> 人生识字忧患始，姓名粗记可以休。

何用草书夸神速，开卷惝恍令人愁。
我尝好之每自笑，君有此病何能瘳。
自言其中有至乐，适意无异逍遥游。
近者作堂名醉墨，如饮美酒消百忧。
乃知柳子语不妄，病嗜土炭如珍羞。
君于此艺亦云至，堆墙败笔如山丘。
兴来一挥百纸尽，骏马倏忽踏九州。
我书意造本无法，点画信手烦推求。
胡为议论独见假，只字片纸皆藏收。
不减钟、张君自足，下方罗、赵我亦优。
不须临池更苦学，完取绢素充衾裯。

诗歌的前半部分是对好友石苍舒书写方式的调侃，后半部分苏轼提出了自己的书学立场。其中关键的一句在于“我书意造本无法，点画信手烦推求”。宋代尚意的主张，至少表面上看起来与唐代尚法的立场截然相反。尚法强调的是书写过程的规范性，唐代甚至认为有秘传的书写诀窍自王羲之传承不绝，只要能够得到书写秘诀便可以登堂入室成为书法大家。宋代否认了有这种技术性的秘诀存在，认为书写的关键在于能否把握心性层面的意境。更为极端的是，苏轼在诗歌末尾甚至否定了勤奋临池的必要性。

宋代站在尚意立场对于尚法观念的批评与禅宗对于传统禅定的批评模式非常类似。禅宗在兴起之初，对当时流行的四禅八定和凝心入定等传统禅观予以明确的批判，认为通过固定模式的禅定训练不足以达到终极解脱的境界。在禅宗看来，真正的解脱之道不需要观想凝心，只要一念之间了达自性，便可在当下顿悟成佛。苏轼对于意会的解说就是借鉴了禅宗回光返照、自心顿悟本性的观念。他对推求点画、临池不辍的摒弃，类似于禅宗对渐修模式的批驳。在苏轼看来，如果将前人取得的成功作为固定的模式来重复，那么恰恰失去了前人之所以成功的原因：“书之美者莫如颜鲁公，然书法之坏自鲁公始；诗之美者莫如韩退之，然诗格之变自退之始。”[1] 这种注重自身的内在领悟而弱化外在模式束缚的书学思路也来自禅宗的启发。《景德传灯录》中船子和尚所言“一句合头语，万劫系驴橛”，就是指前人创立的成功模式不期然成为后人参学的障碍。

---

① 见苏轼《变诗格》，收入魏庆之《诗人玉屑》卷一五，《四库全书》本。

苏轼本人并不否认技巧的重要性，在很多场合都强调笔墨娴熟是自由书写的必要条件。他认为，只有超越具体的技巧才能达到书写的化境。如他在《小篆般若心经赞》里面讲道："心忘其手手忘笔，笔自落纸非我使。……稽首般若多心经，请观何处非般若？"[①] 对于坐忘的强调始于庄子，但后来禅宗对此有颇多借鉴。对于菩提达摩所传授的禅学，世人概括为"忘言忘念无得正观"。无得是结果，忘言忘念是手段。尚意书风的最高境界是无意，与禅宗无所得的境界相仿佛。达到无意的过程则是忘手忘笔，与禅宗忘言忘念有异曲同工之妙。

三、苏轼墨迹中的禅意

因为本身喜好佛教，并且与禅僧交往密切，所以苏轼创作了很多佛教题材的书法作品，包括碑刻、手札和写经等众多形式。

由于政治原因，北宋末出现了禁苏运动，因此在存留的苏轼手书中，佛教题材碑刻不多，仅《宸奎阁碑》《齐州长清真相院舍利塔铭》二拓本存世。苏轼的写经作品仅存于记载当中，如 34 岁所写《妙法莲华经》、46 岁所写《摩利支经》、54 岁所写《楞伽经》、57 岁所写《圆觉经》和 66 岁为母所写《楞严经》等，从中大致可以看到其写经题材与对佛教理解逐步深入的过程相吻合。

其中《楞伽经》是禅宗早期最为重视的经典，菩提达摩及其弟子以 4 卷《楞伽经》作为印证的标尺。张方平曾邀请苏轼为印行《楞伽经》提供经济资助，佛印禅师提出另外一个建议：与其提供经济资助获得有限福报，不如亲笔书写流通，福报无尽。于是苏轼留在金山书写了《楞伽经》一部，可惜未能存世。

除弘法外，苏轼抄写佛经的动机还在于祭奠亡者。为了纪念父亲苏洵，苏轼、苏辙兄弟俩不约而同一起写经，苏轼抄写的是《圆觉经》，苏辙抄写的是《维摩诘经》。两部经书都属于禅宗系统，由此可见禅学对宋代士人影响之深。苏轼晚年所写《楞严经》同样是禅宗的重要典籍。他在生命中最后一年在亡母忌日抄写其中的《圆通偈》，当时正处于颠沛之际，无法像往常那样斋僧供养，因此书写佛经作为替代供养给了庐山中的僧人。尽管抄写佛经追荐亡者是由来已久的传统，但从苏轼所抄写的诸多佛经可见，他对于禅宗经典有着明显的偏

① 苏轼：《苏轼文集》第 2 册，中华书局，1986 年，第 618 页。

好，那些佛经是他倾心于禅学的明确佐证。

苏轼存世手札颇多，但关于佛教的并不多，其中以《次辩才韵诗帖》为典型。辩才是一位德高才显的高僧，也是苏轼的诗友之一，此帖就是次辩才的诗韵而成。苏轼与辩才相交的佳话留传后代，《诗话总龟》《武林旧事》《咸淳临安志》等均有记载。这幅作品盛赞辩才禅师仙风道骨的姿态和超然物外的境界，同时展现了辩才禅师在当时受到诸多士人尊崇，以及苏轼同辩才禅师交往的深厚情谊。

这件作品是苏轼书法典型风格的代表之一，整体不激不励但又充满令人惊异的细节。前半部分稍显拘谨，越往后越松弛，最后几行跋文最为流畅自然，可谓渐入佳境。从用笔的角度看，此时作品已经洗去黄州之前的清新妩媚之气，更加厚重沉着，但是还没有达到晚年的恣肆狂放之境。无论是人生际遇还是参禅悟境，苏轼此时都处于较为平稳的时期，所以书法风格较为平淡也在情理之中。

最能代表苏轼艺术境界和禅宗境界的作品，是貌似与禅宗无关的《寒食帖》。它是苏轼创作理念和生命体验最为极致的表达，从这个角度讲其可以看作是苏轼墨迹的典范。

《寒食帖》又名《黄州寒食诗帖》或《黄州寒食帖》，为苏轼本人撰诗并书。

那时苏轼因宋朝最大的文字狱被贬黄州。在第三年的寒食节作了两首五言诗："自我来黄州，已过三寒食。年年欲惜春，春去不容惜。今年又苦雨，两月秋萧瑟。卧闻海棠花，泥污燕脂雪。暗中偷负去，夜半真有力。何殊病少年，病起头已白。""春江欲入户，雨势来不已。小屋如渔舟，蒙蒙水云里。空庖煮寒菜，破灶烧湿苇。那知是寒食，但见乌衔纸。君门深九重，坟墓在万里。也拟哭途穷，死灰吹不起。"

此帖是苏轼行书的代表作。这首遣兴的诗作，是苏轼被贬黄州后所发的人生之叹。诗写得苍凉多情，表达了苏轼此时穷困惶惑的心情。此诗的书法也正是在这种境遇下有感而出的。但通篇书法毫无沮丧萎靡之态，反倒是起伏跌宕，气势奔放，而时有荒疏神奇之笔，为苏轼其他工稳精巧之作所不能及。《寒食帖》在书法史上影响很大，被称为"天下第三行书"[①]。正如黄庭坚在此诗后所跋："此书兼颜鲁公、杨少师、李西台笔意，试使东坡复为之，未必及此。"

---

① 第一行书是王羲之《兰亭集序》，第二行书是颜真卿《祭侄文稿》。

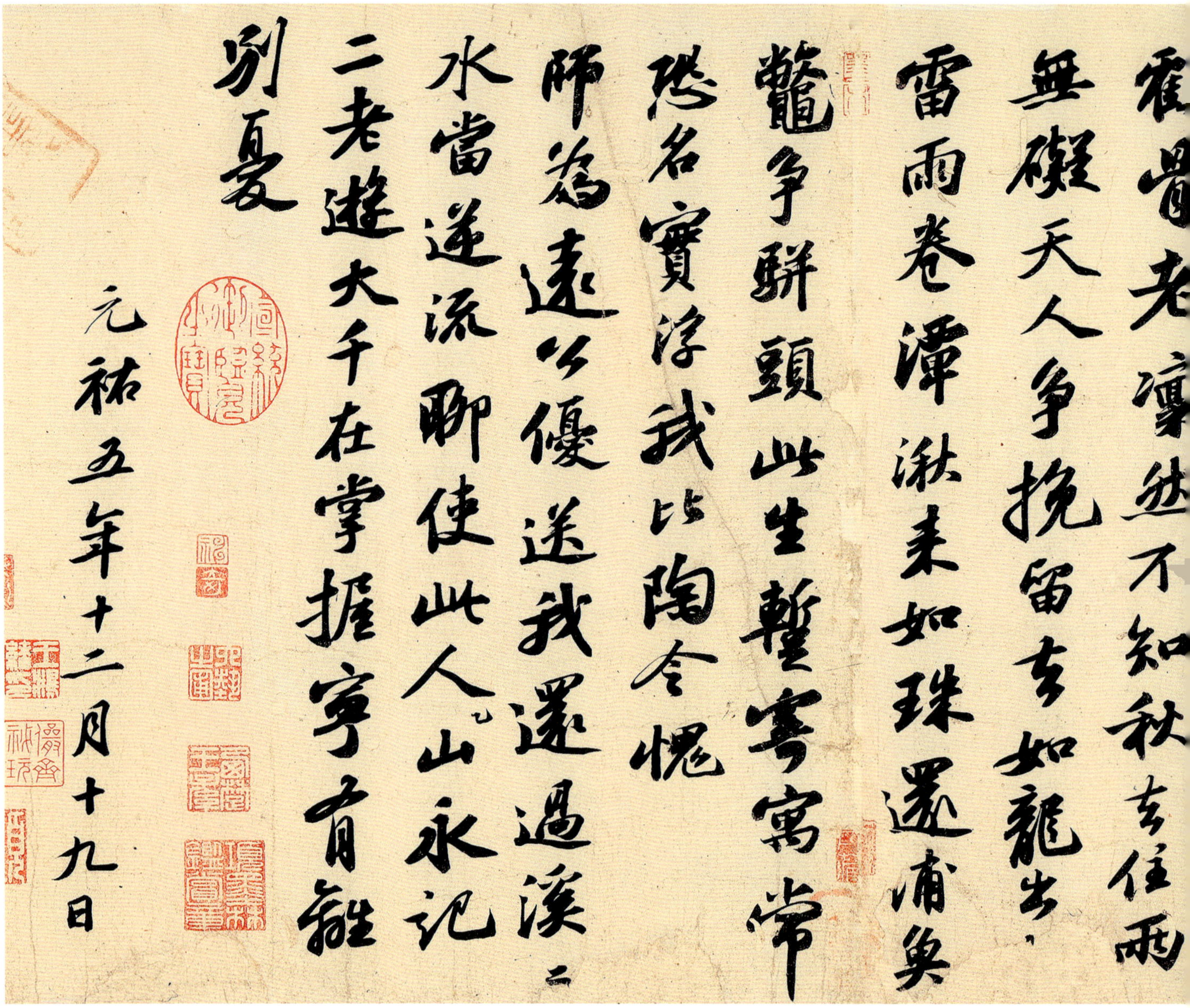

图 1-6 《次辩才韵诗帖》，苏轼，宋，纸本，行书，纵 29 厘米，横 47.9 厘米，20 行，188 字，台北故宫博物院藏

释文：辩才老师退居龙井，不复出入。轼往见之。常出至风篁岭。左右惊曰："远公复过虎（溪）。"辩才笑曰："杜子美不云乎，与子成二老，来往亦风流。"因作亭岭上，名之曰过溪，亦曰二老，谨次辩才韵赋诗一首。眉山苏轼上。

日月转双毂，古今同一丘。惟此鹤骨老，凛然不知秋。去住两无碍，天人争挽留。去如龙出山，雷雨卷潭湫。来如珠还浦，鱼鳖争骈头。此生暂寄寓，常恐名实浮。我比陶令愧，师为远公优。送我还过溪，溪水当逆流。聊使此山人，永记二老游。大千在掌握，宁有离别忧。

元祐五年十二月十九日。

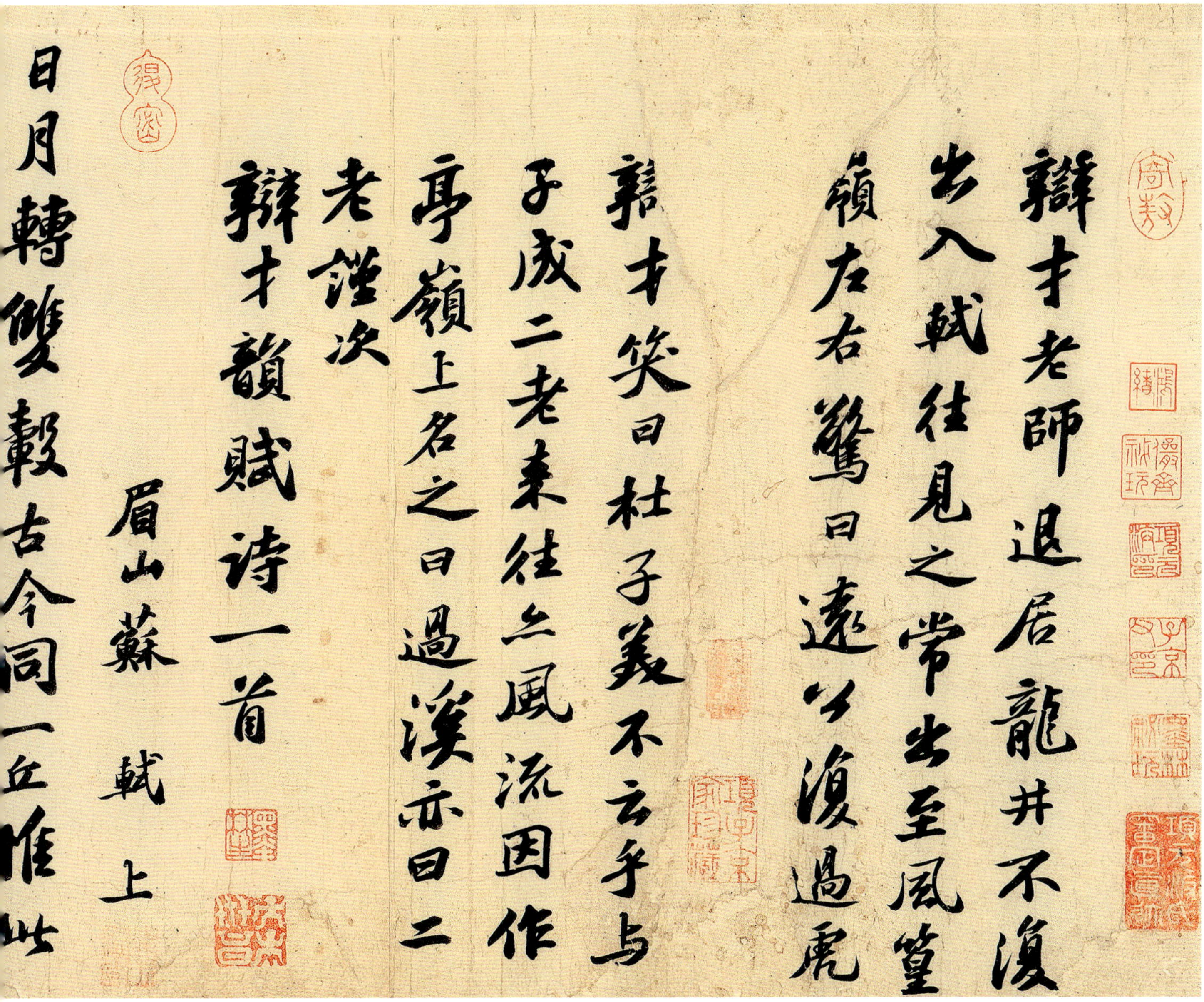

辯才老師退居龍井不復
出入軾往見之常出至風篁
嶺左右驚曰遠公復過虎
辯才笑曰杜子美不云乎与
子成二老來往亦風流因作
亭嶺上名之曰過溪亦曰二
老謹次
辯才韻賦詩一首
眉山蘇軾上
日月轉雙轂古今同一丘惟此

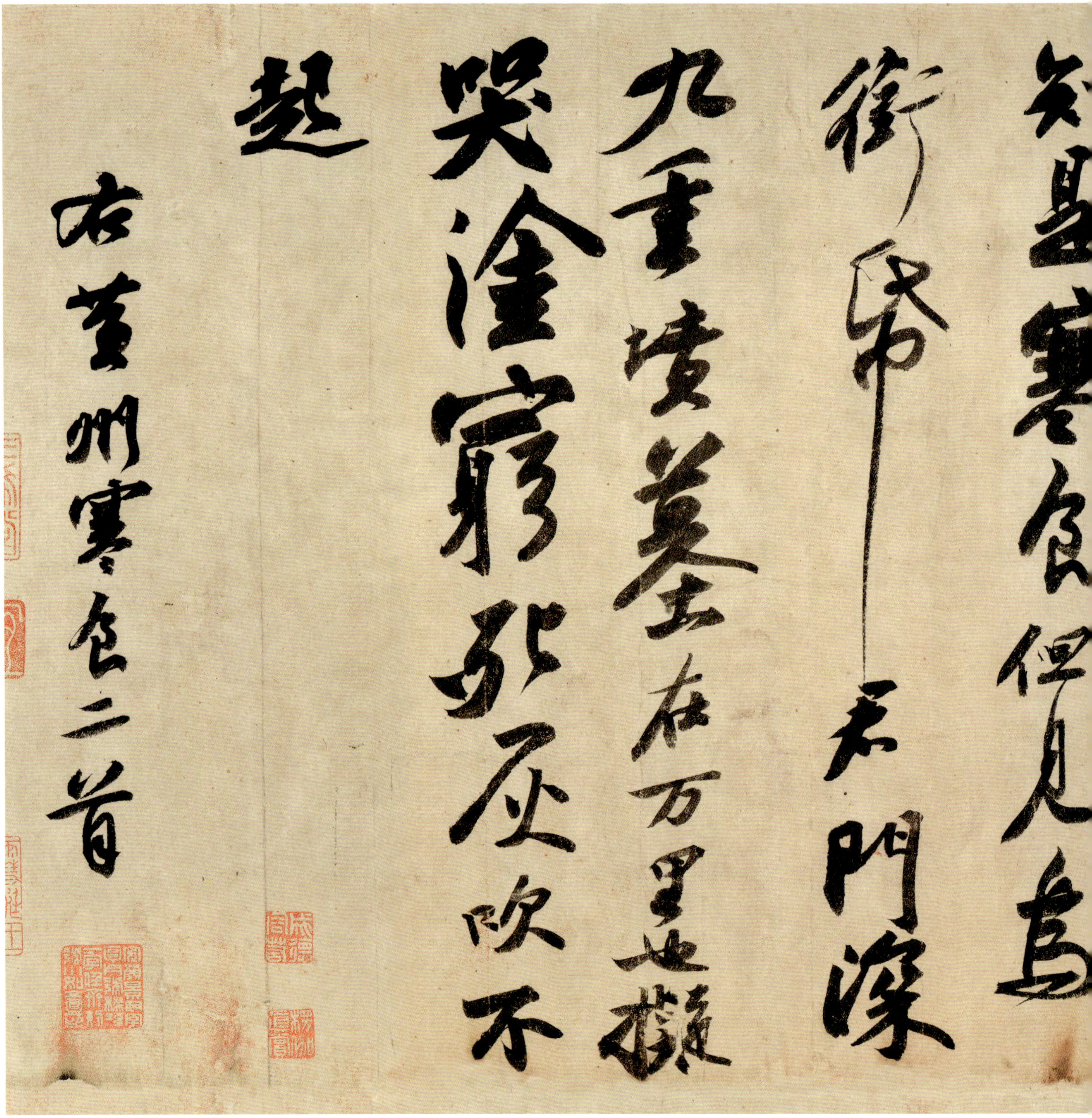

图 1–7 《寒食帖》，苏轼，宋，墨迹素笺本，行书，纵 18.9 厘米，横 34.2 厘米，17 行，129 字，台北故宫博物院藏

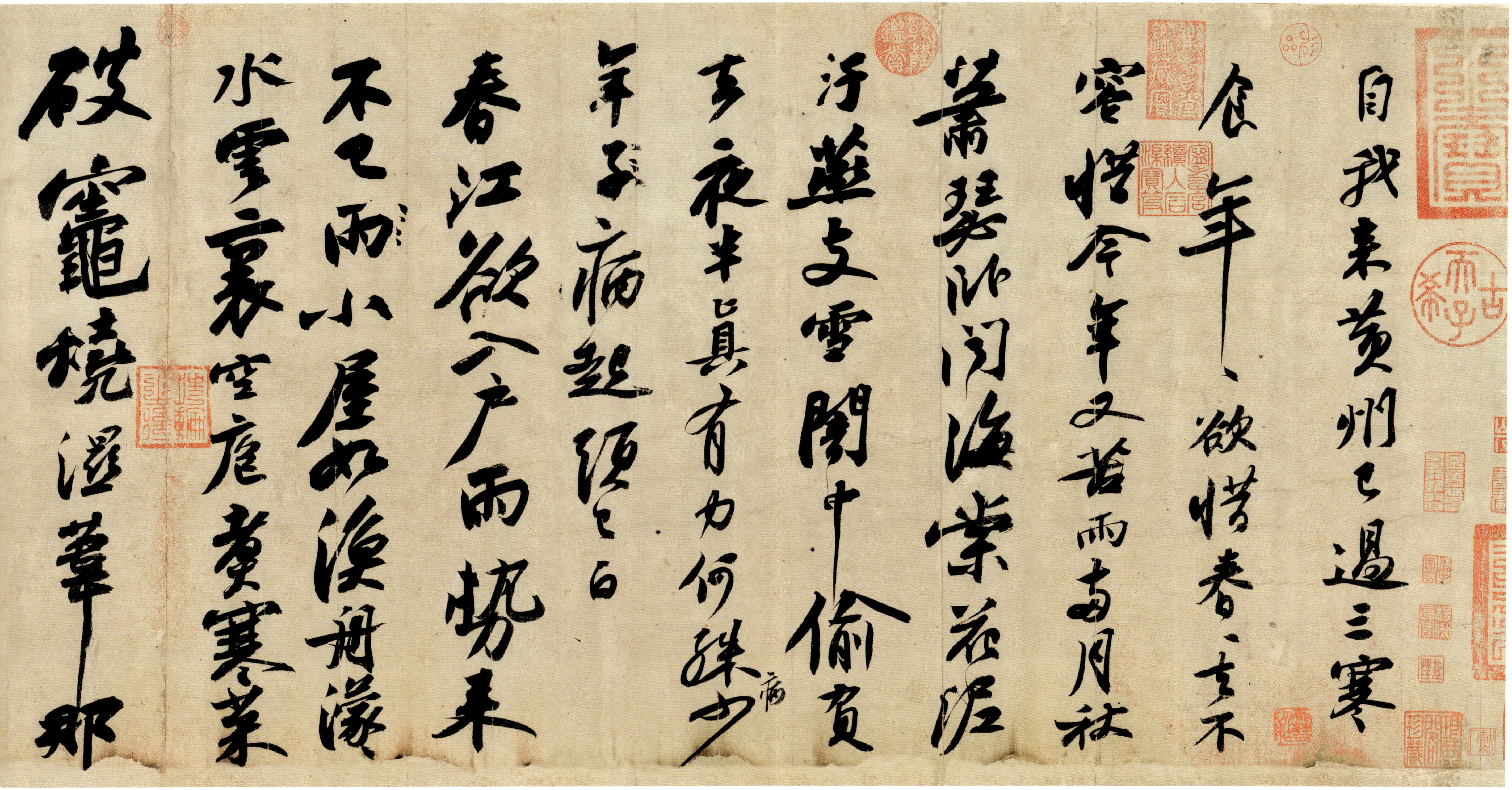

自我來黃州已過三寒
食年〻欲惜春〻去不
容惜今年又苦雨兩月秋
蕭瑟臥聞海棠花泥
污燕支雪闇中偷負
去夜半真有力何殊病少
年病起頭已白
春江欲入戶雨勢來
不已小屋如漁舟濛
濛水雲裏空庖煮寒菜
破竈燒濕葦那

去夜半真有力何殊少
年子病起須已白
春江欲入戶雨勢來
不已雨小屋如漁舟濛
水雲裏空庖煮寒菜
破竈燒濕葦那
知是寒食但見烏

在苏轼的众多墨迹当中，并没有与《寒食帖》类似的作品。一般情况下，苏轼的创作都能体现出明确的历史渊源。主要来看，他的行书受《兰亭集序》的影响很大。大部分苏轼的作品无论在笔法还是结字上，都能找到王羲之作品的痕迹。只不过苏轼的字形稍扁，且因受李邕影响，有斜面紧结的姿态。然而《寒食帖》是个例外，很难找到前代的影响，无论运笔、结字还是整体章法都别具一格。这件作品摆脱了历史的束缚，甚至超越了苏轼自身的书写模式。这种对于既定法则的突破，是尚意观念的典型体现。虽然在尚意书风影响之下，众多宋代书家展开了对唐代固守法则的批评，但实际上真正能够突破法则的书家凤毛麟角。即便是顶尖的宋四家，个别作品也有程式化的倾向。

超越法则束缚只是尚意书风的理想境界，并非处处可及的常态。而《寒食帖》可看作是这种理念的典型呈现。这种突破的原因，与禅宗的领悟方式有密切关联。被贬黄州是苏轼政治生涯的挫折，也是其精神提升的机缘，从此之后苏轼才开始真正潜心探究佛理。如果从参禅的角度来看，苏轼《寒食帖》的意义就不只抱怨自己境遇这么简单了。禅宗认为，当人陷入绝境的时候，恰好是开悟的最佳环境。禅宗将这种断绝所有希望之后带来的启示称为“大死大活”，所谓“不经一番寒彻骨，怎得梅花扑鼻香”。很多貌似激烈的禅宗手段背后都用意在此，诸如棒打怒喝、拈花微笑等都是为了将人纷飞不断的妄念用外力截断，从而带来全新的领悟。禅宗有句著名的训诫曰：“悬崖撒手，自肯承当。绝后再苏，欺君不得。”所谓“悬崖撒手，自肯承当”是指当人面临绝境的时候，更要放弃一切外力依靠自身的觉悟；“绝后再苏，欺君不得”是指当人从绝境当中省悟过来之后，觉悟便会更上一层楼。黄州的困顿并非虚设，从《寒食帖》可见苏轼的意境已焕然一新。苏轼早年聪慧，书法学习王羲之《兰亭集序》而得其精巧明媚。但中年屡遭磨难之后，其书法风格为之一变，不再斤斤于模仿前人的轨迹，而是完全由自己胸襟中自然流露。苏轼曾经说：“吾虽不善书，晓书莫若我。”这句话颇为自谦，事实上苏轼在书法创作和理论方面都达到了后人难以企及的高度。尤其是《寒食帖》，沉着痛快，一洗宋代书法萎靡孱弱之弊病，纯任天然，不落窠臼，寓精微于豪放之中，出新意于法度之内，达到了纵心所欲而不逾矩的至高境界。

这种艺术创作对于法则的突破与禅宗破除成法直入本心的模式接近。苏轼尚意思想的形成和实践，都与他接受禅宗理念密切相关。南阳慧忠国师曾言：“诸法不相到，当处得解脱。”禅宗所言“诸法不相到”，不仅是指摆脱物质上的束缚，更重要的是要超越各种见解的困扰。所谓见解，包括外来的观念，更多情况下是指自身的思想局限。只有不为诸法所困，才能从当下解脱。《寒食帖》既摆脱了前代流派的束缚，也超越了苏轼自身的日常范式，因此才会意蕴无穷，令人感叹不已。

第四节 黄庭坚墨迹

一、黄庭坚的参禅经历

黄庭坚，字鲁直，号山谷道人，晚号涪翁，洪州分宁（江西省修水县）人。北宋著名文学家，江西诗派创始人，同时也是著名的书法家，宋四家之一。

黄庭坚对于禅学颇为留心，《五灯会元》专门记载了他的参学经历：

> 太史山谷居士黄庭坚，字鲁直。以般若夙习，虽膴仕淡如也。出入宗门，未有所向。……惟孳孳于道，著发愿文，痛戒酒色。但朝粥午饭而已。往依晦堂，乞指径捷处。堂曰："秖如仲尼道，二三子以我为隐乎？吾无隐乎尔者。太史居常如何理论。"公拟对，堂曰："不是！不是！"公迷闷不已。一日侍堂山行次，时岩桂盛放，堂曰："闻木犀华香么？"公曰："闻。"堂曰："吾无隐乎尔。"公释然，即拜之。曰："和尚得恁么老婆心切。"堂笑曰："只要公到家耳。"久之，谒云岩死心新禅师，随众入室。心见，张目问曰："新长老死学士死，烧作两堆灰，向甚么处相见？"公无语。心约出曰："晦堂处参得底，使未著在。"后左官黔南，道力愈胜。于无思念中顿明死心所问。报以书曰："往年尝蒙苦苦提撕，长如醉梦，依俙在光影中。盖疑情不尽，命根不断，故望崖而退耳。谪官在黔南道中，昼卧觉来，忽尔寻思。被天下老和尚谩了多少！唯有

死心道人不肯，乃是第一相为也，不胜万幸。”①

从《五灯会元》的记载来看，黄庭坚的参禅经历非常曲折。他先是从晦堂祖心禅师处参学，于其座下先以“吾无隐乎尔”发其疑情，后又以“闻木犀华香”得个入处。黄庭坚自谓参禅有得，然而后来遇到黄龙死心悟新禅师对他并不认可。悟新禅师提出死后何处相见的公案，黄庭坚茫然无措，由此方知以往祖心座下所得并不究竟。后黄庭坚贬官黔南，用功参究，方顿明祖心禅师宗旨。

二、黄庭坚的书学理念

黄庭坚的参禅经历对其书学理论产生了巨大影响。他对于书法作品的评价集中于探讨作品是否具有形体之外的韵味。这种评价方式本身受禅宗“句中有眼”思路的启发。就他本人的学书经历而言，参禅的影响体现于意会、无心与顿悟等多个领域。

黄庭坚对于意会的推崇体现在他对形式化的批评：

> 尝论近世三家书云：“王著如‘小僧缚律’，李建中如‘讲僧参禅’，杨凝式如‘散僧入圣’。”②

依照黄庭坚对唐末宋初书坛三巨头的看法，王著虽然亦步亦趋临习二王法书，但成就有限，如新学戒子束手缚脚，囧态百出。李建中稍有进展，动合规矩，然尚不能自出机杼，恰如同讲法僧人说来头头是道，但只是拾前人牙慧，并非从自家胸襟流出。唯有杨凝式不为外形所困，貌似衣衫褴褛不合清规之游方僧，然举手投足之间又暗合无上妙法，实为超凡入圣之辈。这段论述借用了参禅境界来比喻书境：等而下者被形式所困，进而能通达诸法，最终得意而忘象。得意忘象虽为庄子所首先提出，然其应用多见于后世禅学。黄庭坚重意而轻象的书学理念，即源自禅宗不落机杼而直入佛意的参学手段。在他看来，形式上的成就恰恰成为意会的障碍：“余尝论二王以来，书艺超轶绝尘，惟颜鲁公、杨少师。相望数百年，若亲见逸少。又知得于手而应于心，乃轮扁不传之

① 《五灯会元》卷一七。
② 《山谷题跋》卷四《跋法帖》。

妙。赏会于此，虽欧虞褚薛，正须北面尔。"[①] 从形式上而言，唐初诸家与二王更为接近；但从精神气质上看，盛唐颜真卿和唐末杨凝式才是对二王真正的继承。这种意会的共鸣，只能真正达到相似境界的人才能理解。

得意固然是重要的环节，然而还有更进一层的无心或无意之境。黄庭坚推崇杜甫诗道："子美诗妙处，乃在无意于文，夫无意而意已至……"[②] 这种观点可以看作是对苏轼"书初无意于佳乃佳"的回应。对此更生动的解说来自黄庭坚："老夫之书，本无法也。但观世间万缘，如蚊蚋聚散，未尝一事横于胸中。故不择笔墨，遇纸则书，纸尽则已，亦不计较工拙与人之品藻讥弹。"[③] 黄庭坚所言"不计工拙"，源自禅宗《信心铭》"但莫憎爱"的教导，即六祖教导慧明和尚的"不思善不思恶"之学。只有超越世俗的价值评价，才能产生真正的佳作。所谓"不期工而后工"，乃是禅学无心方能合道之说在艺术领域的应用。

从意会到无心之境，需要一个领悟的过程。在这个过程中，黄庭坚经历了数次类似于禅宗顿悟的体验。

较早的一次领悟发生在黄庭坚中年："绍圣甲戌，在黄龙山中忽得草书三昧，觉前所作太露芒角。若得明窗净几，笔墨调利，可作数千字不倦。但难得此时会尔！"[④] 此时黄庭坚 49 岁，回头望去颇觉以前的作品锋芒太露。后来他 53 岁时过涪陵入川又有所悟："山谷在黔中时，字多随意曲折，意到笔不到；及来僰道，舟中观长年荡桨，群丁拔棹，乃觉少进。意之所到，辄能用笔。"[⑤] 但这几次都算不上是顿悟，只能算作是"解悟"。真正的顿悟发生在黄庭坚晚年："元符三年二月己酉，沐浴罢，连引数杯，为成都李致尧作行草。耳热眼花，忽然龙蛇入笔。学书四十年，今名所谓'鳌山悟道'书也。"[⑥] 元符三年（1100）时黄庭坚已经 55 岁，可谓"人书俱老"。这次可算是他在书法领域的终极顿悟，相当于禅宗中的大彻大悟，所以称之为"鳌山悟道"[⑦]。

---

① 《山谷题跋》卷五《跋李康年篆》。
② 《黄庭坚全集·正集》卷一六《大雅堂记》。
③ 《山谷题跋》卷五《书家弟幼安作草后》。
④ 《山谷题跋》卷五《书自作草后》。
⑤ 《山谷题跋》卷九《跋唐道人编余草稿》。
⑥ 《山谷题跋》卷七《李致尧乞书书卷后》。
⑦ 雪峰义存禅师初与岩头禅师至澧州鳌山镇阻雪……头曰："他后若欲播扬大教，一一从自己胸襟流出，将来与我盖天盖地去。"雪峰义存禅师于言下大悟，便作礼起。连声叫曰："师兄，今日始是鳌山成道。"

三、黄庭坚的代表墨迹

黄庭坚的作品有很多涉及佛教内容，如《香严十九颂卷》《七佛偈》《发愿文》《华严疏》《庞居士寒山子诗》等，但他"鳌山悟道"之后的作品当以《诸上座帖》最为典型。《诸上座帖》所写是法眼文益禅堂开示语录。此帖初藏于南宋高宗内府，后归贾似道；明代递藏于李应祯、华夏、周亮工处；清初藏于孙承泽砚山斋，后归王鸿绪；乾隆时收入内府；清末流出宫外，为张伯驹所得，后捐献给国家。

苏轼评价黄庭坚的书法："以平等观作欹侧字，以真实相出游戏法，以磊落人书细碎事。"[1]第三句"以磊落人书细碎事"特指黄庭坚写小字《尔雅》一事，但前两句可以看作是对黄庭坚书法的全面概括。

黄庭坚成就最大的书体是草书，书法史上普遍认为他是怀素之后的另一座草书巅峰。黄庭坚对自己的草书也颇为自许："自疑怀素前身，今生笔法更老。"[2]李之仪《姑溪居士全集》卷三九《跋山谷草字》云："鲁直晚年，草字尤工，得意处自谓优于怀素。"怀素的作品虽然奔放不羁，但细看法度森严，与二王如出一辙。

何为"以平等观作欹侧字"？怀素代表唐代草书，虽然纵横旋转，但无论是用笔还是结字，实际上都恪守严格的法度。只是唐人能将这种法度以迅捷灵动的方式表达出来，因此令人叹为观止。在黄庭坚的草书当中，我们已经很难找到具体用笔和结字的明确法则。如果说我们面对怀素的草书惊叹于其不可思议的技巧，那么面对黄庭坚的草书更多的是其不可意料的变化。这种近乎无穷无尽的变化，即苏轼所谓"欹侧"的主要表现。黄庭坚对此颇为自得："今来年老，懒作此书，如老病人扶杖，随意倾倒，不复能工。顾异于今人书者，不纽提容止，强作态度耳。"[3]黄庭坚草书给人的第一印象是衣衫褴褛，仿佛醉酒野老，扶杖蹒跚而行。我们永远也不知道醉酒的人下一步会走到什么地方，会有怎样的姿态。《诸上座帖》的挥运同样如此，总是以意料不到的方式将点画流动下去。他既打破了点画之间的关联，也破除了汉字的单字结构，同时不顾行列的齐整，只是任意将笔墨纵横使转，涂抹开来。难得之处在于，黄庭坚的这种任意挥洒并不令人感到突兀或者失衡，反倒形成似欹反正、若断还连的印象，

① 《东坡题跋》卷四《跋鲁直为王晋卿小书〈尔雅〉》。
② 《黄庭坚全集·别集》卷三《墨蛇颂》。
③ 《山谷题跋》卷七《书草老杜诗后与黄斌老》。

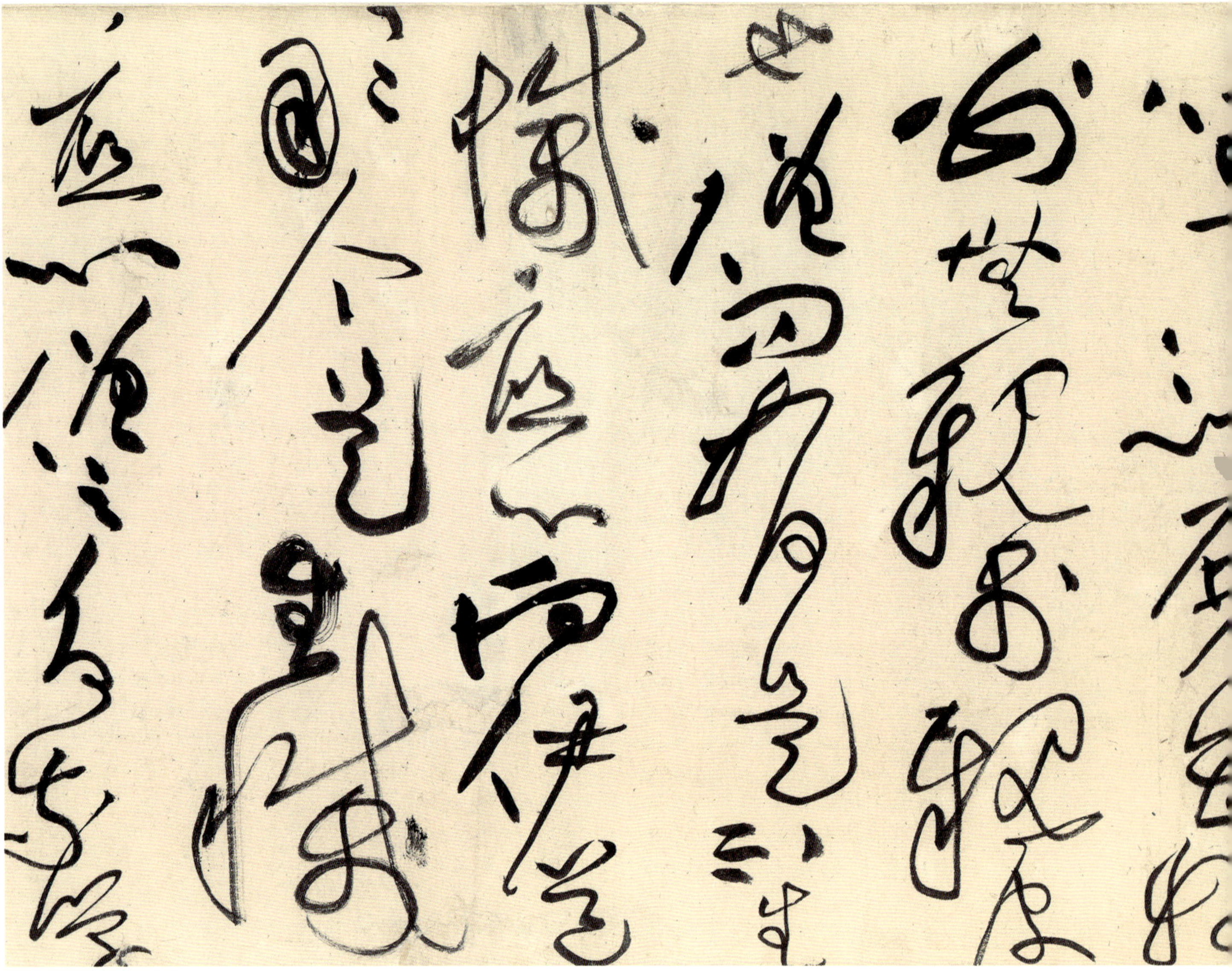

图 1–8 《诸上座帖》(局部)，黄庭坚，宋，纸本，手卷，草书，纵 33 厘米，横 729.5 厘米，92 行，故宫博物院藏

其原因在于他的笔墨并非刻意安排，而是天然而成。天然者所谓不知其然而然，艺术家并不知道他创作的根据，但其创作的结果合乎自然之理。

苏轼指出的平等观是这种创作状态的关键所在，所谓平等即视万法如一而不加分别的无意境界。黄庭坚同苏轼一样对无意之境极为推崇，“子美诗妙处，乃在无意于文，夫无意而意已至”。他在评价李煜书作时也说过：“盖刻意与率尔为之，工拙便相悬也。”[①] 以刻意与率性而为相对比，黄庭坚也曾用佛教典故来说明他的艺术理念：

> 幼安弟喜作草，携笔东西家，动辄龙蛇满壁，草圣之声誉满江西。

① 《山谷题跋》卷四《跋李后主书后》。

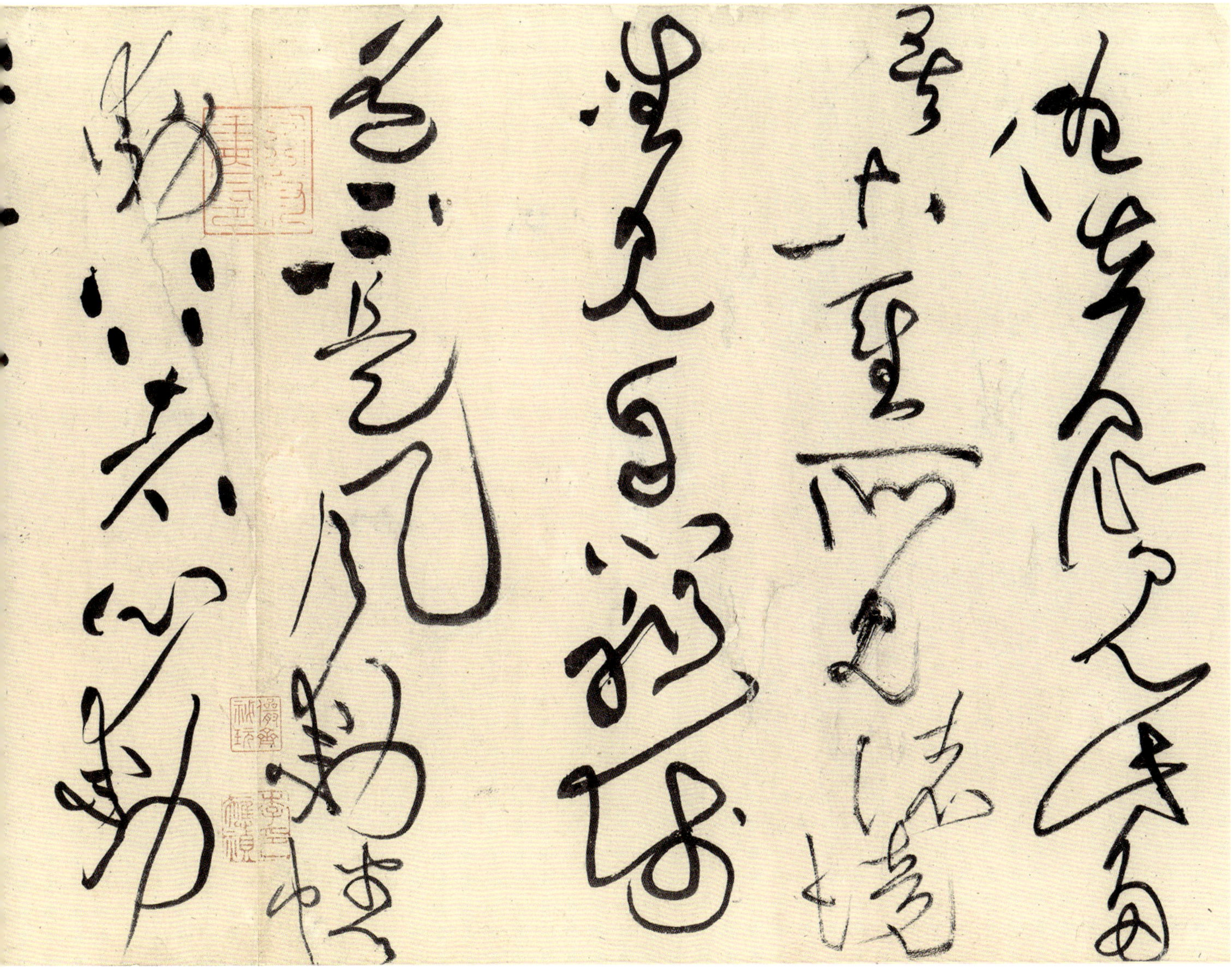

> 来求法于老夫，老夫之书，本无法也。但观世间万缘，如蚊蚋聚散，未尝一事横于胸中。故不择笔墨，遇纸则书，纸尽则已，亦不计较工拙与人之品藻讥弹。譬如木人舞中节拍，人叹其工，舞罢则双萧然矣。幼安然吾言乎？[1]

黄庭坚这里借用的“机关木人”来自佛教典故，指人之身心系由五蕴假和合而形成，无有自性，犹如傀儡，故以机关木人喻之。《大智度论》卷六讲：“都无有作者，是事是幻耶！为机关木人，为是梦中事。”[2]《宗镜录》中有更详细的解释：“眼具九缘生等，若无色空和合之缘，见性无由得发。五根亦然，皆仗缘

① 《山谷题跋》卷五《书家弟幼安作草后》。
② 《大正藏》卷二五。

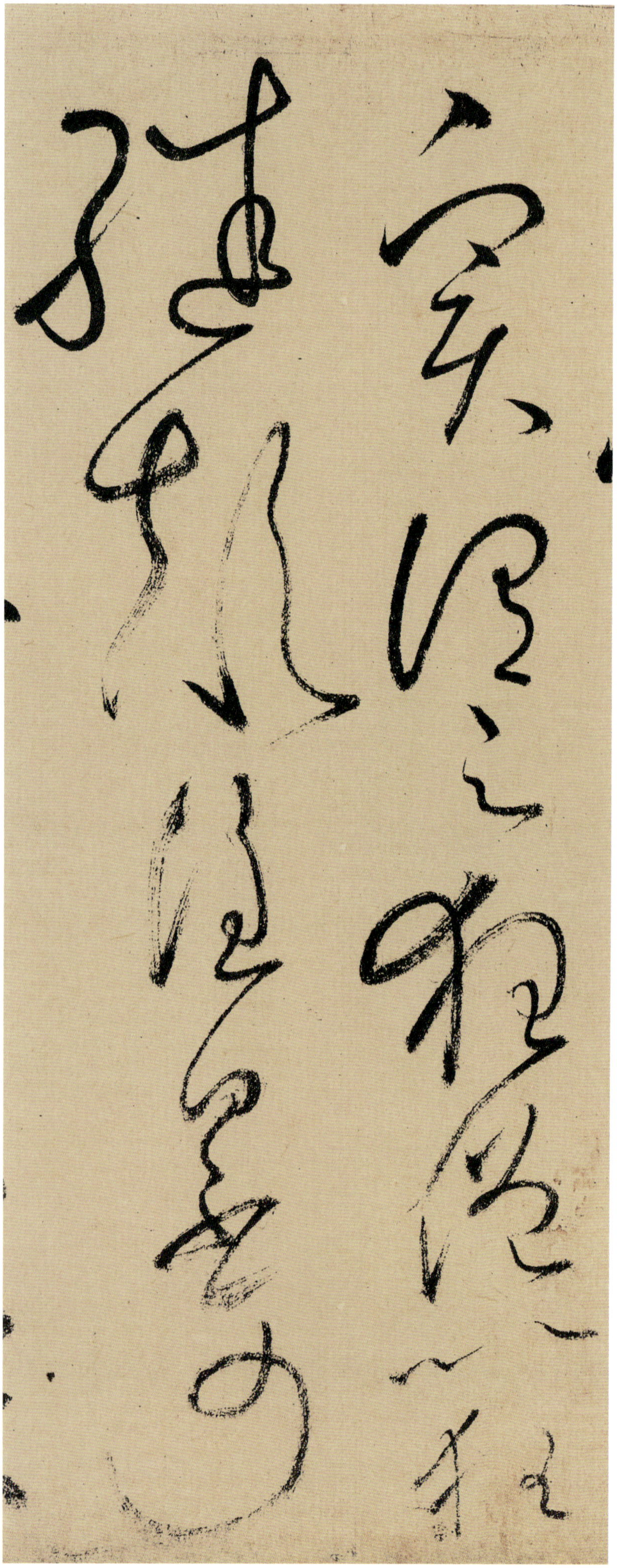

图 1-9 《自叙帖》（局部），怀素，唐，纸本，手卷，草书，纵 28.3 厘米，横 775 厘米，126 行，台北故宫博物院藏

起。斯则缘会而生，缘散而灭，无自主宰，毕竟性空。如《楞伽经》偈云：'心为工技儿，意如和技者，五识为伴侣，妄想观技众。'如歌舞立技之人，随他拍转，拍缓则步缓，拍急则步急。五根亦如是，但随意转。如云：'身非念轮，随念而转。'何者？意地若生，身轮动作；意地若息，根境寂然。真心则不尔。常照常现，铁围不能匿其辉；遍界遍空，穹苍不能覆其体。"《宗镜录》《大智度论》中对于机关木人的比喻是佛教般若性空思想的经典论述，表明世间所有现象都由因缘暂时积聚而成，从根本而言并无实在。具体来说，无意之境即是所谓"未尝一事横于胸中"，对于外界的赞誉与批评不置可否，于是才能达到"故不择笔墨，遇纸则书，纸尽则已"的自然创作境界。其根本内涵与呆若木鸡一样，都是对于世俗是非高下等诸多价值判断的中止。这种无心于美丑的创作状态，既是苏轼和黄庭坚推崇的无意境界，也是佛教所推崇的真实境界。从此境界出发自如地挥洒笔墨，才能创作以天合天的神品，这就是"以真实相出游戏法"的内涵。

中国
佛教美学
典藏

第二章

南宋禅德墨迹

引言

三教分立

常有人将中国文化概括为三教合一，其实这种观点源自民间教派的宣传口号，不能视为中国文化形态的基本判断。儒、释、道三教虽然有共通之处，但之所以分为三教，必然有其与众不同之处。儒家自汉代成为官方意识形态之后，很长一段时间超然于具体教派之上，但在佛教、道教兴起后逐渐式微。唐代韩愈因《谏迎佛骨》而获罪，固然是儒家衰微的象征，也是儒家一阳来复的契机。之后儒家借心性之学逐渐复兴，于北宋奠基之后，在南宋时期臻于大成。自此儒、释、道三者呈鼎足之态。基于教义教理的分歧，儒、释、道三家在艺术上的观念和表现也各有不同。三者理念的差异，于南宋之际三教墨迹的形象表达中可见一斑。

南宋儒学的代表当然是朱熹，他是整个宋明儒学最为重要的枢纽，其著作成为后世科举的标准教材。朱熹的墨迹风格可视为儒家对于艺术的典型表达。他认为艺术是协助教化的手段，即艺术的功能在于辅助社会理解并且遵守规范。因此朱熹的书风温文尔雅、不激不励，表现出平和的气质与周详的安排，与宋明理学注重规范和克制的观念如出一辙。即便后来王阳明提出貌似激烈的儒学主张，其墨迹也是中规中矩，可见史上将其归于狂禅是出于误解。

道教书法源远流长，无论是书写道符还是抄写道经，都需要精妙的书写能力作为支撑。历代擅书道士不乏其人，魏晋南北朝时道教徒王羲之、陶弘景等便以书法著称，南宋道教书家首推白玉蟾。白玉蟾与朱熹时代相同但书风迥异，其用笔汪洋恣肆、连绵回旋，结字天然洒脱而不主故常，整体气息空灵通

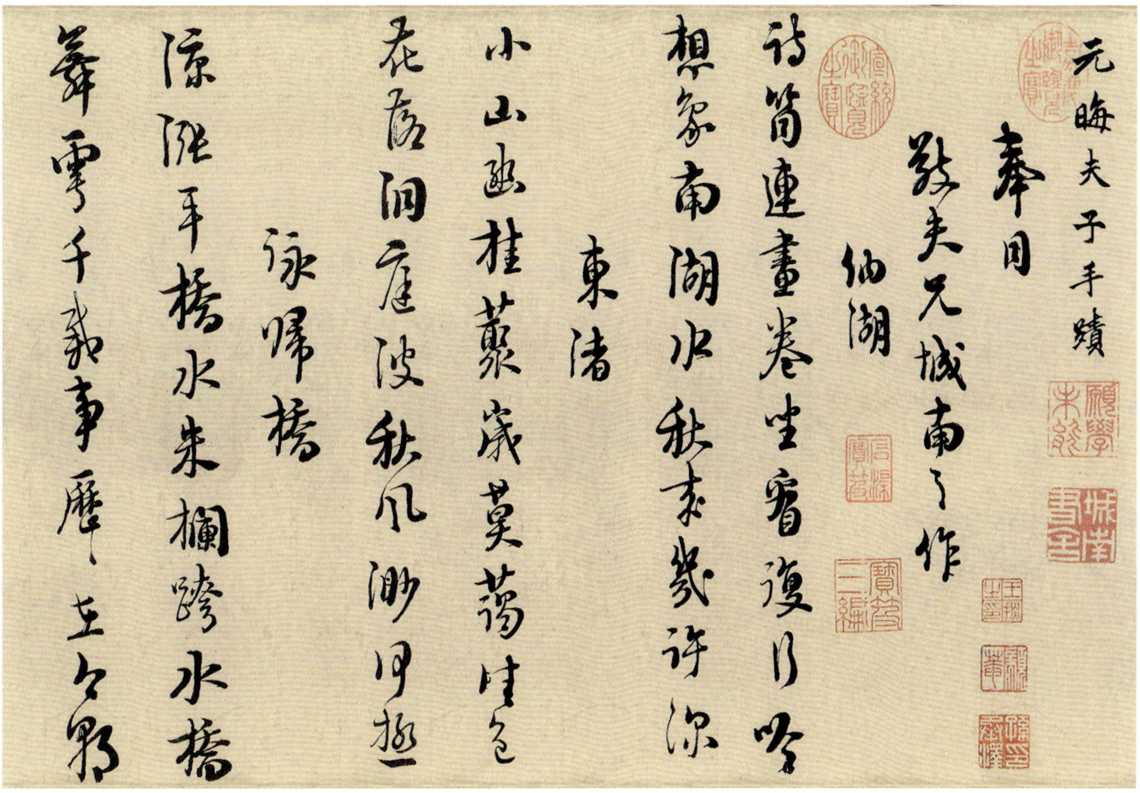

图 2-1 《城南唱和诗卷》(局部)，朱熹，宋

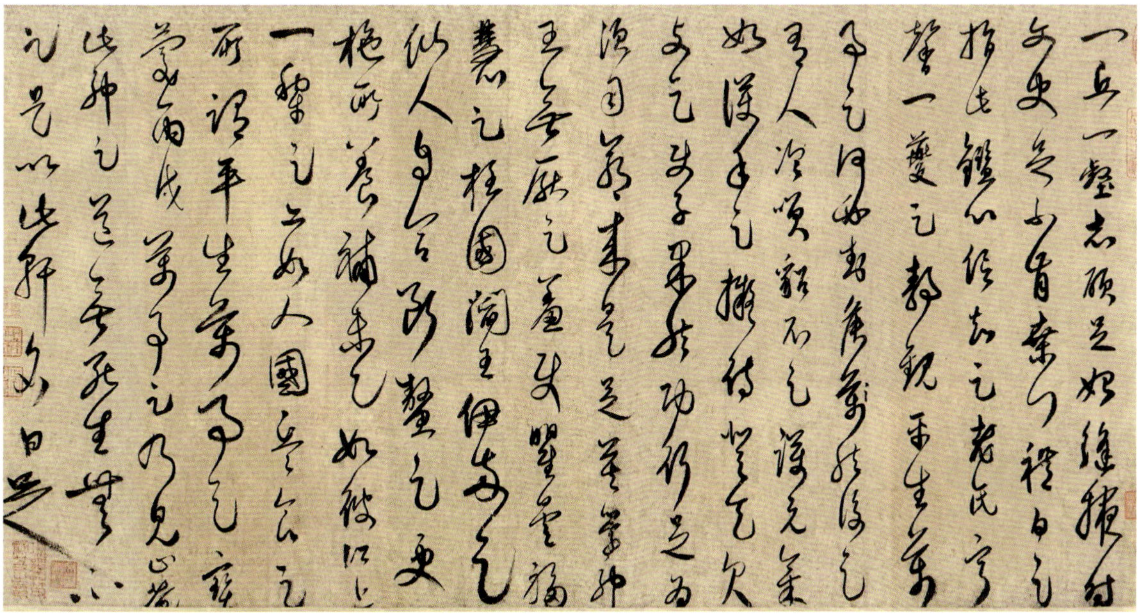

图 2-2 《足轩铭卷》(局部)，白玉蟾，宋

透飘飘欲仙，毫无一丝俗气。

南宋禅宗墨迹以气象宏大为尚，与儒门之温润、道教之飘逸截然不同。大慧宗杲以参话禅破文字禅与默照禅，凸显禅法勇猛精进之气，一扫萎靡因循之弊。其墨迹如其禅法，笔墨劲健纵横而气息雄强浑厚，呈现禅宗一超直入如来地之气度。随后无准师范禅师变本加厉，将气势惊人之擘窠大字置于禅堂内外，令人望而生畏，遂狂心顿歇。

由南宋三教墨迹不同面目可知，儒、释、道各有巧妙而不可草草混为一谈。

第一节 大慧宗杲墨迹

大慧宗杲，俗姓奚，宣州宁国（安徽省宁国市）人。号大慧，因曾归居妙喜庵，故又号妙喜。

大慧宗杲是马祖道一之后最为重要的禅宗导师。他一方面终止了前代文字禅的盛行，另一方面纠正了当时默照禅的偏颇，创造性地开辟出参话禅一派，成为后世禅学的主流，其影响一直延续到当代。

他的生平富有传奇色彩，盛年因支持北上抗金而被剥夺僧籍、贬斥蛮荒达十六年之久，秦桧死后方蒙敕免得还。

大慧宗杲有数件墨迹东流，其中既有他盛年锋芒毕现之作，也有晚年圆熟洒脱之作，如今都被当作重要文化遗产保存于各大博物馆。

一、大慧宗杲生平

从禅宗传灯法系来看，大慧宗杲属于六祖慧能第十七世。再细分而言，大慧宗杲属于临济宗杨岐派门下圆悟克勤一支，后自成一系。

大慧宗杲自幼颇有慧根，六七岁时，“每闻僧语，唯喜视听”。16岁[1]出家为僧，于东山慧云寺拜慧齐禅师。翌年，“九月纳僧服，十月请具足戒于景德寺”。19岁时，游历各地，参见善知识。24至27岁，参见临济宗黄龙派真净克文（1025—

① 本文年龄都为虚岁。

1102）之弟湛堂文准禅师（1061—1115）。27岁夏季，文准示疾，嘱咐他去参见圆悟克勤。

宣和六年九月，大慧宗杲36岁时，圆悟克勤奉诏住天宁，大慧宗杲参学圆悟克勤，这既是大慧宗杲平生的重大事件，也是整个禅宗史上不容忽略的环节，对大慧宗杲个人和禅宗发展都产生了至关重要的影响。绍兴四年（1134），46岁的大慧宗杲至长乐，经龙泉寺，馆于广因寺，因游雪峰，适建菩提会，真歇清了禅师请为众普说。之后，大慧宗杲迁居洋屿庵（长乐云门寺），曾著《辨正邪说》，可惜失传。

大慧宗杲晚居衡州（湖南省衡阳市），著《正法眼藏》三卷。绍兴二十年（1150），年六十二，六月二十五日再度谪移梅州（广东省），居住六年。67岁时，"蒙恩自便"。绍兴二十八年（1158），年七十，被旨又迁住径山。绍兴三十年（1160），孝宗亲书"妙喜庵"三字及制真赞，题曰"文囿赞真呈妙喜"。大慧宗杲74岁时，孝宗特赐"大慧禅师"之号。

隆兴元年（1163）八月十日，大慧宗杲示寂于径山明月堂，寿七十五，坐五十八夏。《大慧年谱》记载："按塔铭曰，隆兴元年八月十日，大慧禅师示寂于径山明月堂。皇帝闻之嗟惜，诏以明月堂为'妙喜庵'，赐谥普觉，塔名宝光。其徒以全身葬于庵之后，卒被光宠，表之无穷，诚有以自致也。所赐御书，建阁藏于庵，与兹山不磨矣。"

二、大慧宗杲禅法

大慧宗杲在禅宗史上无可取代的功绩在于：排文字禅，破默照禅，开参话禅。

从菩提达摩传禅宗入东土以来，禅宗风格多次变迁。早期禅宗以解行并重为主旨，将佛教义理与禅宗行持结合起来。菩提达摩授慧可4卷《楞伽经》，其中有本性清净的如来藏之说，也有离心意识得自觉圣智的唯识思想，最终归于无所有般若正见。其门下教学，以"观惑知惑本无起处"为用心方便。四祖道信以来禅门大开，以《般若经》为依靠，以观心为方便。后观心法门弊病渐生，遂有六祖慧能及神会倡导顿悟以破清净禅。六祖之后，禅宗逐渐减少了对教典的依赖，"直指人心，见性成佛"之风蔚为大观。一时间机锋往来、棒喝交加，禅宗英杰辈出，如日中天。然唐末以来，前辈的启发性形式逐渐变为俗套，失去其真正意义。在这种情况下，宋初禅师一方面以临济宗为中心，发展出对公案不断诠释的文字禅；一方面以曹洞宗为中心，发展出完全摆脱文字的默照禅。

大慧宗杲的老师圆悟克勤便是文字禅的重要代表，《碧岩录》可看作是文字禅最为典范的著作。但圆悟克勤去世之后，大慧宗杲不仅没有弘扬《碧岩录》，反而将其刻板付之一炬，以表示对文字禅学的摒弃。大慧宗杲的举措，从寻常角度来看匪夷所思，但他自有深意。早期禅宗并不依赖于复杂的文字理解，能够做到直指人心；北宋以来，因文教发达导致文字禅盛行，禅的诗化及禅的思想向世俗文化形态全面渗透，但由于文字本身的复杂性使得其中蕴含的佛理反而被遮蔽，以至于谈禅者渐多而参禅者益少，禅宗已经偏离了最初设立的不立文字的宗旨。由此看来，大慧宗杲焚毁《碧岩录》刻板的举措，并不是对圆悟克勤的不恭，而是使禅学回归本然的一种努力。

与文字禅形成鲜明对照的是默照禅，如果说文字禅的弊端在于过度依赖对文字本身的领会和思考，那么默照禅的弊端就在于过于忽视领会和思考对于禅悟的作用。默照禅的代表是曹洞宗人宏智正觉（1091—1157），“默”指无言静坐，“照”指观照清净心体，默照禅就是守默与观照相结合的禅法。宏智正觉本人“昼夜不眠，与众危坐”[①]。宏智正觉强调，默与照是禅修不可缺少的两个方面，默是照之体（本），照是默之用。默照禅的理论依据基于唯识观：“一切诸法，皆是心地上妄想缘影。”[②]因此，首要问题是放下心识当中的妄想。从历史渊源来看，宏智正觉的默照禅法与东山法门的观心、神秀一系的观净、宗密的灵知心体之说都有相似之处。但是宏智正觉有独特的解说，其默照禅可以看作是曹洞宗的嫡传，并成为后世曹洞宗的主流。

大慧宗杲反对默照禅，仅仅是批评默照禅的流弊，而非宏智正觉的默照禅本身。大慧宗杲与宏智正觉并没有私人恩怨，晚年还专程拜会他，并主持了他的葬礼，充分肯定了其对禅宗的贡献。大慧宗杲认为默照可以当作入道的方便手段，但将方便执着不放则成为流弊。

在批评文字禅和默照禅弊端的基础上，大慧宗杲创造性地提出了参话禅的修学途径。参话禅也被称为看话禅或看话头。“看”，本指无声的注视，此指参究。“话”，即话头的略称。就话头而言，话指公案，头是要领的意思。话头即题目，通常是选公案古则中某些语句作为焦点来勉励参究的对象。所谓参话禅，就是从公案古则中拿出一则无意味语，避免意识的刻意穿凿附会，就此话头大

① 《正觉宏智禅师塔铭》，《卍续藏》第1辑第2编第29套第5册，第455页。
② 《宏智禅师广录》卷五，《大正藏》卷四八。

发疑情，以期顿悟自性。参话禅与文字禅在形式上有某种相似性，都须借助禅宗的经典公案才能进行。但文字禅依靠语言丰富的意会能力来进行解释，参话禅是将公案作为一个存疑的对象来看待，或者说参话禅中的公案只是一个工具，真正起作用的是公案所引发的疑情。大慧宗杲在给居士的信函中对此有较为详细的解说：

> 千疑万疑，只是一疑。话头上疑破，则千疑万疑一时破。话头不破，则且就上面与之厮崖。若弃了话头，却去别文字上起疑，经教上起疑，古人公案上起疑，日用尘劳中起疑，皆是邪魔眷属。第一不得向举起处承当，又不得思量卜度，但着意就不可思量处思量。心无所之，老鼠入牛角，便见倒断也。又方寸若闹，但只举“狗子无佛性”话。佛语祖语，诸方老宿语，千差万别。若透得个“无”字，一时透过，不着问人。若一向问人，佛语又如何，祖语又如何，诸方老宿语又如何，永劫无有悟时也。[①]

大慧宗杲指出，虽然疑情针对的只是一句话，但如果解决这一疑惑，那么所有的疑惑都能解开，即达到大彻大悟之境。关键是不要思量揣测，要于不可思议处参究方能成就。若是从别处求个解说，而不是自身悟出，终究于事无补。

从文字角度看，参话禅采取了中间路线，既避免了文字禅对语言的过度依赖，也避免了默照禅对文字的过度摒弃。因此，后世禅宗的主流都采用了参话禅的修学模式，尤其是在元代禅学中这种模式大行其道。它的影响，一直绵延到近代乃至当下，由此可见大慧宗杲对禅宗之深远影响。

三、大慧宗杲的墨迹

宋代书法家的主体是以士大夫为中心的文官阶层。这一时期文人又同禅宗僧人交往密切，因此在文人书法和禅意书法之间就产生了深厚的关联。与大慧宗杲交往的士大夫众多，除了张商英、张九成、张浚，还有汤思退、张孝祥等名士。《大慧书》中记载与其有书翰往来者达 40 余人，如苏轼、黄庭坚等人，

---

① 《大慧普觉禅师语录》卷二八“答吕舍人（居仁）”。

他们的书法属于富有禅意的文人书法。而大慧宗杲手迹，则属于富有文人气息的禅宗墨迹。

从现存大慧宗杲墨迹来看，其书风大致可以分为两个时期：流放期与返还期。流放期的墨迹雄强执拗，笔力弥漫；返还期的墨迹平淡圆熟，一派天然气象。

流放期的代表作品为《致无相居士尺牍》《大慧尺牍》等。

《致无相居士尺牍》书于绍兴二十年十月初二，地点为由衡州（湖南省衡阳市）移请梅州道中，也有可能是次年在流谪地梅州所书。年龄为 62 岁。此作品先由江户时代初期茶道家、禅僧江月宗玩收藏，而后又归身兼茶道家的诸侯松平不昧所有，现藏于日本东京国立博物馆。

该尺牍是大慧宗杲被放逐梅州时寄给友人无相居士的书信。从整体笔迹上看，大慧宗杲这件墨迹与其师圆悟克勤的墨迹有某些相似之处，同属基于褚遂良的宋人写意书风。但细看之下会发现两者的用笔和结字有明显区别，最为明显的区别是大慧宗杲的用笔更为果断迅捷，给人以更为有力的冲击，而非圆悟克勤的墨迹则呈现出曲水流觞般的雅致写意。这种差别的原因有很多方面，如大慧宗杲的个人气质及其动荡际遇等。更不能忽略的是两人禅法之间的差异。在圆悟克勤身上达到极致的文字禅，需要参与者有极高的文学素养才能从批注的公案诗偈当中悟出隐藏的蛛丝马迹。且不说这种禅法受众的局限，过多的文字曲折有违禅宗直指人心的本怀，而且容易产生执着于语言文字的流弊。大慧宗杲立参话禅，焚文字禅，就是以勇猛精进之疑情破文字禅学过于纠结、默照禅学偏于死寂的弊端。在大慧宗杲看来，禅学并非风花雪月与乡愿自保之士可以承担，必须具备精神上的勇气和力量方可成就。在这件墨迹中，他将圆悟克勤点画的柔和曲折变为简洁直率，将用笔的平稳流畅变为沉着痛快，将结字的飘忽不定变为掷地有声，即是其参话禅勇猛进取之气质的生动呈现。如果说其师墨迹乃是杏花春水，那么大慧宗杲的墨迹则如同骏马秋风，令人生驰骋塞外的豪侠之气。就宋四家的角度来看，大慧宗杲这件墨迹用笔介乎苏轼和米芾之间，既有苏轼厚重稳健的文人书法一面，又不乏米芾跳跃飞动的艺术家气息。其结字工稳平实，但于平实中又时出巧妙，于平正中屡见险绝。更难得的是，通篇随字赋形，纯任自然而毫无刻意之处，自抒胸臆而又能同古人暗合。以其用笔之劲健与结字之奇巧而言，即便将之置于宋四家作品中亦毫不逊色。只是大慧宗杲在禅宗中影响太大，其书法成就反而被掩盖。

返还期的代表作以《与演教堂头法属禅师书》为典范，《与性禅侄书》《与

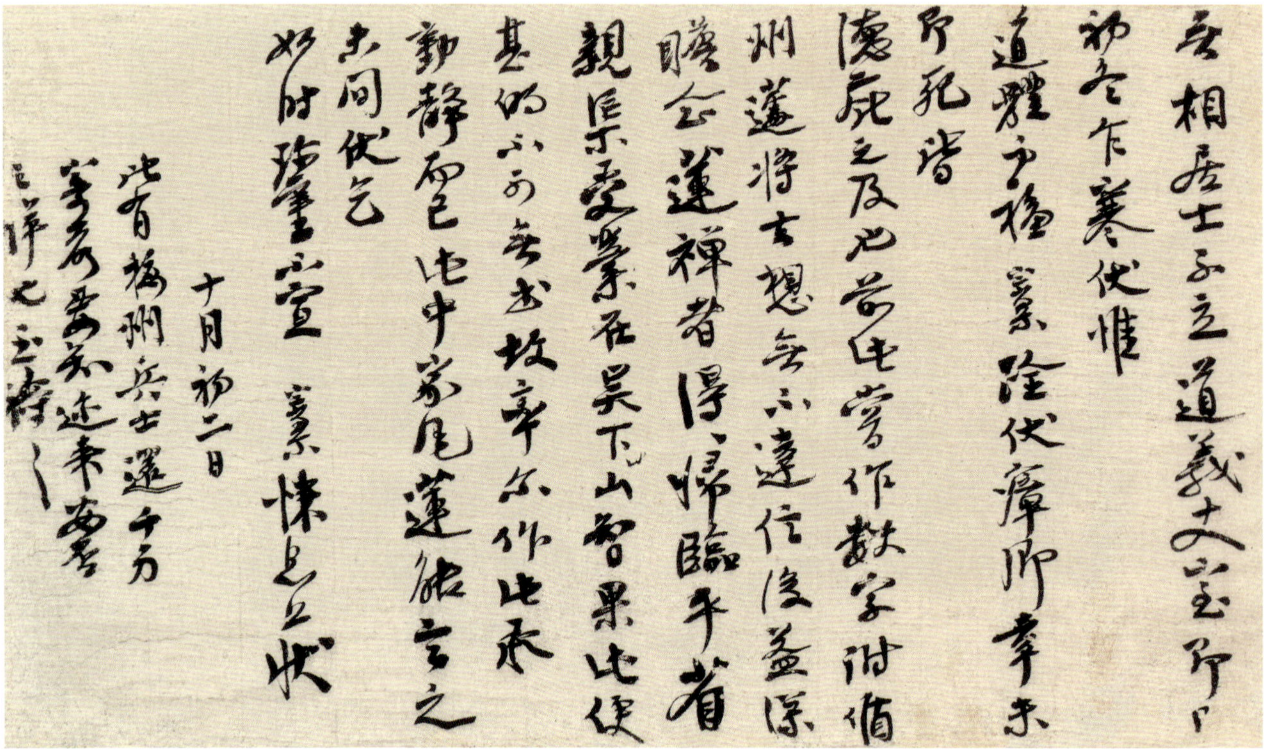

图 2-3 《致无相居士尺牍》，大慧宗杲，宋，纸本，行书，纵 38 厘米，横 65.5 厘米，日本东京国立博物馆藏

释文：无相居士子立道义丈室，即时初冬乍寒，伏惟道体万福。宗杲跧伏瘴乡，幸未即死，皆德庇之及也。前此尝作数字，附循州蘧将去，想无不达。信后益深瞻念。莲禅者得得归临平省亲，渠受业在吴下山智果。此便甚的，不可无书。故率尔作此，承动静而已。此中家风莲能言之。未间，伏乞如时珍重。不宣。宗杲悚息上状。十月初二日，比有梅州兵士还，千万寄声。要知迩来安否之详也。至祷，至祷。

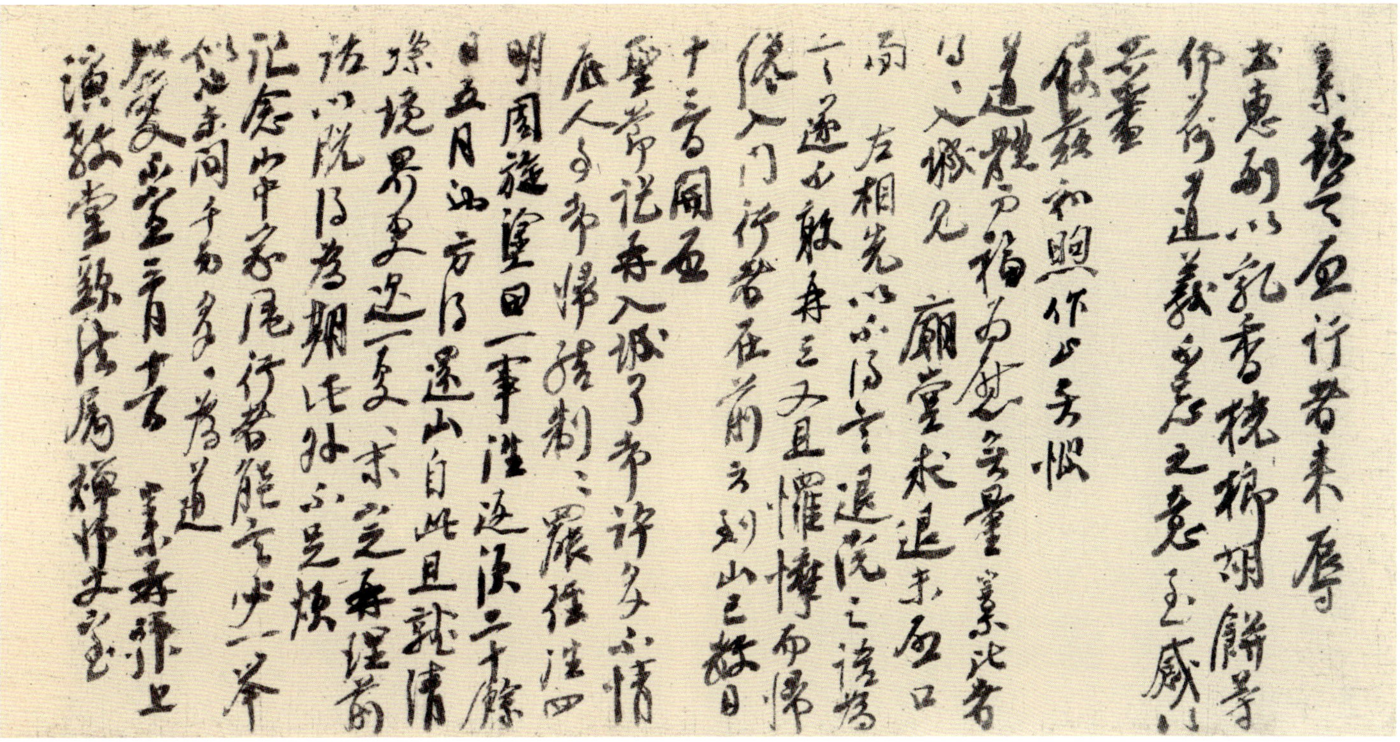

图 2-4 《与演教堂头法属禅师书》，大慧宗杲，宋，纸本墨迹，纵 38.2 厘米，横 73.3 厘米，日本东京国立博物馆藏

释文：宗杲顿首启：行者来辱书，惠副以乳香、桄榔、胡饼等。仰荷道义不忘之意，至感。以共审履兹和煦、作止无恼、道体万福、为慰无量。宗杲比者得得入城，见庙堂求退，未启口面左相，先以不得言退院之语为言，遂不敢再三。又且罗摩而归。才入门，行者在前云，到山已数日，十三日开启。圣节讫再入城，了却许多不情底人事。却归结制，结制罢，径往四明周旋途田一事。往返须二十余日，五月望方得还山。自此且就清净境界。更过一夏，夏末定再理前话，以脱得为期，此外不足烦。记念山中家风，行者能言，必一举似也未问。千万多多为道珍爱，不宣。三月十一日。宗杲再拜上，演教堂头法属禅师丈室。

万寿才长老书》《大慧法语》都属于这一时期的作品。

《与演教堂头法属禅师书》尺牍现藏于日本东京国立博物馆。从书翰的内容中可以分析出，此尺牍应书于绍兴三十年三月十一日，由杭城归径山后因得法属禅师赠送之物而书此回信。此为大慧宗杲72岁之晚年书作。在信文中他再三向法属禅师谈及要求朝廷许他退居之事，入杭城向左相汤思退请求，未得允诺。于是他计在第二年夏末再请求归隐，以颐天养年，图得清净境界。此尺牍与前面的《致无相居士尺牍》相比，写得更为圆熟随意。《致无相居士尺牍》点画分明、字字独立，而《与演教堂头法属禅师书》有化方为圆、连绵映带的倾向。或以为此风格是大慧宗杲晚年处境优渥的反映，其实也可以将其看作是其禅法益发圆熟的表现。这件作品只是貌似平淡安详，细看之下却波涛汹涌，机关密布。《致无相居士尺牍》虽然也精巧奇崛，但其险处一望而知，遂心生惊醒。《与演教堂头法属禅师书》则不然，其寻常平易的外貌之下，乃有老和尚处处隐藏之机锋，常人每每当作平易而错过。其用笔不再咄咄逼人，似乎秃笔任意涂抹而成，行进间不见起止，反倒令人难以捉摸。偶尔还有撇捺，厚重笨拙，似乎失控所致，但置诸全篇之间，又反倒成为醒目的关键所在。黄庭坚曾讲，书法贵字中有眼，如禅宗贵句中有眼类似。所谓“眼”即隐藏的关键，如果完全按照合乎规范的方式写字，最终的结果就是平铺直叙，毫无趣味。大慧宗杲这件晚年墨迹的可贵之处在于“有眼”，如老和尚讲日常也隐藏机锋一般。只是此境界非等闲可得，需饱参富学之后方能明了。

四、大慧宗杲门下墨迹

大慧宗杲一系墨迹还包括了佛照德光（1121—1203）、北涧居简（1164—1246）、物初大观（1206—1268）等人的作品。

（一）佛照德光墨迹

佛照德光，别号拙庵，江西临江（江西省新余市）人。21岁闻人诵《金刚经》有感，遂落发为僧。绍兴二十六年（1156），投大慧宗杲门下。大慧宗杲勘问德光道：“唤作竹篦则触，不唤竹篦则背。不得下语，不得无语。”竹篦是禅堂中用来警策学人的器具，禅宗大德经常用此来考量学人的境界，其中尤其

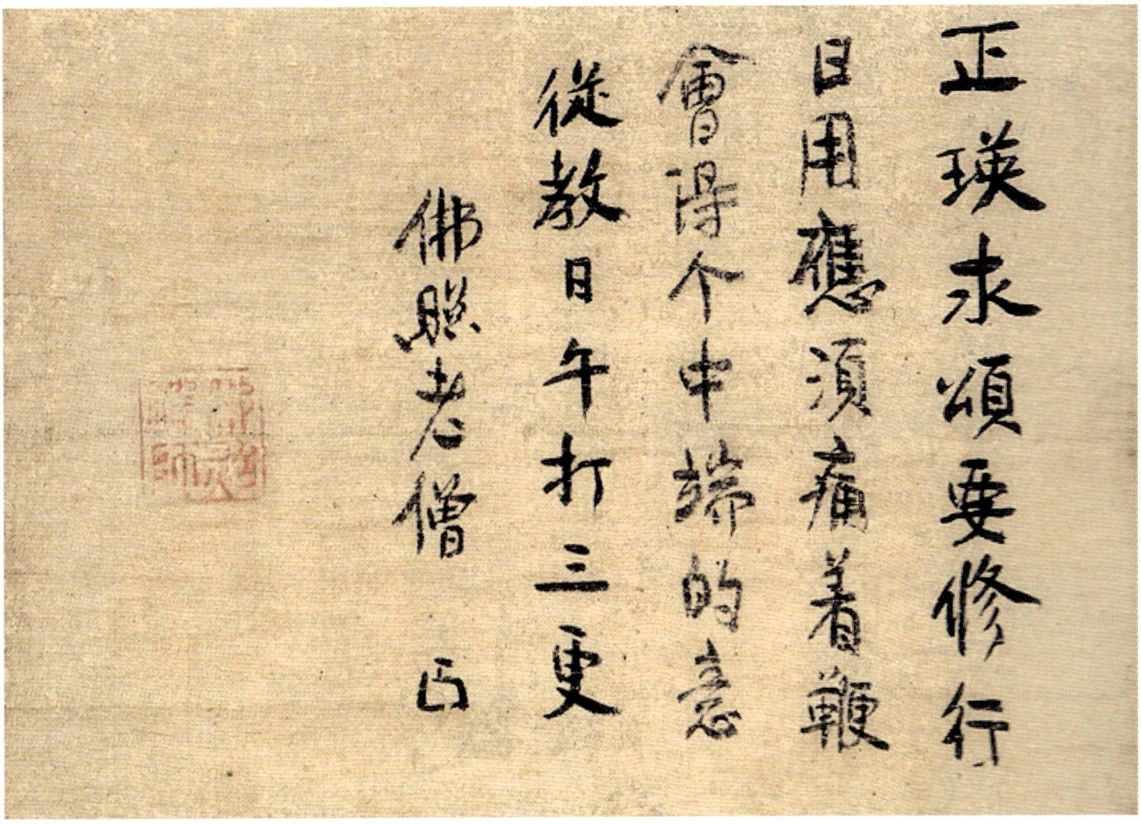

图 2–5 《与正瑛偈颂》，佛照德光，宋，纸本，纵 28.8 厘米，横 46.1 厘米，私人收藏

释文：正瑛求颂要修行，日用应须痛着鞭。会得个中端的意，从教日午打三更。佛照老僧。

以大慧宗杲为擅长。这个公案他不止一次提出过，既不能将竹篦叫作竹篦，也不能不叫作竹篦，还不能不说话，哪怕是夺走竹篦都不对。佛照德光正要应对，便被大慧宗杲棒打。佛照德光当下顿悟，从前所疑，豁然冰释。大慧宗杲对其颇为赏识，付偈曰："有德必有光，其光无间隔。名实要相称，非青黄赤白。"

佛照德光有《与正瑛偈颂》墨迹一件流传于世，据传日本平安末期平重盛以三千两黄金追荐先祖，时为灵隐寺主持的佛照德光写下这张墨迹，正瑛也许是平重盛派往宋朝的使者。这件墨迹流传于日本著名武士与茶家之间，历来受到极大推崇。

这件墨迹从笔法上看并不精细，或许是秃笔随意而作，在笔法精妙的宋代毫无出奇之处。难得的是它的洒脱任性之处，貌似儿童游戏涂鸦，纯任本色，不计得失毁誉。如果切身体会一二，又翻觉无比巧妙。这种境界恰如禅宗话语，骤闻之下不合情理，但细思之下又回味无穷。恰如偈中所言"日用应须痛着鞭"，日用平常之间即是巧妙神意所在。书法和禅学一样，不用别求玄妙，大道只是平常。禅学之所以为世所重，是因为其要在不循故常而能合乎自然，合乎自然而又隐含神妙。佛照德光以笔墨游戏三昧，于其中可窥见禅法之一二。

（二）北涧居简墨迹

北涧居简，字敬叟。俗姓王（一说姓龙），潼川通泉县（四川省射洪县）人。资质聪颖特异，见佛书必端坐默观。早年于潼川通泉县广福院出家，依同邑广福院圆澄得度，后参谒别峰宝印。一日，读卍庵道颜语录而有所省悟，于是拜谒育王寺德光，心机契投，修学十五年，遂得其法印。其后参江西之罗湖晓莹，罗湖晓莹对居简大为赞赏，将当年大慧宗杲的竹篦子赠予居简。大慧宗杲以竹篦子公案名扬四海，因此他使用过的竹篦子就如同早期禅宗的衣钵一样，象征正法传递之信物。北涧居简初于台州报恩光孝寺弘法，后退居杭州飞来峰之阴。当时张诚之请师至平江虎丘山，江东之佛教徒亦请师至东林、云居，师皆不应。未久，移住杭州净慈寺，大开法道。于寺之北涧构筑一室，名为苇室，并作赋以示己志。淳祐六年（1246）四月一日示寂，世寿八十三，世称“北涧居简”。

北涧居简一方面在禅宗当中享有很高的声誉，另一方面在士大夫中也富有诗名，当时有人把他同参寥道潜和慧洪觉范并称为宋朝诗僧典范，或认为他文章奇伟似柳宗元。现存著作有《北涧文集》10卷、《北涧诗集》9卷、《北涧外集》1卷、《北涧和尚语录》1卷，存世诗逾千首，其文风对日本五山文学有很大的影响。北涧居简不仅擅长诗文创作，而且对艺术理论也有深入而精到的思考。一般来说，关于禅宗与艺术之间关系的思考，多由士大夫文人予以阐发。像北涧居简这样，以禅宗内在的视角来思考艺术的现象弥足珍贵。

当时高居士以靛蓝纸写金字佛经，北涧居简赞曰：“一点画中，具无量义。字可悉数，义则无量。欲了其源，冥去来相。”[①] 这段赞语有多重含义。从艺术的角度看，北涧居简认为即便是作品的细节也蕴含了无穷的意味。但如果要追溯意蕴的源头，那么须忽略外在的形态才能直达作品本质。很显然这段话更重要的内涵是要揭示禅学的奥秘。所谓“一点画中，具无量义”，即禅师平常的开示当中也蕴含了无量佛门奥义。若要探究此奥义之本源，需要摒弃所有对立的边见方能归于中道。

关于绘画之境界，《北涧集》中多有妙解，但大致以刻板模仿为下乘，以得意忘象为上乘。北涧居简在《跋雪窦老融牛轴》中讲：“画牛至戴嵩，能事毕矣。雪窦老融，则又出于规矩准绳之外。……方其解衣盘礴，想像乎寻牛访迹。其既成也，庶几乎人牛两忘。”[②] 在他看来，艺术创作最重要的一点在于能够突

① 居简：《北涧集》，《禅门逸书初编》第5册，明文书局，1981年，第81页。
② 同上书，第96页。

破既定规范的束缚而自出新意。一旦艺术家能够达到忘我的解衣盘礴境界，那么创作的对象和创作者就都消失不见，进入空寂的“人牛两忘”境界。显然此处北涧居简还是在借用艺术创作解释禅法秘钥，用人和牛的比喻来解说修行途径在禅宗历史中由来已久。从北涧居简的角度看，艺术创作和禅宗参究有着相似的历程和境界，足可以相互参照而互为增上。

对于书法艺术，北涧居简有很多精辟论述。如他讲道：“山谷草圣，不下颠张醉素，行楷弗逮也。然皆自成一家法，如王谢子弟不冠不袜，虽流俗人盛服振衿不如也。”[①]他首先肯定了黄庭坚在草书上的非凡成就，然后指出其行书、楷书稍逊一筹，然而其行楷也并非寻常人可及，因为他能够自成一家气象。这恰如王、谢子弟随意衣着便胜却俗人盛装一般。总之，从自家胸臆中流出方是真境界，从这个角度讲书法与禅法也有相通之处。如《跋谭浚明所藏〈山谷岩下放言〉真迹》道：“放言于规矩准绳之外，而不失规矩准绳。然字亦放，若孔子从心之时不逾矩矣。往往不识此等气象，故有软语之讥。”[②]规矩与自由并非非此即彼，而是相反相成。北涧居简此论对臆造随意者不啻当头一棒。无论禅法还是书法、文法之妙，不在于不存规矩，而在于不为规矩所困。但终究而言，要透过规矩之外。如北涧居简《跋欧阳询〈九成宫醴泉铭〉》中所云：“欧阳绝出，流落天壤间者何限，独化度寺记、醴泉铭最为珍。玩习之者往往失其韵致，但贵端庄如木偶，死于活处，鲜不为吏牍之归。”[③]端庄固然难得，而其中韵致更为难得，否则便成死水，全无生机。参禅习字都在于求个活处，此北涧居简之妙悟。

《梅树偈》可视为北涧居简艺术理论的具体呈现。从基本风格来看，这件作品以柳体为主导，但又绝无后人学习柳体的刻板气。柳公权书风曾风靡一时，但效仿者往往不得其法，反成效颦。如唐代诗人贾岛的堂弟出家之后号无可，因为年代接近，所以他对于柳公权书体的摹仿可谓炉火纯青。但是这种精美的复制毕竟缺少丰富的内涵和长久的魅力，所以无可和尚的书法不久之后便被人所忽视。北涧居简虽然也是效法柳公权，但是并不刻意复制柳公权的用笔结字，而是取其大意以自家的理解予以表达。所谓“人牛两忘”的禅宗境界，就艺术而言则是既忘却所要效仿的对象，也要忘却能效仿的艺术家，这样艺术作品才有自身的表现风格。他所推崇的黄庭坚，也是学习柳公权而不为规矩所缚的典

① 居简：《北涧集》，《禅门逸书初编》第5册，明文书局，1981年，第99页。
② 同上书，第102页。
③ 同上书，第104页。

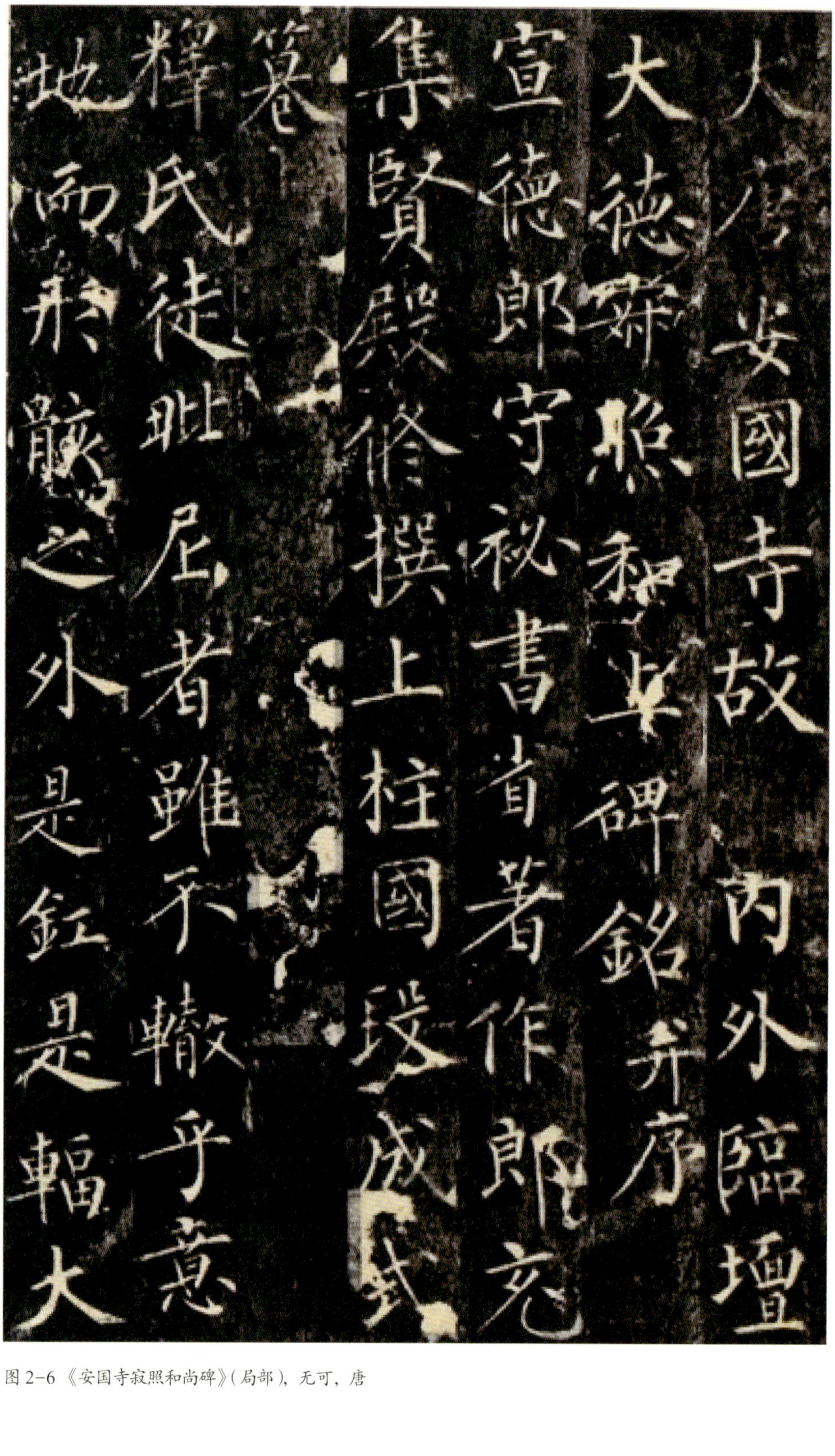

图 2-6《安国寺寂照和尚碑》(局部), 无可, 唐

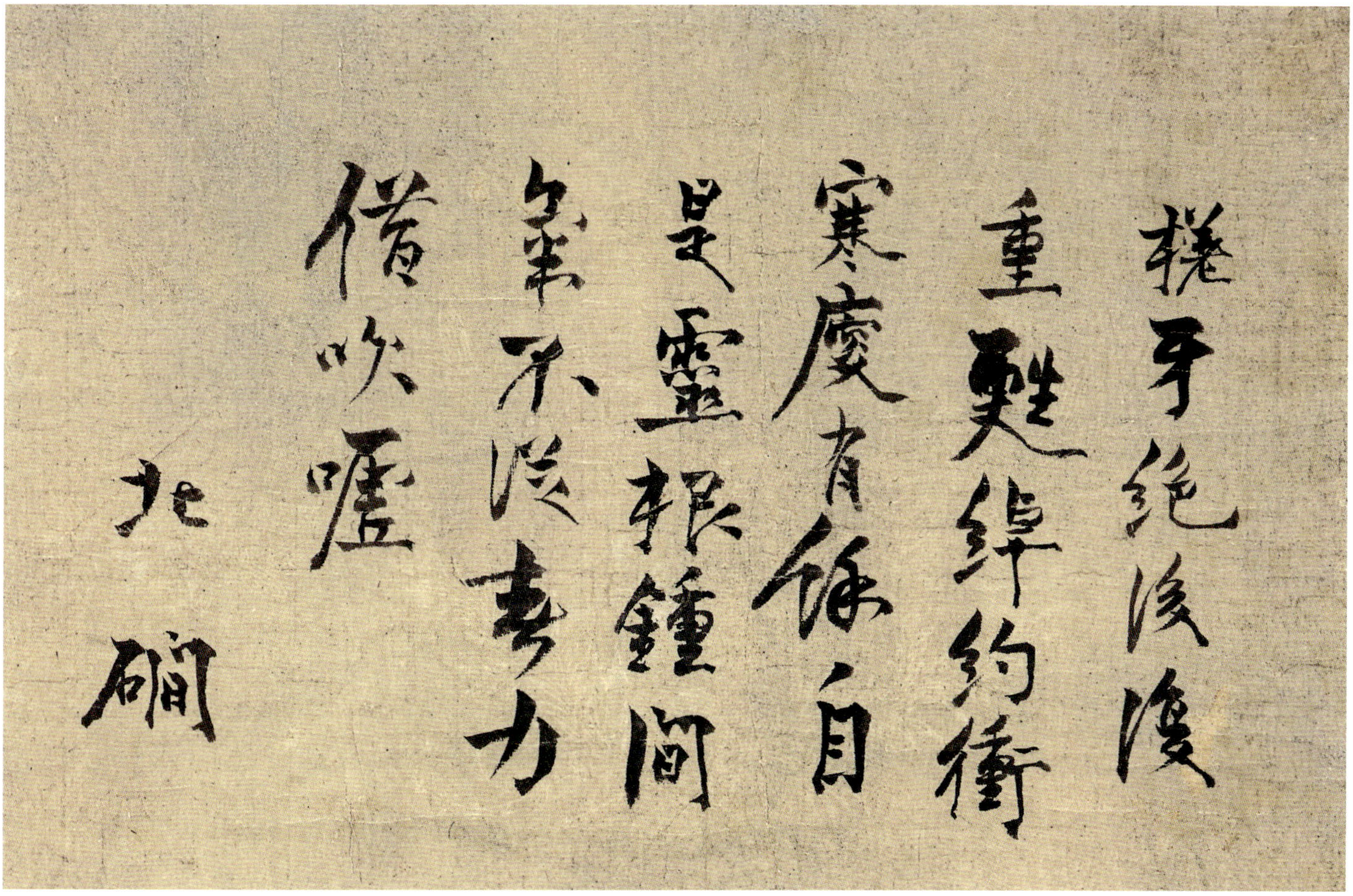

图 2-7 《梅树偈》，北涧居简，宋，纸本，纵 28.2 厘米，横 46.1 厘米，日本大阪正木美术馆藏

释文：槎牙绝后复重苏，绰约冲寒瘦有余。自是灵根钟间气，不从春力借吹嘘。北涧。

范，所谓如王、谢子弟不衫不履，然有自得之气，远胜于流俗人士盛装华服。寻常书家落笔唯恐不华美耀目，其效果反倒是“端庄如木偶，死于活处”而无法解脱。北涧居简反其道而行之，洗尽铅华，唯有最简单的横涂竖抹。其关键在于禅师敢于以本来面目示人，而本来面目源自天然，于是不计得失工拙反合乎法度，纵心所欲反不逾规矩。

（三）物初大观墨迹

物初大观，南宋禅宗临济杨岐派僧人，北涧居简的弟子。据《续传灯录》卷三五记载，大观禅师，俗姓陆，号物初，世称“物初大观”。同他的老师类似，物初大观也颇有文名，有诗文集《物初剩语》25 卷，另有《物初大观禅师语录》存世。

物初大观《偈颂》墨迹基本上沿袭了柳公权、黄庭坚的笔法，但是减少了黄庭坚作品不可思议的巧妙变化，而在整体上形成坚实沉着的风格。这种平实气息在南宋禅者墨迹中经常出现，与北宋充满文人气质的书写方式形成对比。这种差异既是时代变迁使然，也是禅宗内部两种思路所致。以圆悟克勤和大慧宗杲为代表的禅法，依然沿袭了晚唐至五代禅门机锋峻捷的风格，常采用出人意料的非常手段来启发禅僧悟入实相。而南宋的禅风相比较而言就更为踏实平淡，一方面是机锋禅法的弊端开始显现，另一方面是师资相契的情境逐渐减少。因此，这时禅法与其机变百出，不如平实守拙。从物初大观这件作品可见，他并无刻意于书，只是平实地一点一画写来，笔笔交代清楚，气息迥脱尘俗，为世难及。其书法与禅法贯通之处，只在平常。

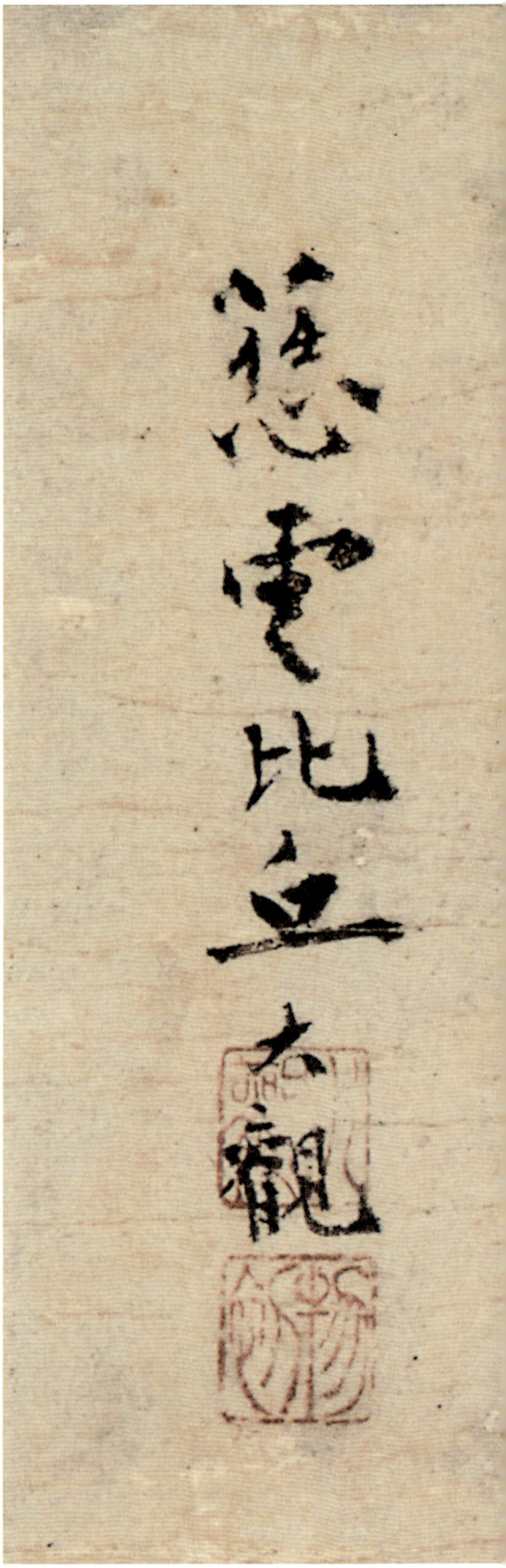

图 2-8 《偈颂》，物初大观，宋，纸本，纵 24.3 厘米，横 31.9 厘米，日本常盘山文库藏

释文：钩头耳饵挑多时，湘水楚云念得迟。今日钓他阿臭骨，谁知群有不无知。慈云比丘大观。

釣頭耳餌桃多時
湘水楚雲念詩遲
今日釣他阿鼻骨
誰知群有不無知

第二节 无准师范墨迹

大慧宗杲传世墨迹之精彩与重要自不必言，但若论墨迹数量之丰、风格之富、形式之盛，恐怕无人能过无准师范禅师（1179—1249）。从禅宗谱系来看，无准师范也属临济宗杨岐派，属于圆悟克勤门下虎丘绍隆一支。因其直系开宗为破庵祖先，所以这系传承又被称为破庵流派，对元代禅林影响甚巨的高峰、中峰皆出于此系。

一、无准师范生平

无准师范，名师范，号无准，俗姓雍氏，梓潼（四川省梓潼县）人。9岁就阴平道钦出家，经书过目不忘，喜欢读宗门语要。绍熙五年（1194）受具足戒。根据史料记载，无准师范游方参学的路径大致为：成都正法寺—荆州玉泉寺—南京保宁寺—镇江金山寺—宁波育王寺—杭州灵隐寺—苏州秀峰寺—常州华藏寺—杭州灵隐寺—宁波广惠禅寺—杭州径山寺—苏州福臻禅寺—湖州资福禅寺—杭州径山寺。他所拜访的无一不是临济宗杨岐派禅师，并且于第二次访灵隐寺之后得法破庵祖先，自此便随侍左右，直至其师圆寂。破庵对无准师范深为器重，去世前，将自己的老师密庵的法衣、顶相等传给无准师范，但无准师范只接受了圆悟克勤的墨迹和密庵的法语。

南宋朝廷对无准师范尤为礼遇。宋宁宗曾御笔亲书寺额。绍定六年（1233）七月，宋理宗召无准师范入宫，在修政殿接见他。无准师范奏对详明，皇上赐其金襕僧伽黎。经过无准师范的发心，径山寺得以重建，在历史上位列禅宗五刹之一，无准师范居功至伟。

淳祐八年（1248），径山寺第二次修缮方告完成。翌年三月初一，无准师范升堂示众；三月十五日，召集弟子交代后事，并亲自撰写遗表和遗书数十封，谈笑如常。十八日，师范书临终偈曰："来时空索索，去也赤条条。更要问端的，天台有石桥。"掷笔圆寂。按照传统记岁，世寿七十三，僧腊五十六载。

二、无准师范的禅学

从历史上看，无准师范的贡献不仅是他个人的禅学成就，也不止于他兴建径山寺的功绩，更重要的是他对禅宗人才的培养。

无准师范门下，名僧辈出。《五灯全书》记载的有国清清灵叟源禅师、东林指南直禅师、雪峰绝岸可湘禅师、光孝石室辉禅师。《五灯会元续略》记载他所培养的嫡传弟子，有仰山雪岩祖钦禅师、净慈断桥妙伦禅师、天童西岩了慧禅师、天童别山祖智禅师、月坡普明禅师、环溪惟一禅师、希叟绍昙禅师、灵隐宁禅师、无学祖元禅师等。《续灯正统目录》记载其法嗣还有江心元庵宁禅师、雪窦方岩埙禅师。不见于传记的有东山日禅师、石梁忠禅师、顽石玉禅师、剑关益禅师、牧溪常禅师、松麓然禅师等。此外，师范还有日籍弟子圆尔辨圆，他回国后长期在京都东福寺传法，对日本禅宗影响较大。

无准师范关于禅宗的基本观点与前代诸大德并无不同，皆直指人心本来是佛，又要勤苦修证方能证悟。此二者相反而相成，缺一不可。无准师范指出，众生本然具足佛性，自古及今未曾变异。然而不可用心思索，否则离题万里。士大夫聪明伶俐，反而为其所惑，不能洞见本心。须离心意识参究才有一线契机，直到无依无凭之处参究下去，不可放过才会悟得本性。至此无道可修，无佛可成，本然如是而已。与大慧宗杲类似，无准师范也通过批评错误的禅法来确立自己的教学宗旨。在他看来，默然静坐是停滞在枯寂境界，而纠结于文字葛藤则是陷于思虑妄想，真正修道之人不为两者所困才能直透本性，方能得终究安乐。但这只是自我觉悟之如来禅，若要领会机巧方便、开示众生之祖师禅，尚有诸多分别智待领会，并非一悟即可。

至于透过两边直达本性之途径，无准师范与大慧宗杲不同。大慧宗杲参究话头，举勇猛直入，而无准师范更倾向于从容休歇。其实他的观点跟大慧宗杲

图 2-9 《方丈》，张即之，宋，匾额，日本东福寺

图 2-10 《选佛场》，无准师范，宋，纸本，纵 34.5 厘米，横 113.3 厘米，日本东京出光美术馆藏

貌似不同，但又相反相成。无准师范强调大休大歇，然此休歇须在朝求暮讨、心意路绝之后方可达至。大慧宗杲强调抱定一句话头，最后还是要一切放下才得归宿。注重参究的大慧一系和注重自然的虎丘一系，从学理上和实践上互为补充，后世禅者也多综合两者的风格。但从历史的角度来看，虎丘一系禅宗后来成就者更多，影响也更大。由此可见虎丘一系教学方式之殊胜，而无准师范则是其中当之无愧的巨擘。

三、无准师范墨迹

在无准师范的众多弟子中比较特别的一位是日本临济宗名僧、东福寺开山祖师圆尔辨圆。他于日本嘉祯元年（1235）入宋求法，入径山万寿寺无准师范门下修习，后得受印可，成为第一个真正师承径山的日僧，并首先将临济宗杨岐派传入日本加以倡导。他是日本的第一位国师——“圣一国师”。圆尔辨圆继荣西之后，促进了临济宗在日本的确立。圆尔辨圆回国建立东福寺时，带了无准师范的顶相图（肖像画），作为继承师法的凭证，为东福寺的镇寺之宝。圆尔辨圆在宋期间，曾师事书法家张即之，并得无准师范秘传；回国时，又带回许多宋代书法拓本、书帖和无准师范的一些墨迹。将圆尔辨圆的书法与其师无准师范加以比较，在笔法、风格上可以发现明显的师承痕迹。从现存无准师范的墨迹中不难看出其手法浑厚，气势磅礴，但又不失温润。禅宗高僧的字外功夫，即精神修炼所带来的清奇出俗、没有束缚的风采与境界，恐怕文人士大夫难以企及。日本中世时期（1192—1603）以来，文化受宋元禅宗文化的影响很大，在他们眼中，像圆悟克勤、大慧宗杲、无准师范、虚堂智愚等的墨迹，绝非任何一个书法家的作品能与之相提并论。客观来看，无准师范的墨迹被视作是神圣的，并不是因为其书法本身，而是由于其操行和道德令人俯首仰慕。

无准师范的墨迹在日本计有34件，其中6件墨迹被定为国宝级文物，分别是《山门疏》（五岛美术馆）、《圆尔辨圆印可状》（东福寺）、板渡之书翰（东京国立博物馆）、禅院额字《释迦宝殿》（东京国立博物馆）、禅院额字《敕赐承天禅寺》（东福寺）、禅院牌字《上堂》（东福寺）；另有14件被列为重要文化遗产。室町时代以后，随着茶道的兴起，禅德墨迹一向是众茶家憧憬之物，常被装裱起来挂进茶室，视作珍宝。无准师范的墨迹大致可以分为两类：精致蕴藉的小字尺牍法语和苍劲庄严的大字题名。小字的尺牍法语在禅德墨迹中较为常见，而大字榜书墨迹在历史上却寥若晨星。

榜书就其原意指建筑匾额题字，题字可以泛称为署书，所以署书也用来指称匾额题名。又因颜真卿将大字与擘窠连用，大字作品亦被称作擘窠书。榜书的字体并无限定，西汉萧何以篆书书榜，东汉师宜官用隶书，唐代颜真卿用楷书，宋代米芾用行草书。较为典型的榜书遗迹为安道壹刻经。安道壹身处周齐之际，目睹灭佛之难，心忧末法来临，经典失存，于是依照传统金石不朽的观念，将佛经、经偈和佛

图2-11《释迦宝殿》，无准师范，宋，纸本，纵130.6厘米，横37厘米，日本东京国立博物馆藏

号刻于石壁以求佛法长存，其字径巨大，气势磅礴，被康有为评为榜书无上神品。然而在历史上的大部分时期，安道壹主持的刻经罕为人知，对书法领域的影响也微乎其微，直到清代访碑之风盛行之后才为金石学家所重视。历史上对大字榜书影响最大的是《瘗鹤铭》，它原刻在江苏镇江焦山西麓断崖石上，书者不详，或为陶弘景，现仅存90余字，刻石年代众说不一。《瘗鹤铭》被发现以后，因其书法意态雍容，格调高雅，点画灵动，字形开张，得到历代书家的高度评价，如黄庭坚认其为“大字之祖”，是榜书之典范。

南宋时期社会上下对于黄庭坚的书法都非常看重，鉴于黄庭坚对《瘗鹤铭》的极力推崇，无准师范身处其中不可能无视《瘗鹤铭》的影响。其榜书中气势飞动的一面，应该有《瘗鹤铭》的启发。他整体结字工稳开阔，显然又吸收了颜真卿的意蕴。毕竟颜体是宋代第一书体，无论是从具体形态还是从精神气质，宋人对颜真卿的书法都推崇备至。与无准师范年代相近的张即之也擅长大字，圆尔辨圆带去东福寺的榜书中就有张即之的作品。

然而仅仅就《瘗鹤铭》、颜真卿和张即之的影响而论，尚无法完全解释无准师范榜书的独特意境。无准师范的榜书如苍松翠柏，铜枝铁干，虽经霜历雨而夭矫不屈。字形虽大但不庸滞，生机弥漫，意态恣肆，老辣之气锐不可当。可谓《瘗鹤铭》无此苍劲，颜平原无此跌宕，张即之无此天然。他的这种书风之独特，源于禅宗所推崇的大丈夫气象。所谓禅宗大丈夫气，究其根本即禅宗一往无前、直指本性的锐气和勇气。佛教法门众多，即便是小有成就也难能可贵。禅宗需要断然放弃不究竟之法门，如此才能直击根源自性。

无准师范榜书充分呈现了禅宗一往无前的大丈夫气象，运笔果决迅疾，无筹划思虑之萎靡。禅宗所谓“思量即不中用，言下须见”，于书法之道亦然。他没有斤斤于细节的完善，从笔迹看乃是一挥而就，不假修饰。貌似墨迹细节并不整饬，但从整体来看各有妙处，充分体现了书写感带来的丰富性，令人意味无尽。这种效果如同禅宗开示，貌似不合常理，实际却回味无穷。虽为临济子弟，但无准师范的开示并非一味机锋棒喝，而多有谆谆之

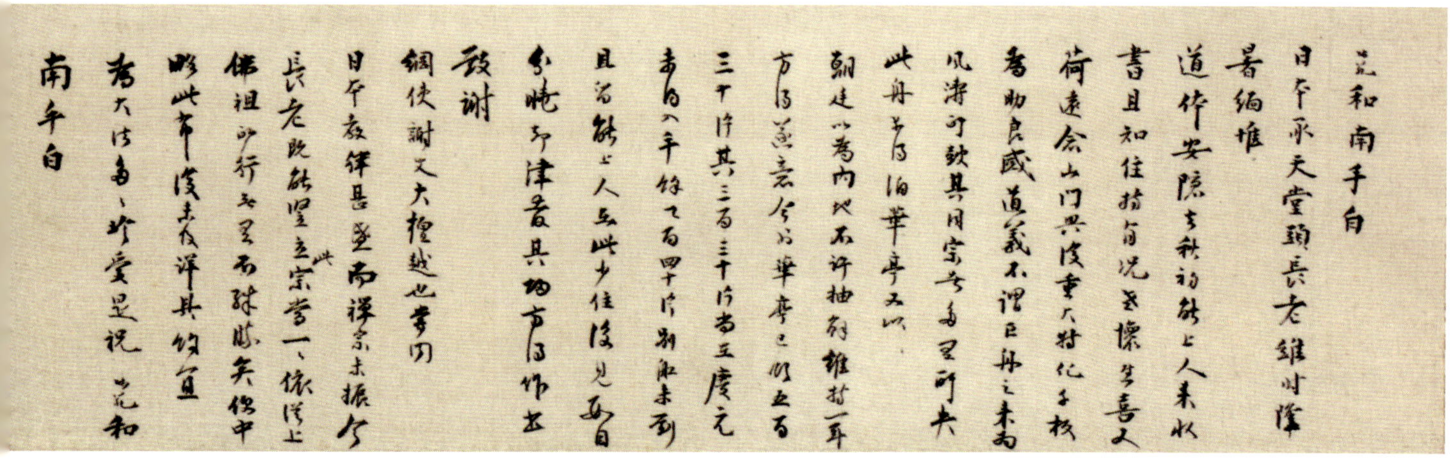

图 2-12 《与圆尔尺牍》，无准师范，纸本，纵 32.1 厘米，横 100.6 厘米，日本东京国立博物馆藏

释文：

师范和南手白

日本承天堂头长老：维时隆暑，缅惟道体安隐。去秋初，能上人来，收书。且知住持有况，老怀慰喜。又荷远念，山门兴复重大，特化千板为助，良感道义。不谓巨舟之来，为风涛所鼓，其同宗者，多有所失，此舟幸得泊华亭。又以朝廷以为内地不许抽解，维持一年方得遂意。今到华亭已领五百三十片。其三百三十片尚在庆元，未得入手。余乙百四十片，别舰未到。且留能上人在此少住，后见数目分晓。却津发其归，方得作书致谢。纲使谢丈大檀越，也尝闻日本教律甚盛而禅宗未振。今长老既能竖立此宗，当一一依从上佛祖所行，无有不殊胜矣。便中略，此布复未及，详具余宜。为大法多多珍重，是祝。师范和南手白。

语。《宗门拈古汇集》载龙渊法云：“无准老汉掼将死语开人活眼，可谓婆心太切！”① 所谓“死语”，在禅宗语录里面可以理解为平实无华的解说，本来是种贬义，但无准师范能通过平实的解说令人有非凡的领悟，在禅宗中实属罕见。无准师范门下弟子之兴盛，与其貌似平淡实际精巧的教学不无关联。从结字布局来看，无准师范之榜书墨迹平正当中不乏奇巧；从整个字体来看，貌似略有平淡，但其中构成局部又不乏出人意料之处。平正奇崛合为一体，与其禅风颇为相似。无论从用笔还是从结字来看，无准师范都将他在禅宗中锤炼出来的心性境界融到了榜书墨迹之中。

淳祐二年（1242），无准师范所住的径山万寿寺遭遇火灾，他写信将此事告之远在日本的弟子圆尔辨圆，这封信后世被称为《与圆尔尺牍》。圆尔辨圆求助于华裔豪商谢国明，谢国明慷慨解囊，给径山捐献大量的援助物资。为恢复原貌，捐赠的板材有千枚之多，由于这段因缘，日本才将此书信称为“板渡墨迹”。此物原藏日本云州松平家，由松平直亮捐赠给东京国立博物

① 《卍续藏经》第 66 册，第 257 页。

馆，日本昭和二十七年（1952）三月二十九日被指定为日本国宝。在无准师范众多的墨迹中，最为茶家珍藏的就是这幅“板渡墨迹”。

这件信札初看略显平淡，在整个宋代的书法背景中并不醒目，但仔细体会却益发感叹其不凡。宋人笔法之丰富可谓鼎盛，而无准师范此卷并未受时风侵扰，其用笔并不多变，只是简单平直而去。与其说类似宋人略显丰腴之气，不如说更多取法唐人欧、柳瘦硬一路风格。究其根本，还是归于二王正脉，有些神似《集字圣教序》，也偶尔与空海《风信帖》气息相通。难得之处在于，无准师范手卷字迹虽小，但每一笔骨力弥漫，即便细微之处亦不肯草率放过。不为时风所动，足见其定力；直追古风，则见其见地；笔力遒劲，则见其功力。短短一札，可见无准师范之胸襟。宋代文人手札每有飘踔踯之处，尤以米芾为甚，时人多以此为能。无准师范此卷反其道而行，笔笔踏实沉稳，即便稍有连带，依然从容节制。从整体来看，此卷貌似气息平淡，但细究起来，起承转合无一不有。虽无刻意求工，然笔迹流动，暗合自然之道。孙过庭曾评王羲之书“不激不厉而风规自远”，无准师范墨迹也足当此论。能于平实中见奇崛，于率真中合天然，见此墨迹，不啻无准师范亲临。以佛理而言，大成就者可化身千万一一说法，此卷墨迹历来被视作无准师范化身，亦不无道理。

四、无准师范门下墨迹

无准师范的禅法对日本影响甚巨，不仅因为日本弟子圆尔辨圆在归国后开宗立派，也缘于嗣法高徒兀庵普宁（1197—1276）和无学祖元（1226—1286）东渡传法。

（一）兀庵普宁墨迹

兀庵普宁，南宋临济宗杨岐派僧，日本临济宗兀庵派之祖。原为四川人，幼年弃儒学出家为僧。受戒后曾经用心于经论讲说，但后来认为并非究竟便舍去。出蜀参学痴绝道冲。然后往明州阿育王山广利寺向无准师范参学，更有进境。后于白云守端公案有得，功夫上路，受无准师范一竹篦打破无明而彻悟，兀兀度日，无准师范赐字曰兀庵。兀庵普宁得法后，于杭州灵隐寺、明州天童寺任首座，其后在象山灵岩寺、无锡南禅寺任住持。

时值蒙古军队南下，南宋王朝危在旦夕。应日本禅林相邀，兀庵普宁于1260年东渡，先驻锡在博多圣福寺，后被同门法兄弟圆尔辨圆迎入京都东福寺。因建长寺开山兰溪道隆（1213—1278）迁住京都建仁寺，应执政的北条时赖（1227—1263）的拜请，入住镰仓建长寺，为第二代住持，深得北条时赖的信赖和归崇，得以大振禅风。北条时赖逝后，兀庵普宁有些失意，于南宋度宗咸淳元年（1265）八月归宋。先后住在婺州（浙江省金华市）双林寺和温州江心山龙翔寺，南宋端宗景炎元年（1276）十一月二十四日在龙翔寺圆寂，世寿八十。作品有《兀庵普宁禅师语录》3卷传世。法嗣有日本僧东岩慧安（1225—1277）等人。东岩为京都贺茂正传寺开山。兀庵普宁在日本开创了临济宗宗觉派。日本的《元亨释书》《延宝传灯录》《本朝高僧传》《扶桑五山记》《东岩安禅师行实》等载其事迹。

《与东岩慧安尺牍》为兀庵普宁回中国后的咸淳六年（1270）仲春，写给京都贺茂正传寺东岩慧安的书信。纸张使用带有莲池花纹的蜡笺（加蜡制成的贵重纸张），作品记载了普宁收到戊辰年（1268）到访双林寺的本觉上人（东岩慧安的弟子）代为转交的东岩慧安书信后，在本觉上人回日本之际写下此书，以示谢意并叙述近况。文中所写充分反映了兀庵普宁往日的交友关系，受人注目。

此墨迹反映了兀庵普宁归国后的动向，在中日禅林交流史上具有珍贵的价值。兀庵普宁在日本传法6年，留下了甚多墨迹。归宋之后，他依旧与日本徒众往来，寄去数封尺牍，至今保存在日本。

南宋书坛最流行的风格莫过于黄庭坚，兀庵普宁的这件墨迹也不乏其笔意。但这件墨迹又不限于黄庭坚的清隽，也有苏轼的遒媚，米芾的流丽。虽然在细节上兀庵普宁的墨迹兼具宋三大家的元素，但在整体风格上终究是自成一系。如果用一个词来概括这种风格的话，那就是“平实”。所谓平，指的是兀庵普宁之结字。苏轼、黄庭坚和米芾的结字皆取法李邕，以欹侧取势。而兀庵普宁墨迹则以平正取势，寓千钧于未发之际，反胜过高峰坠石之险绝。《书谱》有云：“初学分布，但求平正；既能平正，务追险绝；既能险绝，复归平正。”这种书学三境界与参禅一样，最终归于见山是山、见水是水的境界。兀庵普宁的墨迹，便是达到了书学复归于平正的境界，与其禅学还归本然的境界恰好相应。所谓实，指的是其用笔虽变化万千，却无一笔不落实，机巧百变而合乎法度，即便置于北宋书学巅峰时代也不遑多让。

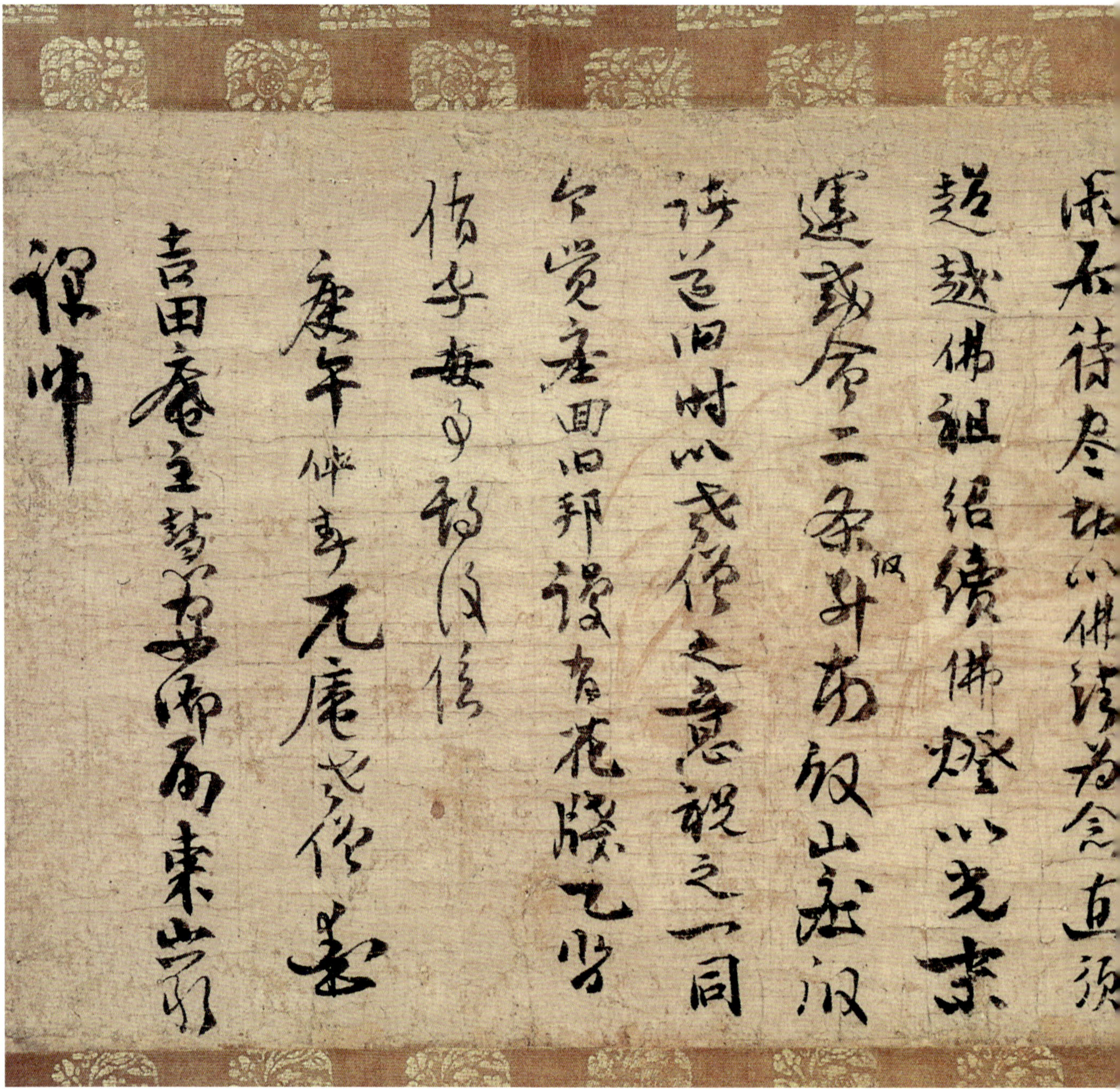

图 2–13 《与东岩慧安尺牍》，兀庵普宁，宋，纸本，纵 30.9 厘米，横 58.6 厘米，日本奈良国立博物馆藏

释文：戊辰年，本觉上座至双林同住，蒙御文，喜悦无量。次年复寄无准老师塔所正续院，景用侍者随身，甚得之力，安乐无事。惧无多时节，如此不愿住院，闲居待尽。切以佛法为念，直须超越佛祖，绍续佛灯，以光末运。或会二条殿并南殿、山庄殿诸道旧，时以老僧之意，祝之一同。今觉座回旧邦，谩有花牋乙沓，惰字。每事期复信。庚午仲春兀庵老僧手书。吉田庵主慧安御前东岩禅师。

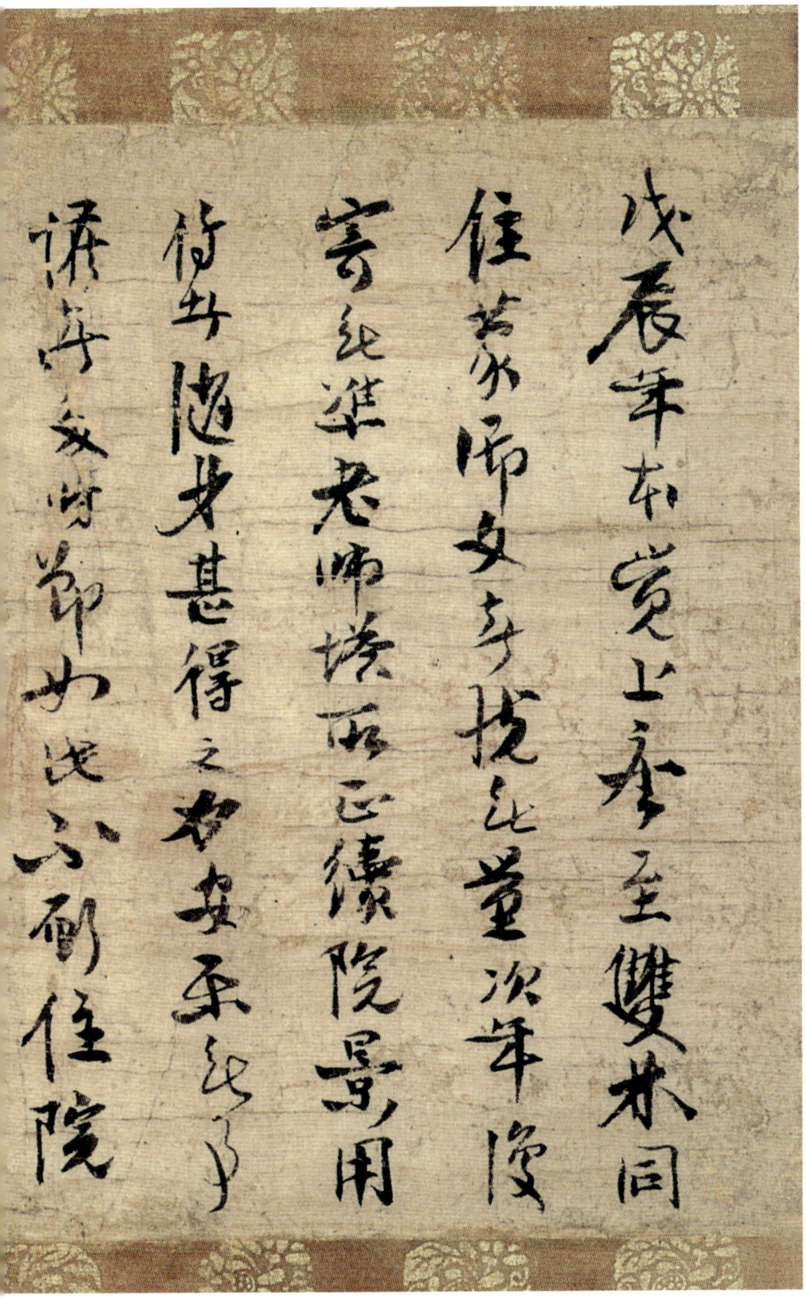

（二）无学祖元墨迹

无学祖元，法名祖元，号无学，字子元，俗姓许，南宋庆元府鄞县（浙江省鄞州区）人。

从佛光国师行状来看，无学祖元的修学经历可谓坎坷波折。他年幼丧父，随兄至杭州净慈寺北涧居简门下出家，不久受具足戒。后入径山寺，17岁时祖元师从无准师范座下，参究“狗子无佛性”话，数年不出禅堂。无准师范去世后，他便参扣虚堂智愚，悟境更近一步。时蒙古军队进逼江南，进入能仁寺，白刃加颈，无学祖元却“神色不少变”。至元十六年（1279），应幕府执权北条时宗的邀请和宋僧环溪惟一的推荐，无学祖元带领法侄镜堂觉圆、弟子梵光一镜等陆续从庆元（浙江省丽水市）、宁波三江口乘船赴日本九州，八月至镰仓，先住建长寺，时宗以“执弟子礼”接待无学祖元。至元十九年（1282），圆觉寺建成，祖元被时宗任命为开山住持。祖元原打算在日本传法“三两年便回”[①]，但因中国政治局势不稳定，同时由于幕府执权的再三挽留，无学祖元最终客死异乡，后被日

① 《佛光国师语录》卷四。

本幕府追谥为佛光国师。光严天皇又追谥其为圆满常照国师，并请工匠依据无学祖元生前面容雕刻了一座高 1.5 米的坐像，至今仍保存在圆觉寺内。

无学祖元是较早东渡日本传法的禅宗大德之一。面对日本早期并不成熟的禅宗参学者，他不得不采用一种较为温和与平实的教学风格引导学人，以避免他们被错误的禅修方法所误导。在日本的数年间，他如同老妇人一样苦口婆心，细致平实地讲解禅法，深受日本禅林敬爱，被称为“老婆禅”。所谓“老婆禅”，在禅宗中本是贬义，意指拖泥带水的不究竟之说，但此处用在无学祖元身上，只表示其慈悲心切。这种踏实平白的“老婆禅”一改宋朝本土临济宗参话禅高峻的作风，劝令参禅者放下公案，在观心休歇上多下功夫。

临济禅法注重机锋开示，或是棒喝交加，或是公案评唱，本来是高超手段，但日久成弊。众人只知其然，不知其所以然，徒有其表而心中原无悟境。这种情况在宋朝已经很多，在日本则变本加厉。无学祖元面对这种情况，不得已之下改变临济宗风，转而以观心休歇为教学。这种禅学模式针对当时日本习禅不化的弊病，可看作是临济与曹洞禅风的融合。

为了解释自己的这种思路，无学祖元援引书法为例来比喻参禅之道：

> 你禅和子家方才参禅，正要你去却情解离却义路。如何将古人入泥入水说话，把来使得。我有一个譬喻：向你道大唐人学字，须是教他把笔端正。画画要端正字字要圆满，写得熟了，写得好了，方才教他学行书。行书好了，教他学草书。草书写得好了，教他飘逸。七纵八横，变态万状，无所不可。为何如此？皆从端正中习学将来。你试看《兰亭记》，攻巧拙放，四者俱备。你禅和子，如今学下语亦如此。你尚未知攻底道理，如何识巧底运用？尚未识得巧底运用，如何识得拙底时节？你未识拙底时节，如何识得放底变化？你下语，尚未知端正把笔之势，却将古人拙处放处四棱蹋地处声东击西处，指马作驴处抑强扶弱处，把来下语，却使不得。我若许你，误你一生参学。近日诸兄又将古人底语杂在语中，来探山僧。老僧笑与之曰：莫道古人底，便是释迦老子底语不当机，我也与你勾掉了。何谓如此？入我炉鞴，制之在我，却不由他人也。诸人从今日，须是去了杂毒，抖擞胸中，净净洁洁，却来与老僧赤膊相见。当机觌面辊得数交，无纤毫走作，如百炼钝金无一点沙泥，方唤作有本领衲子。[1]

① 《佛光国师语录》卷五，《大正藏》第 80 卷。

无学祖元感叹道，参禅本来是要离情去识方能悟入，但如今多是揣测古人语句，以为自有所得。这就如同学习书法先要学习楷书，端正圆满之后才有资格学习行书，行书写好才学草书，草书写好之后才能从心所欲。其中的道理在于，一切变化都是从最初平正而来。世人都知道《兰亭集序》巧妙，就因为它集工整与变化、规矩与突破为一体。参禅也是如此，不具备基本的功夫哪能了解变化，不了解变化怎能知规矩，不知规矩就谈不上超越。参禅学人没把握古人基本的准则，就试图突破变化，怎能得到无学祖元的认可？把妄想无明都一时放下，所谓坦诚相见，方能称作是禅僧本色。

无学祖元这种周详平实而又深刻的解说与初期达摩学派的风格非常类似。这是因为达摩学派传播禅学的时候，中土也是刚刚接触这种特别的佛教理念，与无学祖元在日本传法时日本禅僧面对的情况非常类似。在这种情况下，采用这种平实的教学风格便是当时的最佳选择。

无学祖元在日本流传的墨迹有多件，虽然大多是晚年成熟的笔迹，但风格也有所差别。其中《重阳上堂偈》代表一种风格，《无学祖元与高峰显日问答语》代表了另一种风格。

无学祖元从明州起锚东渡的时间是南宋最后一年，即祥兴二年（1279）六月之初，月末抵九州博多，八月入镰仓，被将军北条时宗迎入建长寺，继兰溪之后，住持建长寺。《重阳上堂偈》作于此年的重阳节，是无学祖元在建长寺上堂时用来“示众”的一偈，可以说是无学祖元东渡未久“新官上任”的第一声狮子吼。

此上堂偈文字平淡无奇，但内含深蕴，有诱掖学人之意，充满了对日本参学者的期待。这件墨迹，从书法风格上看，可谓平淡；从点画上看，略有北宋米芾的印记，但没有米芾跌宕起伏的奇崛气质。墨色沉稳敦厚，点画圆润而周到，规规矩矩恪守二王法度。只是布局字距、行距都较大，有唐末杨凝式《韭花帖》的散淡意味。整个宋代尚意书风深受杨凝式影响，他代表的并非是特定风格或规范，而是一种摆脱日常约束的超然态度。此上堂偈并没有刻意求工，只是将禅偈平平写来，与他本人平实周详的禅风若合一契。但同时他又不期然达至尚意书风“无意于佳乃佳”的境界，既示人以规矩，又能传达笔墨之外的意趣。

如果说《重阳上堂偈》表达了禅宗踏实平淡的一面，那么《无学祖元与高峰显日问答语》三偈则呈现了禅宗机锋高峻的一面。无学祖元有一位得意门生叫高峰显日（1241—1315）。高峰显日出生于京都，是后嵯峨天皇的皇子，随东福圆尔辨圆出家，曾师事东渡传法的兀庵普宁6年。无学祖元东渡后，在镰仓建长寺任住持，高峰显日随从参学，得无学祖元印证。后显日在那须云岩寺开山，法嗣有梦窗疏石、太平妙准等数十人，法运盛极一时。圆寂后他被谥为“佛国应供广济国师”。高峰显日也善诗书，有《游

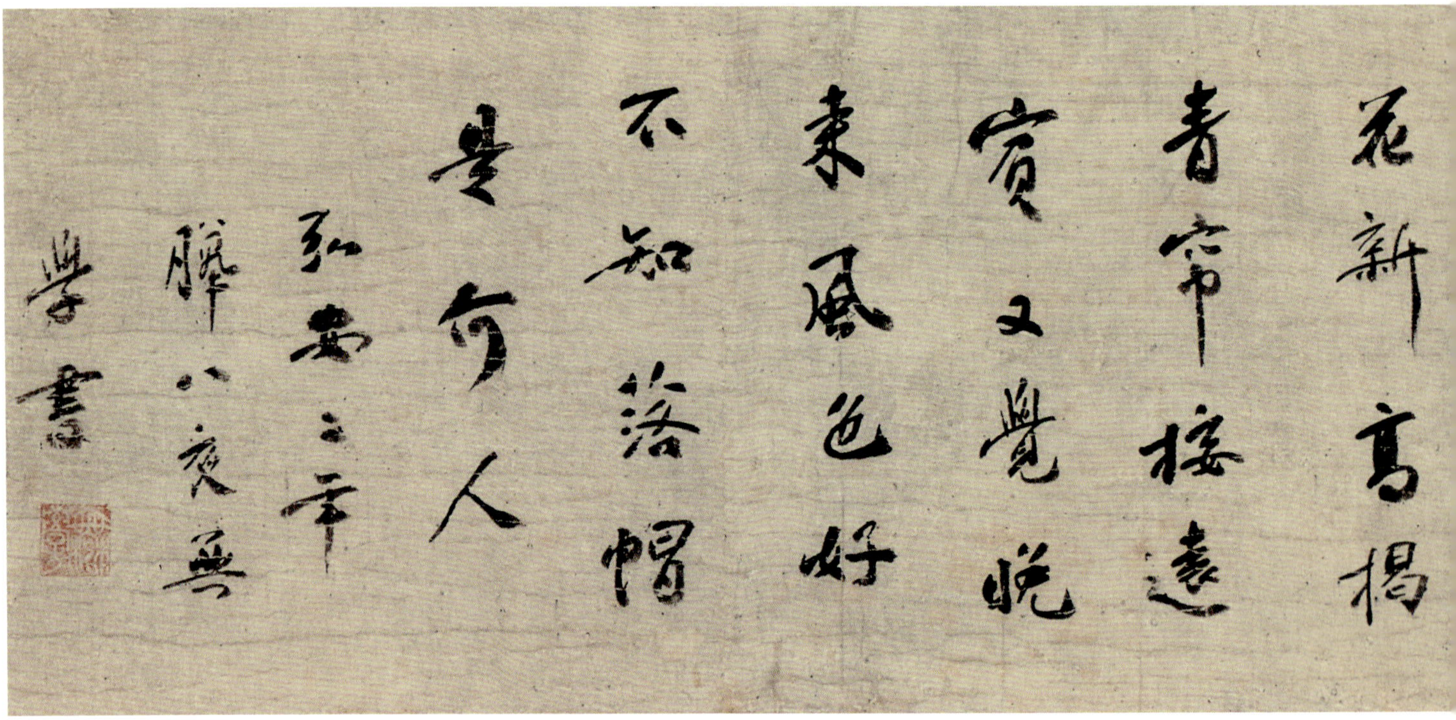

图 2-14 《重阳上堂偈》，无学祖元，宋，纸本，纵 26.1 厘米，横 64.8 厘米，日本常盘山文库藏

释文：重阳九日菊花新，高揭青帘接远宾。又觉晚来风色好，不知落帽是何人？弘安二年腊八夜，无学书。

高雄山诗》（墨迹，纵 25.2 厘米，横 48.5 厘米），为东京五岛美术馆所藏。

《无学祖元与高峰显日问答语》墨迹三纸，分别由京都相国寺、京都鹿苑寺及京都柳孝一氏所收藏。此墨迹源自日本弘安四年（1281），记录了在建长寺中，无学祖元与高峰显日师徒二人之间以笔谈形式进行的禅机问答。墨迹中洋溢着师徒间深厚的情感与默契，以及问答间风趣横生、充满禅机与智慧的语句。字通文意，写得轻快流利，自在天然，有如坐春风之感。

京都鹿苑寺一幅：

（无学）你且来。

（高峰）已方丈里吃茶了。

（无学）汝只可借路去，不可借路来。

（高峰）步步无踪迹。

（无学）老僧要汝出草。

（高峰）山顶涧底一见便见。

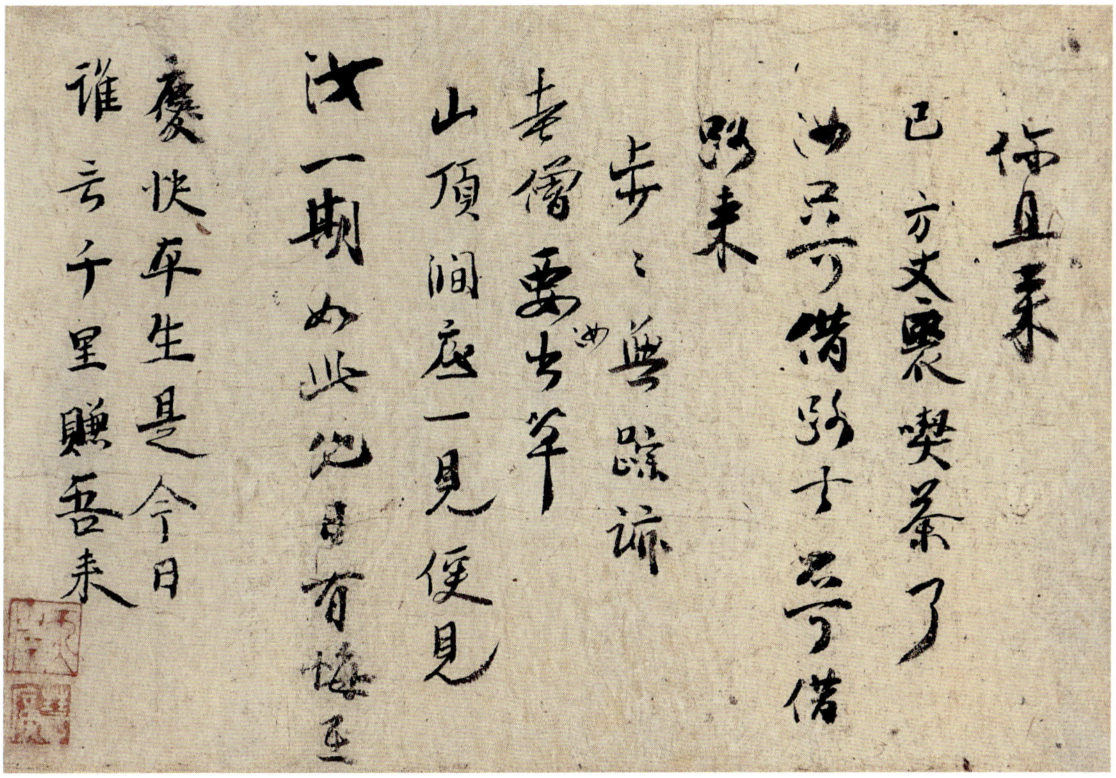

图 2-15 《无学祖元与高峰显日问答语》，无学祖元，宋，纸本，
纵 24.8 厘米，横 39.7 厘米，日本京都鹿苑寺藏

（无学）如一期如此，他日有悔在。

（高峰）庆快平生是今日，谁言千里赚吾来。

此上两师徒之间交游的机锋记载于《佛国国师行状》。各幅均有“天岸”“慧广”两印，可知是高峰显日的弟子镰仓报国寺的开山天岸慧广所收藏之物。

这些墨迹都极其精彩，从书法的角度来看属于宋人信札书风的顶级作品。虽然细节上与《重阳上堂偈》有些类似的痕迹，但是整体风格大相径庭。如果说《重阳上堂偈》因为针对初学大众的缘故，无论在文字内容还是表现形式上，都偏向于平实圆润，那么针对入室弟子高峰显日的私人指点，无论文字内容还是墨迹风格，都充分体现出临济禅法的机巧与狠辣。尤其是“你且来”一偈，变动不居，不可思议，呈现了无学祖元心胸中精巧奇崛的一面。

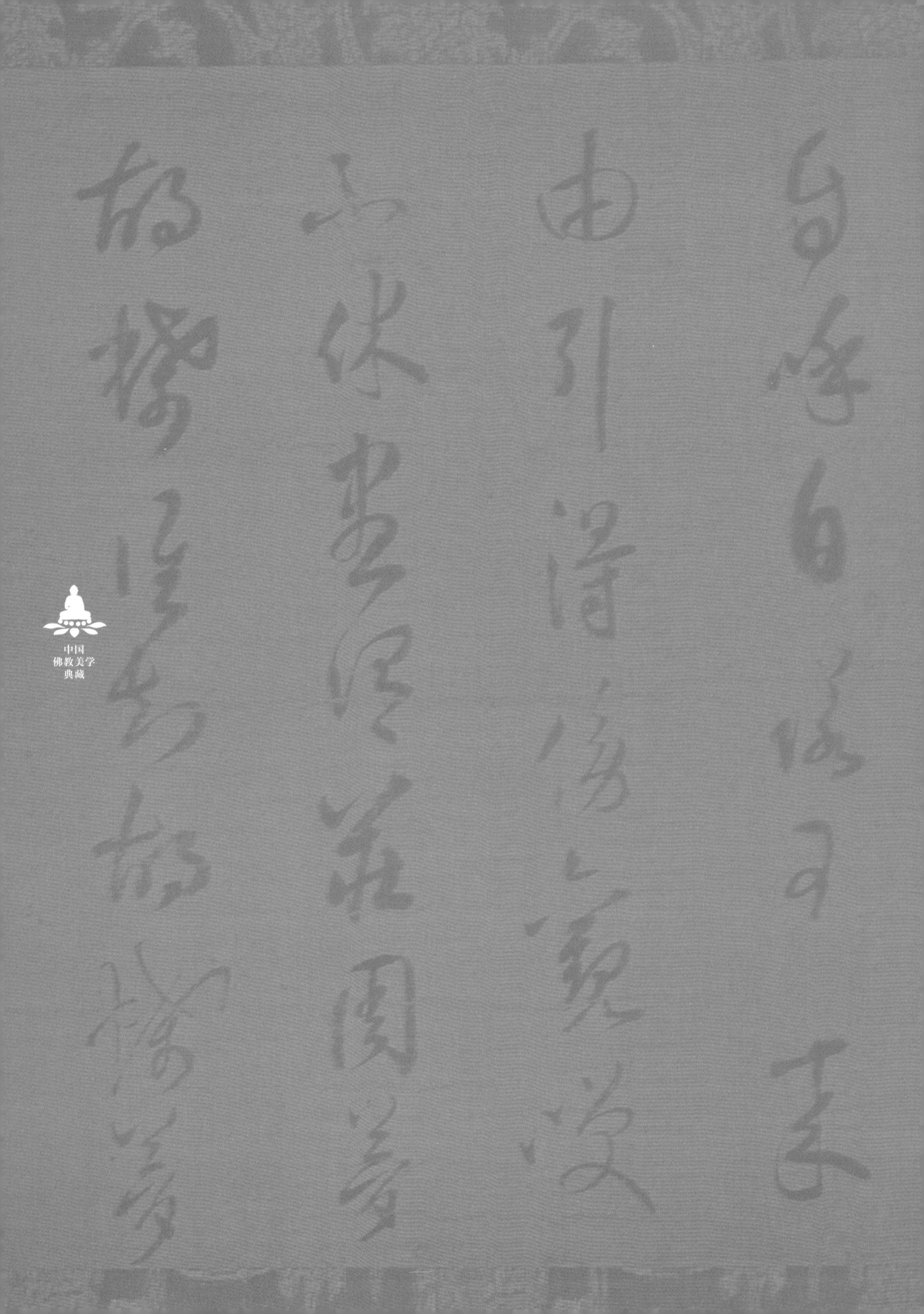

中国
佛教美学
典藏

第三章

元代禅德墨迹

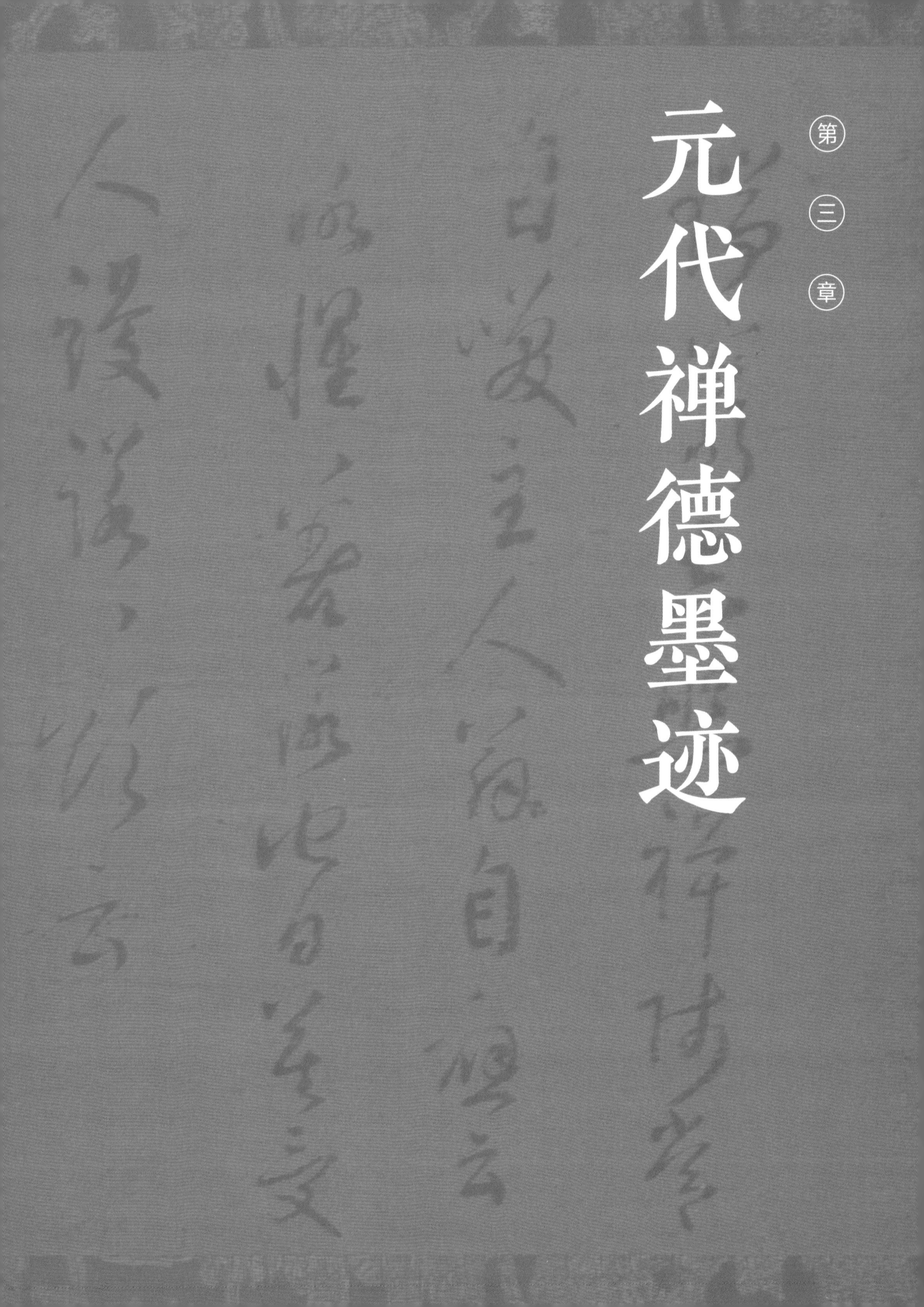

引言

复古与开新

宋朝灭亡之后，对宋朝政治上的失败批评扩展到对其文化理念的批评。在书法艺术领域，人们认为宋代的尚意风格偏离了古典书法的基本原则。于是在元代，重构书法艺术的古典原则成为纠正宋代文化偏颇、维护汉族文化正统地位的首要目标。在这种复古大旗的号召之下，聚集了一大批才华横溢的书法家，其中出身宋宗室的赵孟頫最有号召力。但赵孟頫在元代书坛的地位，主要来自他的作品而非出身。赵孟頫具有强烈的正统自觉，这种正统自觉主要表现在他作品的风格之上，就是摆脱宋人而复归晋唐。赵孟頫主要的艺术风格来源于二王和唐人，这是大部分书法艺术家的共同源头，他的独特之处在于以效法古人为荣，对于形成个人风格并不着意。虽然我们现在将赵孟頫书法视为单独一派，但他将自己的作品视为古典书法风格的延续和重建。

赵孟頫相信书法艺术有一以贯之的原则，虽然这种原则会随着时代的发展有不同表现。“结字因时相传，用笔千古不易”，是赵孟頫书法理念的核心。他终生所求即千古不易的笔法，其用笔体现了他对古典书法的基本理解。赵孟頫同宋四家的不同之处在于，赵孟頫的用笔更加清晰、规范、稳定，宋人米芾用笔跳跃踔踯如猿猴得树。用笔的不同自然会导致结字的差异，赵孟頫工稳的用笔自然会形成平衡中正的结字，而宋人跳跃的笔法自然会形成欹侧险峻的结字。赵孟頫的独特用笔和结字是元代新古典主义书风的典范，成为世人争相效仿的对象，几乎影响了整个元代书坛。

但元代很多方外之士并没有完全接受赵孟頫的书法风格。

一方面是因为佛道两家没有儒家这么强烈的文化使命感和文化正统意识，他们长期生活在文化的边缘状态，且元代的文化多元主义政策对于佛道并没有太多的损害。另一方面佛道自身有支撑艺术的独立精神源头，无须攀附儒家所构建的道统。曾经师法赵孟頫的茅山道士张雨便没有斤斤于所谓的正统，晚年与离经叛道的倪瓒、杨维桢等人交往密切，其艺术表现也独具一格。在元代，禅宗依然兴盛，禅德一山一宁（1247—1317）和中峰明本（1263—1323）等都以翰墨闻名当时。两人书风完全没有受元代主流复古习气的熏染。一山一宁禅师早年书风取法王羲之，但晚年转为纵横洒脱的立轴，是写意书风的先驱。中峰明本虽与赵孟頫往来密切，但墨迹丝毫未受其影响。他的用笔和结字简单直率，别具一格，可视为写意书风的极致。从宏观历史看，赵孟頫重建正统的努力是失败的，尽管他在元代有无可比拟的影响力。一山一宁与中峰明本对于个性化书写模式的呈现，是整个元代复古风尚之中不可忽略的元素。

第一节 一山一宁墨迹

一、一山一宁生平

一宁禅师，号一山，俗姓胡。浙江台州临海城人，少年聪明敏悟，由其叔月灵江大师荐，跟随浮山鸿福寺住持无等慧融禅师习临济宗禅法三年。因月灵江大师迁住四明天童寺，一山一宁被送到四明普光寺，从神悟处谦大师学习《法华经》等诸经，两年后受戒。其间，一山一宁又到明州城中应真律寺研习戒律，并在延庆寺学习天台教观。后再赴杭州集庆院操庵文节大师处学习天台教义。从文献记载来看，一山一宁初期主要学习天台教义。然而通过一系列的学习，一山一宁认为义学支离，于是舍弃义学，返回月灵江大师住锡之天童寺。后依止于顽极行弥修习禅法。

大德三年（1299）三月，元成宗命一山一宁携带诏书从庆元搭乘日本商船，经高丽前往日本九州博多。镰仓幕府执权北条贞时（1272—1311）怀疑其真实身份，将其软禁在伊豆（日本静冈县）修禅寺。被软禁期间，一山一宁不为外境所困，一如既往地礼佛、诵经、参禅，悠然乐道。日本的僧侣、信众听说当地来了一位普陀山有德行的禅师，仰慕其学德而纷纷前来瞻礼，人数日渐增多，寺院内外门庭若市。北条贞时便将一山一宁释放，迎请一山一宁担任镰仓建长寺第九代住持。日本乾元元年（1302）十月，因西涧子昙禅师辞去圆觉寺住持一职，北条贞时迎请一山一宁兼任圆觉寺住持。日本延庆二年（1309），一山一宁担任镰仓净智寺住持，声名远播，参学者络绎不绝。后宇多天皇（1267—1324）仰慕一山一宁道风，特下诏关东，迎请禅师入京都担任南禅寺第三代住持。日本文保元年（1317）十月，一山一宁书偈云："横行一世，佛祖饮气。箭既离弦，虚空落地。"放下笔后，圆寂，享年 71 岁。

二、一山一宁的禅法

当时很多禅师以威严隆重作为弘道助缘，而一山一宁却慈悲柔和，易于亲近。他经常独居禅床，参禅者无须通报即可拜谒，因此往来者络绎不绝。虽然宋代以来禅法正脉屡屡传播于日本，但毕竟为时尚短，信口雌黄者众多，禅林深以为患。一山一宁辨明析理与众人释疑解惑，因为言谈不通，所以从朝至暮手写墨书酬答众人。后人将他传授禅法的文字集结为《一山国师语录》，其中除了不易解说的上堂语录和颂古诗篇外，还有能够深入阐发其禅宗思想的法语。

其中有一段与龟山天皇的对话尤其值得重视。镰仓时代，禅宗受到日本皇室的重视。龟山天皇是后嵯峨天皇之子，日本第 90 代天皇。因与兄长就皇位继承问题产生纷争，龟山天皇于正应二年（1289）在南禅院出家，法名金刚眼。龟山天皇也向一山一宁请教禅法，一山一宁做了开示，对禅宗的思想进行了整体性的概括。一方面，禅宗多求佛祖密意，绝非语言文字可以揣测，参禅者须要有极大的勇气和智慧，才能在一念未生之前顿见本性。另一方面，禅宗有无穷济物利生的手段，语默动静无不中节。若是参禅者缺少精神上的勇气或者沉溺于聪明机辩，都会与禅宗当面错过。历代禅德种种方便法门，无非是让人当下承当，哪里会如此拖泥带水。天纵之圣，开悟不必取决于师资！一山一宁既阐述了禅宗的概要理念，又强调了悟入本心的不易准则，还比附了当时理学的体用圆融学说，同时指出了参禅容易陷入的弊病，最后对龟山天皇予以鼓励和期待，可谓圆融周详，无不具备。

一山一宁还有一段法语"示相州太守"，对禅法的讲解更为深入详细。他称：参禅有二病，一病在昏沉，一病在散乱。而"即心是佛"一句，正是去此二病之良药。若于行住坐卧一切时候都能反复参究，必然能顿见本心。盖因为，此心本来清净圆明，但为无明妄想所遮蔽，一旦洞彻与诸佛本无差别。种种言说教化，不过是令众生还得本心。只是不可疑虑"即心是佛"之说，否则便成参学障碍。这段开示的核心，便是将"即心是佛"一句抱在胸中，如救命稻草一般一刻不可放下，从开端到终结只此一念足矣。

龟山天皇虽出家但仍是日本实际上的掌权者，相州太守也是忙于世务的官员，一山一宁毕竟不能对他们过于苛刻，因此都是深入义理而浅出法要。对于禅门之内的僧人，一山一宁的要求更为严格：

> 丝毫系念，三涂业因。瞥尔情生，万劫羁锁。直得丝毫净尽，一念不生，未是衲僧行履处。衲僧家，不取一法不舍一法。眼里见，耳里闻，若智眼不明堕在区宇。者里能向无道理处，放身舍命，一回再苏。起来心眼清寒，随处自在。

在一山一宁看来，参禅的关键在于将思虑知解全然放下，不可有丝毫存留。即便到了一念不生的境界，依然不是安身立命之处。若能再往下向没有道理可言的境界参究，放舍身命，绝后再苏，从此心明眼亮，随处自在。扫除思虑，一念不生，已属不易；放身舍命，绝后再苏，更为艰难，一山一宁此番教导直接透彻，既可见其门风之高峻，也可见其接引之慈悲。后宇多天皇为其撰像，赞曰“宋地万人杰，本朝一国师”，表达了日本国民对一山一宁的景仰和缅怀。一山一宁所传的禅学，被定为日本禅宗二十四派之一，称作“一山派”，至今流传不绝。

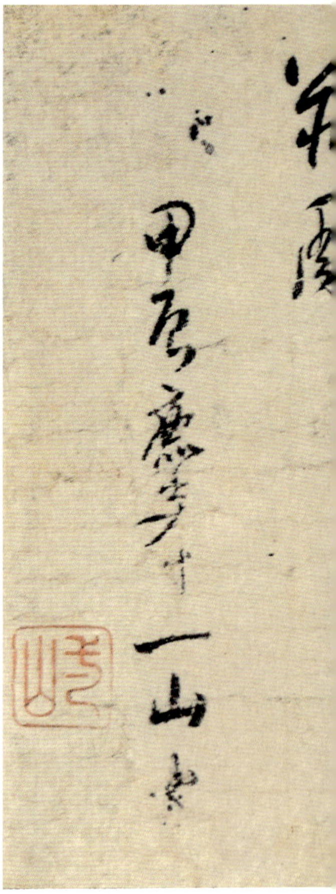

三、一山一宁墨迹

一山一宁在日本传法，因为言谈阻隔，所以经常通过手书来释疑解惑：“然言语不通，乃课觚牍，只字片句，朝咨暮询。师道韵柔婉，执翰酬之。教乘诸部、儒道百家、稗官小说、乡谈俚语，出入泛滥，辄累数幅，是以学者推博古。又善鲁公屋漏之法，携纸帛乞拂写者，铁阈或可折矣。”[①] 一山一宁学识广博，不仅在日本通过笔墨来开示佛法，还传播文学和理学，对日本文学和宋学的繁荣都起到了至关重要的作用。加之他精擅书道，颇得颜真卿所谓“屋漏痕”之笔法秘诀，因此往来求墨迹者几乎踏破门槛。总体来看，一山一宁遗存在日本的墨迹非常丰富，据说有两百件以上，其中应该有不少伪托。但这恰好从侧面反映出一山一宁影响之深远，民众对其墨迹之景仰。

① 《一山国师语录》。

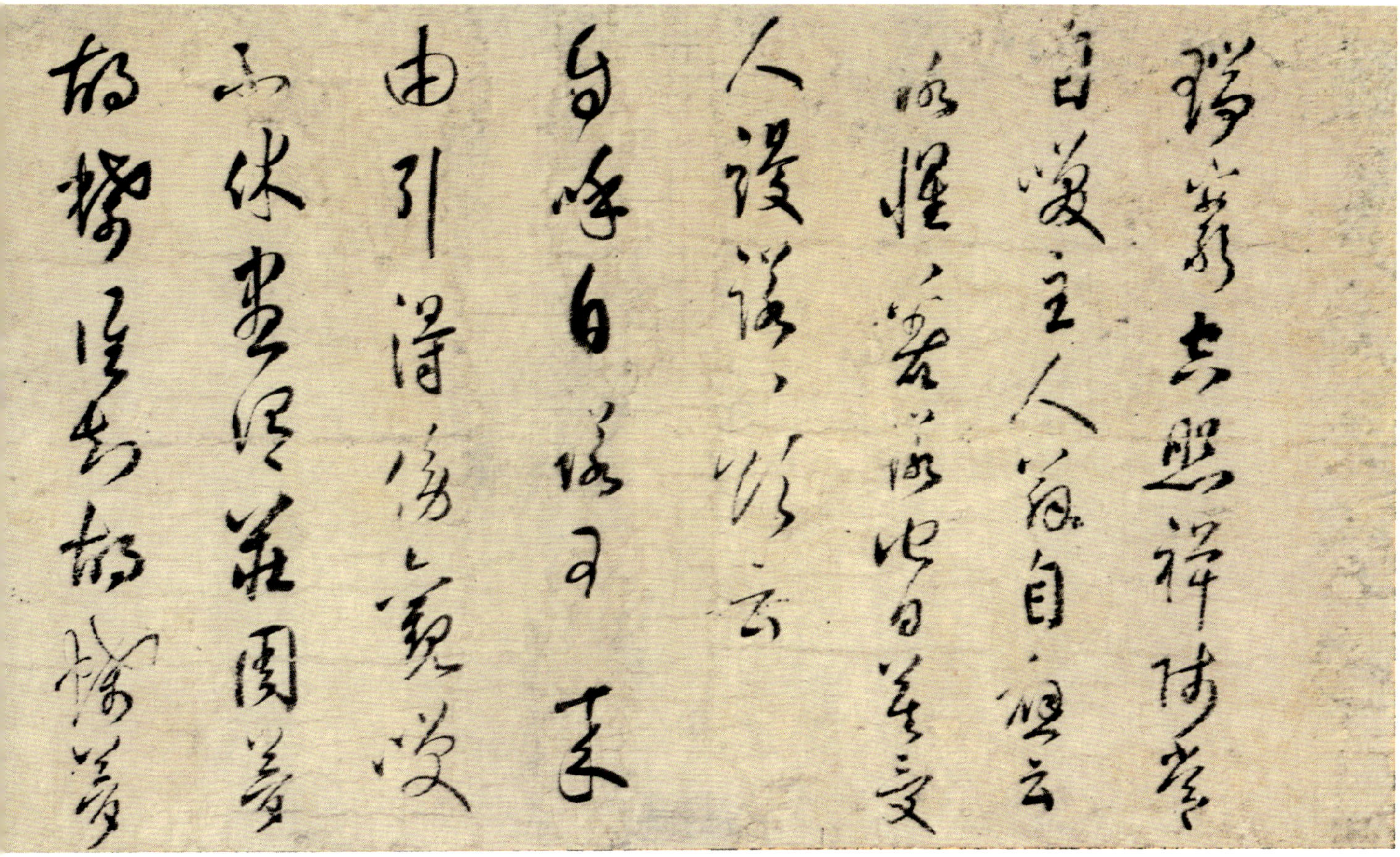

图 3-1 《瑞岩空照禅师颂古》，一山一宁，元，纸本，纵 31.7 厘米，横 66.1 厘米，日本和泉久保惣纪念美术馆藏

释文：瑞岩空照禅师，常自唤主人翁。自应云：诺！惺惺着！诺。他日莫受人谩！诺诺。颂云：自呼自诺有来由，引得旁观笑不休。尽谓庄周梦胡蝶，谁知胡蝶梦庄周。甲辰鹿峰一山书。

一山一宁墨迹的风格大致可以分为前后两个时期。60 岁以前的书法基本上还是处于二王一系的法度之中，虽然非常精彩，但个人痕迹尚不明显。60 岁之后的作品已很难寻见他对前人书法元素的借鉴和模仿，在貌似随意的挥洒之下，从容展现自己独特的艺术境界。目前所存一山一宁墨迹大部分属于此期。

前期墨迹以《瑞岩空照禅师颂古》为代表。颂古，即颂赞古则之意，指禅家就古人指导弟子所开示之公案（古则），以简洁的偈颂揭示其意旨，以令后学识得妙旨。《一山国师语录》收录颂古十三则，《瑞岩空照禅师颂古》便是其中之一。由一山一宁亲自书写的此颂古墨迹现存日本大阪府和泉市久保惣纪念美术馆。

这幅墨迹作于日本嘉元二年（1304），一山一宁时住镰仓圆觉寺。墨迹前半段引出五代僧瑞岩空照禅师（生卒年不详）自问自答的奇癖，后半段是一山一宁就此所作的颂古文。

整个元代书坛的基本风尚是复古，力求洗脱宋人尚意所导致的法度缺失之弊端。一山一宁这件墨迹基本上可以看作是元代复古大潮下的作品。其从用笔到结字都合乎二王一系书法主流的审美情趣，可谓中规中矩。从气息来看，墨迹醇厚柔和，从中仿佛能体会到一山一宁平易近人的教学风格。固然其中不乏兴致盎然的巧妙意趣，但这些精巧运思大多存于不易觉察的细节当中，整体来看似乎并无令人过目不忘的风格取向。

一山一宁后期的作品充满令人惊叹的个人气息，如《雪夜作》即其中一范例。

《雪夜作》为七言偈颂，是一山一宁在日本正和四年（1315）腊月（69岁时）书写的雪夜述怀之作，被收录在《一山国师语录》卷下中。从书写内容上看，第一句中的“少室”是指禅宗初祖达摩，全句描写在风雪交加的夜晚，二祖慧可站立在庭前参拜初祖达摩的故事。第二句描写雪峰义存因为大雪被阻于鳌山，与同行钦山文邃问答而大彻大悟的典故。第三句写景是为过渡。第四句殊不易解，一山一宁乃是大修行人，为何因闲事而长无明？一山一宁于此留下疑团并不解开，可谓用心良苦。

从具体的用笔来看，此件墨迹当中二王的痕迹已经很微弱了，或有人从其生平行状的记载推断此时用笔乃是受颜真卿屋漏痕的影响，也有说是受怀素的影响。从线条的品质而言，《雪夜作》可谓得屋漏痕之秘钥，似欹反正，似断还连，笔墨虽尽而意态无穷。从运笔之圆融洒脱而言，颇有怀素晚年《食鱼帖》的风采，貌似漫不经心，实则老辣浑厚。他前期的二王风格和后期近似颜真卿、怀素的风格并不矛盾。所谓“用笔千古不易”，本来二王至颜真卿和怀素，就隐隐一脉相承。一山一宁从前期的恪守二王笔法至后期转而与颜真卿、怀素相似，未必是刻意学习所致，更可能是自然演化。一山一宁《与龟山法皇语》中所言彻悟之

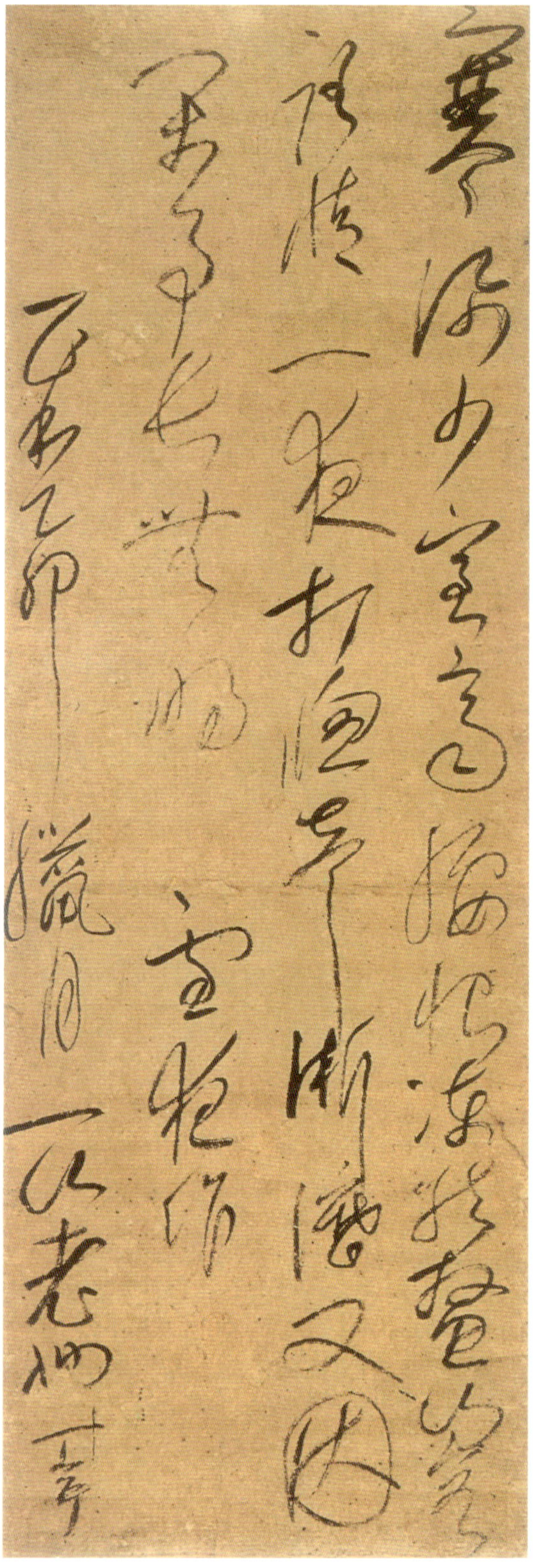

图 3-2 《雪夜作》，一山一宁，元，纸本，纵 89.4 厘米，横 30.3 厘米，日本京都建仁寺藏

释文：寒添少室齐腰恨，冻结鳌山客路情。一夜打窗声淅沥，又因闲事长无明。
雪夜作。正和乙卯腊月，一山老衲一宁。

人“语默、动静、俯仰、折旋，靡不左右逢源远近中的”，所指正是此等境界。

从书写形式上看，《雪夜作》属于立轴，立轴作品在一山一宁后期的墨迹中占很大比例，这是值得注意的现象。因为在中国书法史上，立轴出现的时代可以说非常晚。一般研究认为，在元末张雨、杨维桢时期才大量出现立轴作品。但是从一山一宁的作品看来，事实并非如此，他已留下很多精彩且成熟的立轴墨迹，只不过多在日本，国内少有了解罢了。新出现的立轴和传统的卷轴之间在视觉效果上有很大差异，简单说就是空间性和时间性的差别。欣赏者对于立轴的感知是通过对视觉瞬间的整体把握来实现的，因此作品的空间形式会对欣赏者产生重要的影响。而卷轴需要逐渐展开，观看的感知不是从整体入手，而是从一列甚至一字开始逐渐推进，这时作品的起伏波动所蕴含的节奏感就成为观者的首要印象。与后世动辄丈二的巨幅大轴作品相比，这件立轴作品并不大，但给人留下的视觉冲击力并不因此而减弱。轻重浓淡、干湿润燥的鲜明对比，使得这件墨迹从整体上充满了强烈的对比和张力。这种张力也存在于所书写的偈颂内容当中，宽泛而言，存在于整个禅学当中。所谓取不得也舍不得，使精神活动处于既充满矛盾又合为一体的状态，便是这件作品所要传达的意境。

第二节 中峰明本墨迹

元代历时短暂，社会混乱，却是宋之后另一座禅学高峰。从高峰原妙到中峰明本，再至天如惟则一系传承，于元代禅宗影响甚巨。中峰明本处于承上启下的位置，作用尤为关键。他不仅对佛理多有著述，且精擅诗词翰墨，同当时士人交游深广，对元代禅学的发展贡献颇大。从墨迹的角度看，中峰明本不仅有独特的书法风格，还与当时重要的书家如赵孟頫、冯子振等都有密切交流。劳悟达已经有专门探讨此问题的专著《禅师中峰明本的书法》问世[①]，可资借鉴。

一、中峰明本生平

《天目中峰和尚广录》卷末附有祖顺所撰《元故天目山佛慈圆照广慧禅师中峰和尚行录》一文，可看作是关于中峰明本最权威的生平记载。

明本，号中峰，钱塘人，俗姓孙。9 岁丧母，深感儒家之说不足以解惑，15 岁便决志出家。他昼夜诵读《法华经》《金刚经》《圆觉经》诸佛典，又登灵涧山巅习禅定。后读《景德传灯录》"庵摩罗女问文殊菩萨：明知生死本无，为什么却被生死所困"，中峰明本于此生起疑情。经人指点后他去拜谒天目山高峰原妙，24 岁得以在高峰原妙门下出家。

高峰原妙圆寂后，中峰明本开始游方弘化。元大德元年

① [德]劳悟达著，毕斐、殷凌云、楼森华译：《禅师中峰明本的书法》，中国美术学院出版社，2006 年。

（1297），离开天目山，游历皖山、庐山、金陵等地，先后于庐州弁山及平江雁荡山结庵而居。每结草庵，皆名之为“幻住庵”，表示依“幻住三昧”而住。当时“学者辐凑”，僧俗四众由四方来聚，中峰明本虽婉拒他们，但前来求法的人还是越来越多，久之终成盛大“法席”。大德八年（1304），中峰明本始返天目山，为高峰原妙守塔，次年接任师子院住持。

至大元年（1308），当时为太子的元仁宗赐中峰明本“法慧”禅师号，中峰明本开始被朝廷重视。未几，他因乞食于勾吴卸下师子院住持职务。至大二年（1309），中峰明本前往仪真，过着船居生活。翌年，他因大众恳请而回到天目山，但只住一年，又离开天目山而船居于吴江。不久，中峰明本渡江北上，游历少林寺，并隐姓埋名，在城隅偏僻处租了一间土屋居住，但四方僧俗仍闻风而至，争相瞻礼，并称之为“江南古佛”。

元皇庆元年（1312），中峰明本结庵于庐州六安山（安徽省合肥市）。第二年，瞿霆发逝世，中峰明本回天目山吊丧，此时中峰明本已 51 岁。瞿霆发之子奉宣政院之命，再次请中峰明本住持大觉寺，但中峰明本另举首座永泰禅师（生卒年不详）代己。当时的丞相亦迎请明本至私第，恳求他住持灵隐禅寺，但还是被他谢绝。延祐五年（1318），中峰明本经僧众的迎请而再度回到天目山，从此在山上度过晚年，结束其大半生的草栖浪宿生涯。除了民间百姓及文武百官，朝廷天子亦对中峰明本的德行和逸格钦慕不已。元仁宗屡次欲召见中峰明本而不得要领，最后只好赐之“佛慈圆照广慧禅师”号及金襕袈裟，并将师子院改名为“师子正宗禅寺”。

至治二年（1322），中峰明本已 60 高龄，杭州径山寺院住持一职悬空，行宣政院欲让他去主持，然而中峰明本始终没应命，反而到中佳山上结茅棚。此山位于天目山西峰以北 30 里处，地势险峻，僧俗弟子每天“扪萝薜，冒豺虎”上山求法。中峰明本怜悯其弟子辛苦跋涉，又回到草庐中。同年十月，元英宗特旨降香，赐明本金襕僧伽梨，并诏行宣政院官亲自上山宣谕其恩意。

至治三年（1323）春，中峰明本自叙其出家始末，说是“六旬幻迹”，似乎有去世之意。八月十三日，中峰明本手书遗别外护，并作偈颂遗别法嘱故旧。八月十四日早晨，明本起身后，再次作偈辞别大众：“我有一句，分付大众。更问如何，无本可据。”写完偈子，中峰明本置笔安坐而逝，世寿六十一，僧腊三十七，化于本山天目山之东冈。中峰明本去世以后，继续得到朝廷尊崇。天历二年（1329），元文宗皇帝赐谥“智觉禅师”。元统二年（1334），元顺宗追谥“普应国师”，敕赐《天目中峰和尚广录》30 卷收入《大藏经》(《普宁藏》)。

二、中峰明本禅法

中峰明本虽然身居禅门，但并不排斥用文字传法。据说他身边有两位头陀替他扛纸，凡是有人前来乞求法语，就信笔书之。中峰明本一生中的著作数量相当可观，而且大部分皆由其门人北庭慈寂（原名善达密的理）编入《天目中峰和尚广录》之中。另外，还有一部收于《卍续藏》第122册的《天目明本禅师杂录》，简称《明本杂录》，收载《天目中峰和尚广录》以外的其他著述，唯其编者不详。

与门风高峻的高峰原妙相比，中峰明本的禅法更为多元和包容。他所开示的内容，既有充满机锋的公案提唱，也有理路分明的法语义解，对于各种层次的参学者都有所裨益。

中峰明本曾有“示徒”一段法语，借用佛印禅师所言参禅四难四易而加以阐发。所谓参禅四易，即指出禅宗修持与其他传统法门的区别之处。自己是佛，不用别求师资，若欲供养佛，只供养自己，一易也。无为是佛，不用看经礼像、行道坐禅，饥餐困卧，任缘随运，二易也。无著是佛，不用毁弃形体、捐弃眷属，山林市井，处处自在，三易也。无求是弗，不用积功累善、勤修苦行，福慧二严，元无交涉，四易也。禅门修习，不在看经礼拜，也不在毁弃形体，更不在积功累善，只要坚信自心是佛，能信是第一难事；信此之后能十二时中念念不忘，如猫捕鼠、鸡伏卵，能念是第二难事；因缘成熟之后方有悟道时节，如大梦初醒，能悟是第三难事；悟道之后消除历劫业障，能修是第四难事。从中峰明本所言次第来看，他阐述的是一种悟后起修的观点。这种观点认为明悟本心之前，所有修习都是妄作；开悟之后消除习气，是必经功课。这段开示，将禅门修学次第做了简要而全面的概括，可以看作是中峰明本禅法的纲要。

从整体上看，中峰明本属于典型的参话禅系统。他对于参话禅系统的解说，并没有完全承袭前人的固有思路，而是在很多环节表现出自己独特的理解。如在“示禅人（雄藏主）”法语中，中峰明本依然强调信心之重要，唯有信心具足才能持续参究下去。在参究当下，不要分别此参究之心是否纯一，是否得力，所谓念头纯一，功夫得力，皆为幻妄。参禅窍诀在于保持无可奈何的心境，直到明悟之前若有半分奈何，不过是自欺而已，算不上功夫。若能身处无可奈何之境而安之若素，是参禅人真用心处。此处对于参禅的解说，是对参话禅系统的辅助说明。一般参话禅并不会讲明其中的原理，中峰明本的诸多开示丰富了参话禅系统的内涵，使得更多的学人有机会接受并理解这种禅法，这是禅宗在元代大行其道的重要原因之一。

就参话禅而言，最重要的训练莫过于起疑情，中峰明本对于疑情的生起予以明确指点，他认为起疑情只是生死心切而已。所谓大事未明，只是生死事大，无常迅速，为何本无生死而为生死所困？只是这个生死未明，便是疑情根本，古人并不参究公案看话头，只是切切以生死为念。所以参究禅法，不是要明白佛理，也不是要领会禅意，更不是要求一个知解，只是参究为何于生死无可奈何。所以话头参破之时，生死大事也随之破灭。生死大事明了，则一切老和尚话头无不明了。生死心切与话头疑情，本来就是一体不二的存在。

元代虽然是禅宗的兴盛时期，但已出现众多关于禅宗的误解妄行。中峰明本的很多开示，都是针对当时参禅的弊病而发的。他明确指出，参禅不可求速效，若求速效，其结果往往是心生妄念，永远失去与道相应的机会；不求速效，反倒功夫到时自然解脱。这就如同行路之人，逐步走去自然有到达时分，若是求速效，只怕走入邪路，无有出期。此外，参禅不可以聪明灵知为自得："你乡里人参禅多不曾参而至于悟，但只以聪明之姿学解禅诠，妄认目前昭昭鉴觉者为自性，不肯下死工夫真实求悟。"以聪明思虑解禅已备受批评，然而历来陷于此弊者每每皆是；另有不少人以昭昭灵灵为自性者，对于这种立场的批评，从洪州宗与荷泽宗的对立时期就已经出现，但后来参学者并没有完全避免，因此中峰明本专门予以指出。以中峰明本所见，参禅固然不可陷于聪明灵知，亦不可陷于空洞冥漠。针对将绝学无为误解为不思不虑的观点，《六祖坛经》中已有批评；后来大慧宗杲批评默照禅，同样否认学禅者以空洞清净为禅的立场。中峰明本的看法更为全面，他认为大休大歇只是一个过程而非目的，还需要在此基础上顿悟一回，方得到无为之境的真正绝学。

唐末及宋代，禅宗法脉众多，各有传承风格。但到元代，高峰原妙至中峰明本这一系，可以看作是禅宗的中流砥柱。如果没有高峰原妙与中峰明本的努力，禅宗恐怕会在宋代之后走向衰落和沉寂。高峰原妙与中峰明本将参话禅的精要创造性地予以阐发，并对其中的弊端给予了明确的批评，使得参话禅在元代重新焕发光彩，成为后世禅宗的主流路径。后世习禅者，几乎都与参话禅有直接或间接的关联。从这个角度看，中峰明本是晚世禅学的宗师级巨匠。

三、中峰明本墨迹

有种传统观点认为，书道乃小技，并不足与治世修身之大道相提并论。然而从历史上看，书法艺术与重要的思想家、文学家、政治家乃至高僧大德密切相关。在思想领域有高度成就的文人僧道，很多人在书法领域也成就斐然。如儒家之朱熹、王阳明，道教之白玉蟾、张宇初，书法皆一时之选，至于禅德墨迹则更是蔚为大观。这种情况促使我们深思书写墨迹与精神境界之间的关联。所谓诚于中而形于外，精神境界的外在呈现不必限于事功言行等社会活动，也可以呈现于笔墨辞赋等艺术形式。所谓志道据德而依仁游艺，这一传统自先秦便传承不绝。禅宗大德往往避世脱俗，其立功立德罕为人知，从墨迹中领会其境界，也是一种取法的途径。

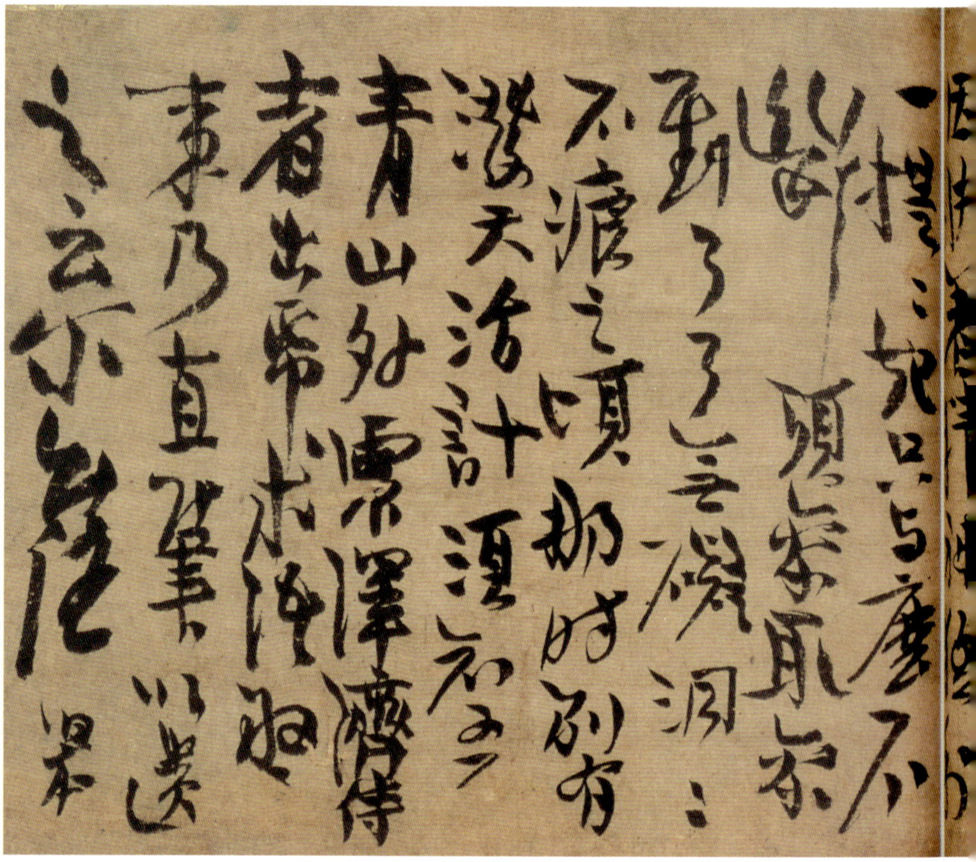

图 3–3 《与济侍者警策》，中峰明本，元，纵 31.5 厘米，横 67.3 厘米，日本镰仓国宝馆藏

释文：济生死大河，碎涅槃窠臼，总不出个所参底话头。了出家本分事业，报佛祖莫大深恩，作人天范模，为丛林标准，俱不出个所参话头。你若不肯自昧前因，快着精神，猛利一提提起，只与么不断头参取，参到了了无碍洞洞不痕之顷，那时别有泼天活计须知。五青山外震泽济侍者，出纸求语警策，乃直笔以遗之云尔。幻住明本。

劳悟达在《禅师中峰明本的书法》一书中指出："元代书法家的两种主要趋势，是复古运动和宋代延续下来的个人特征。冯子振、张雨尤其是杨维桢可以归于后一类。最后，对章草的创新兴趣，导致了章草与今草的融合，形成新型的、富于美学趣味的草书书体。这些活动与中峰明本均有关联。"[①] 劳悟达的概括非常全面，既考虑到元代盛行的复古风格，又观察到在复古大潮之下个性化书写的存在，同时还注意到章草在元代书法中的重要作用。从时代整体风格而言，劳悟达的分析很中肯，元代书坛是复古与个性、章草与二王的交织错综。

① [德]劳悟达著，毕斐、殷凌云、楼森华译：《禅师中峰明本的书法》，中国美术学院出版社，2006年，第84—85页。

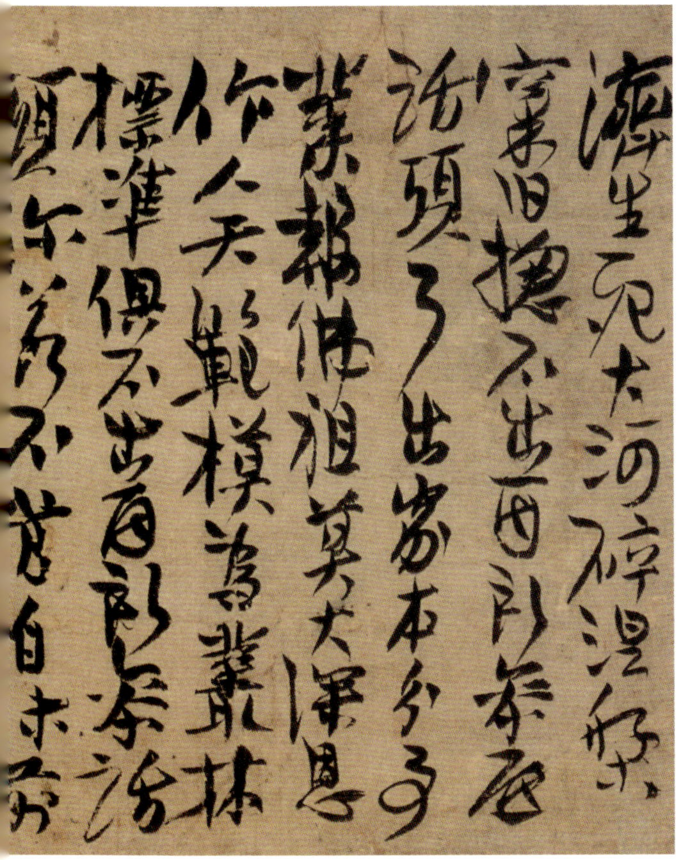

但是仅凭借对时代的通用性分析及交游往来的追溯，只能说明元代书家风格中的相似性，不足以解释中峰明本墨迹与众不同的个性化风格成因。

很多书法评论将中峰明本的书体称作“柳叶体”。这出自明代作家刘璋的《皇明书画史》：“明本书类柳叶，虽未入格，亦自是一家。”传统上柳叶书是一种篆书风格：“柳叶篆者，卫瓘之所作。卫氏三世工书，善数体，又为此法，其迹类薤叶而不真，笔势明劲，莫能得学。”① 中峰明本所书为行书，与篆书并无关联，为何同样被称作柳叶？因为他用笔最明显的特征是：末尾并不顿收，而是自然提起，两头尖锐如同柳叶。这种两头尖锐无明显起笔收笔痕迹的写法，在篆书中的确存在，柳叶篆并非杜撰，其源头可以追溯到楚简系统。在春秋时期，篆书分为南北两大系统，北方以沉稳厚重的金文为主，而南方则盛行飘逸灵动的楚简。汉承秦制，其篆书逐渐趋向方正规整的圆入圆出形态，但楚地尖入尖出的书写风格并没有完全消失，后来的悬针篆和符文篆中还保留了一些，柳叶篆可看作这种书风的集中存留。然而即便中峰明本的墨迹与历史上的柳叶篆形迹相似，也不能说明他借鉴了千年以前的篆书写法，他这种风格应该是另有来源。

我们还是得从元代书坛最基本的复古思潮出发去分析这种特殊现象。元代汉族士人的复古观念是一种复杂的思潮，它既包括了对宋代崇尚个体自由精神的反对，也蕴含了对规范和秩序的诉求，同时还体现在艺术上对质朴品味的追求等。即便集中在书法领域来探讨，也未必能对元代初年的复古思潮形成统一的解说。赵孟頫所谓的复古是回到王羲之，其实从书法史上看，王羲之在当时被视为新体破古的代表；邓文原、鲜于枢所谓的复古，很大程度上是借鉴章草，

① 见朱长文《墨池编》。

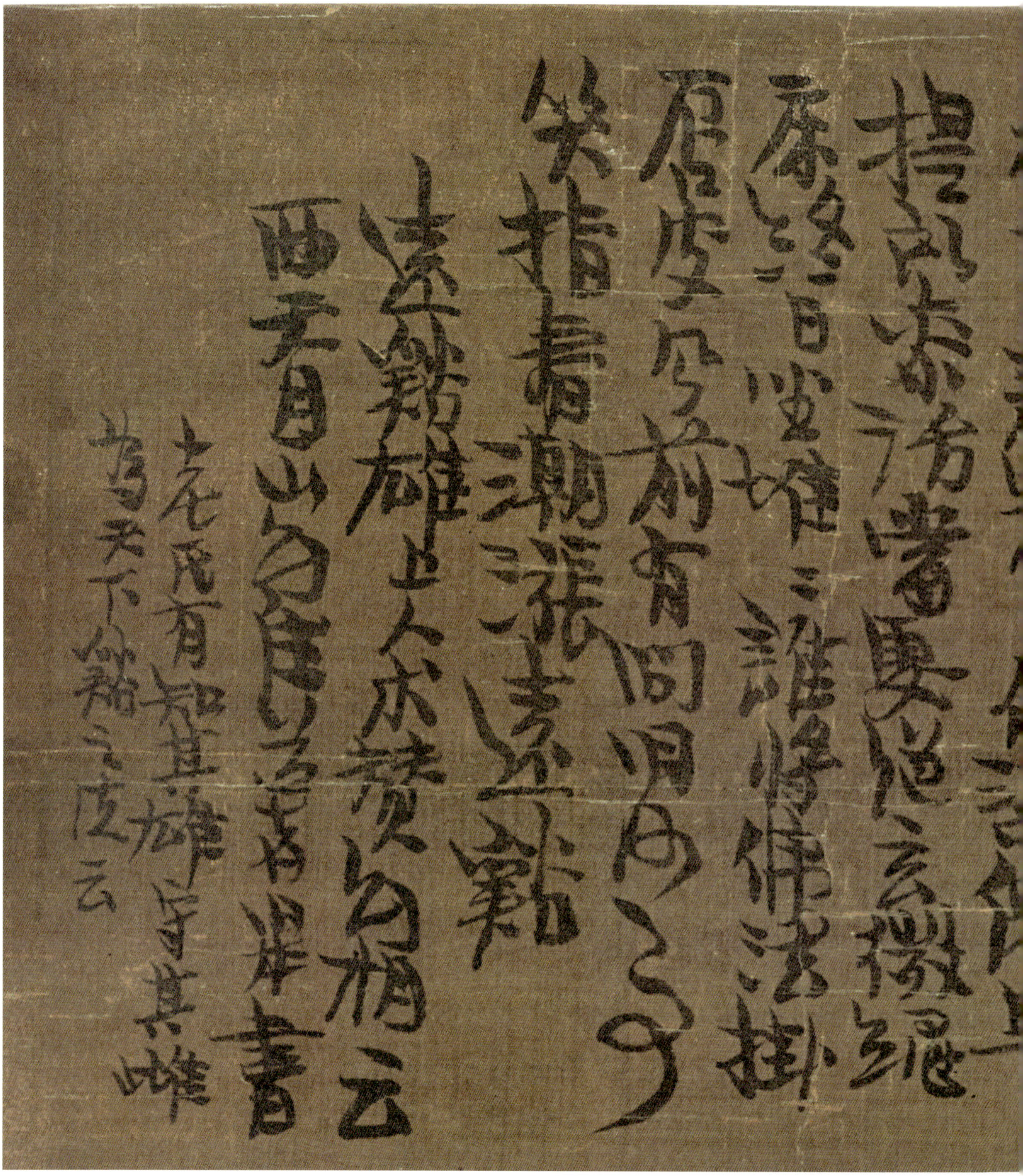

图 3-4 《中峰明本顶相自赞》，中峰明本，元，日本丹波高源寺藏

释文：破情裂识，知雄守雌。笑瞿昙尚存诸见，嫌老氏犹带群疑。争似渠侬，单提所参话，当处绝玄微。绳床终日坐堆堆，谁将佛法挂唇皮。风前有问明何事，笑指春潮涨远溪。远溪雄上人求赞幻相云。西天目山幻住道者明本书。老氏有知其雄，守其雌，为天下溪之说云。

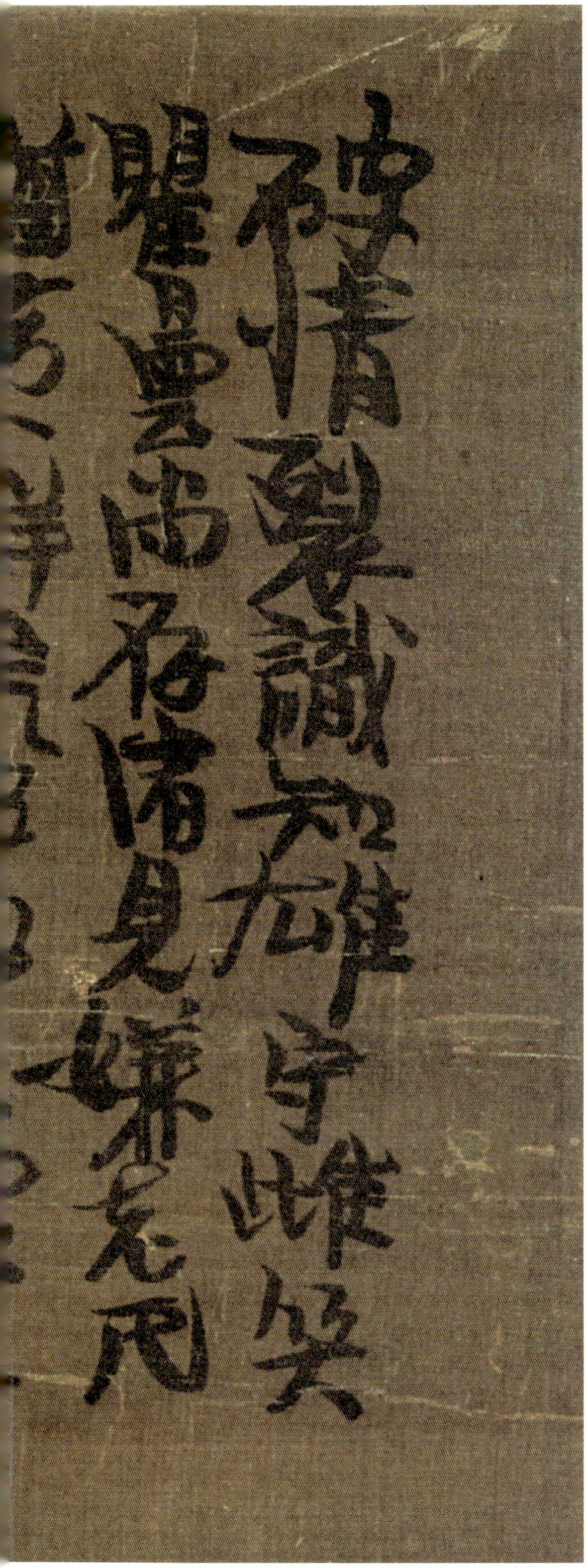

崇尚个性张扬的杨维桢也取法章草，所以章草未必是复古的独有特征。至于中峰明本有没有直接吸收章草，是可以存疑的事情。首先我们没有任何证据说明中峰明本临习过章草，而赵孟頫、邓文原和鲜于枢等人都显然大量临习过章草。其次，章草中的波磔元素在中峰明本墨迹中并不存在，这是他与杨维桢等人的明显差别。因此，与其说中峰明本墨迹与章草相似，不如说他的墨迹接近于魏晋残纸书风。我们不能仅仅因为中峰明本书风被称作“柳叶体”便认为他所有的点画都有尖锐的收笔，更不能以此认为他的作品中充满弧线和圆转。虽然观看中峰明本墨迹时，很容易产生这种满篇都是尖锐弧线的第一印象，但是当我们仔细考察其作品细节的时候，一切都变得大不相同。

从作品放大的细节很容易观察到，那些飘曳不定的尖锐弧线只是表面上的修饰，中峰明本墨迹的根基在于其中果断迅疾的直线。只不过他没有给这些点画以过分的修饰，只是保留了横竖折弯最质朴的本色，以简约的笔法传达出强烈的感染力。中峰明本的复古，既不是如赵孟頫结字借鉴王羲之，也不是像杨维桢笔法上取法章草，而是从精神层面回到王羲之所生存的那个时代。王羲之是魏晋时代书法的变革者，甚至可以说是终结者，用流美的书风终结了汉魏以来的质朴书风。中峰明本墨迹中个别单字的用笔优美之处，与二王墨迹颇为相似，但整体而言，其写法更显简洁无华。这种质朴的写法在时间上与王羲之相近，但从艺术风格上而言，可谓前王羲之风格。这就如同质朴的古诗与华丽的新体诗同时存在于汉魏之际一样，它们实际上代表了完全不同的两个时期。当然，中峰明本并没见到魏晋残纸书风的出现，他与魏晋残纸书风的契合只是精神诉求的相遇。从这个角度看，将中峰明本墨迹的风格归之于章草影响也可以理解，毕竟章草体现了

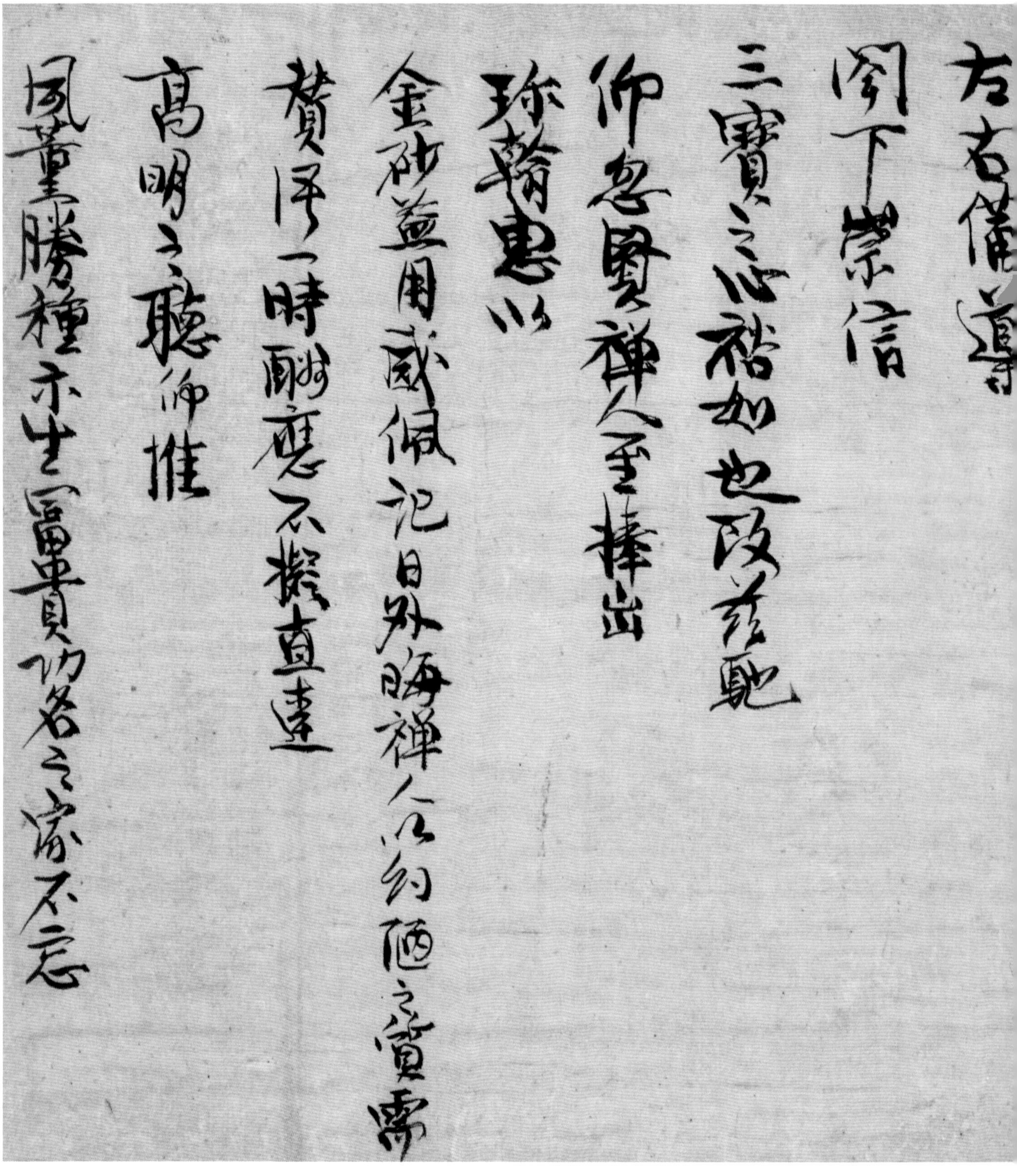

图 3–5 《致大友贞宗领主礼》，中峰明本，元，纵 44.8 厘米，横 64.2 厘米，日本静嘉堂文库藏

释文：八月十五日，幻住沙门明本谨奉书复直庵左近大夫亲卫阁下：明本疏朽不才，过宝之名，误干时听。求其禅道佛法，则蔑焉无所闻见。日外晦禅师人来自左右，备导阁下崇信三宝之心裕如也，致兹驰仰。忽贤禅人至，捧出珍翰，惠以金砂，益用感佩。记日外晦禅人以约陋之质需赞语，一时酬应，不拟直达高明之听。仰惟夙熏胜种，示生富贵功名之家，不忘（后阙）。

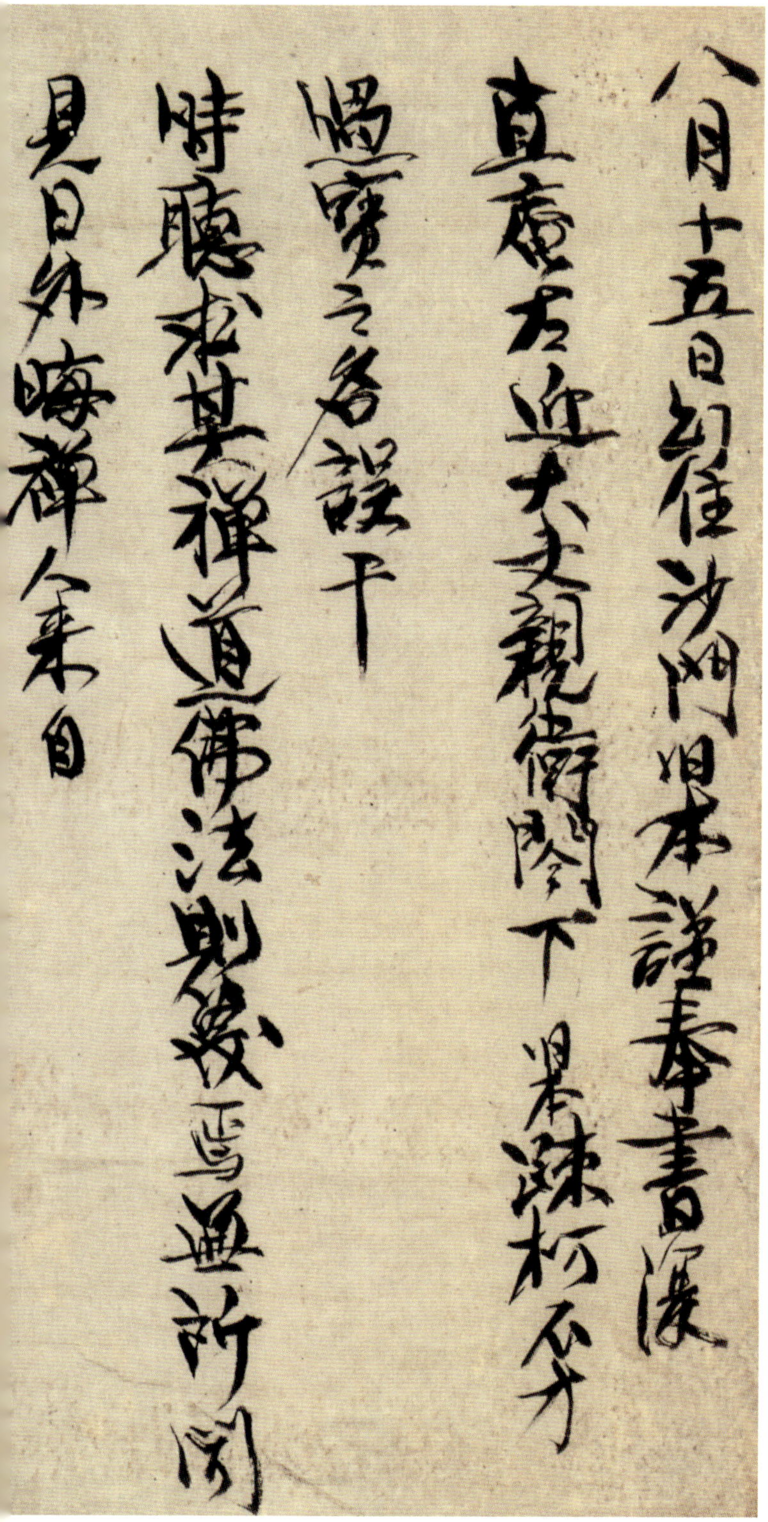

前王羲之时代的诸多特质。从具体形态上看，中峰明本作品中出现大量终端向下倾斜的横画，这也是魏晋残纸书风中才会出现的特征。这种书写模式使得中峰明本的字体貌似右倾，与二王系统的左倾特征形成对照。

中峰明本墨迹与魏晋残纸书风的相似性在于其质朴，洗尽铅华、直示本原是其重要特征。从另一个角度看，中峰明本墨迹的变化无端远胜魏晋残纸书风。直截与巧妙，本来就是禅宗相辅相成的两种手段。从学理上讲，本然现成，不假修持，这是直截；从功夫上讲，初机后学，各有巧妙开示，是为巧妙。中峰明本作为一代宗师，学理透彻自不必言，难得的是他应机说法的手段精妙。黄檗希运曾言大唐国里无禅师，不道无禅，只是无师；禅者自悟，师者开示悟入后学之谓。中峰明本墨迹中变化无端、不可思议的点画布置和结字，与其理解为随心所欲的个性体现，不如将其看作是对于固定规则的突破和日常思虑的终结。终究而言，了悟空性境界者，其言谈举止无不是空性显现。即便是游戏文字的书道小技，深究之下，亦与空性境界相合，这是禅德墨迹真正不可企及之处。

中国
佛教美学
典藏

第四章

明清之际禅德墨迹

引言

法度与自由

明清之际是近代思想的发端，此时的传统观念不得不面对近代个体主义的冲击。无论思想还是艺术，在此局面之下都必须承受自由发挥与恪守规则之间的张力。此张力有时会呈现为冲突与破坏，有时也会呈现为创造性的发挥。在魏晋之后，中国又迎来一个充满自由创造气息的繁荣时代，各种风格纷至沓来，几乎令人目不暇接。这种艺术的繁荣始于明末，至清初尚有余绪，但在清朝加强意识形态控制之后便戛然而止。很多重要的禅德墨迹介于明末清初的过渡阶段，因此将其总合为一章。

明末思想界变局的源头在王阳明。尽管钱德洪等弟子更为忠实地沿袭了王阳明的学说体系，但最终在社会上形成影响的是激进而变异的王畿、王艮之辈。当更加激进的李贽横空出世以后，甚至连王畿的影响也不足为道了。李贽《童心说》一文讲道：“夫童心者，绝假纯真，最初一念之本心也。若失却童心，便失却真心；失却真心，便失却真人。人而非真，全不复有初矣。……道理闻见日以益多，则所知所觉日以益广，于是焉又知美名之可好也，而务欲以扬之而童心失；知不美之名之可丑也，而务欲以掩之而童心失。”李贽的童心说貌似与王阳明的良知说没有太多区别，都是孟子良知说的一个变体，但李贽一只脚已经跨出了古典哲学的边界。无论是孟子的良知说还是王阳明的良知说，其意义都来自形而上的存在。无论称呼这个形而上的存在为天道还是本心，它都与人的妄想和欲望形成一种对立与冲突，不消除形而下的妄想与欲望就无法达到本心或者天道的终极境界，这是古典哲学的基本格局。李贽所谓童心，从根本上讲就是形而下的现实人心。以世俗的个体人心作为评判价值的标准，这是近代社会才会赞成的观念。恰好明末是中国社会进入近代的开始，于是李贽之说大行其道。

以李贽为代表的阳明左派大量引用禅宗理论支撑自己的观点，因此往往被视为狂禅。但实际上李贽所言的意义同禅宗根本不同。禅宗僧人不会忘记他们了生脱死的根本目的，对他们来说但莫染污只是一种方便说法；而李贽周围的文人士大夫的目的是自适其意，因此但莫染污便成为他们放弃古典哲学、要求自我修正的借口。王畿放弃了王阳明四句教中的“为善去恶是格物”，李贽进一步放弃了“有善有恶意之动”。虽然他试图保留“无善无恶心之体”，但脱离思想整体的支撑，李贽所讲的心体已经不再是王阳明所说的心体。对形而上心体的追寻于此时戛然而止，从此士人转向对个体心识的体认。

简要而言，传统哲学和艺术认为他们表现的是客观的、超乎个体的天道与自然。至明末，一批激进的思想家和艺术家开始认为自身个体的内心中就具有根本性的价值依据，一切价值都可以通过对自身的体认来获得意义。这种个体化立场在思想上离经叛道，批判以往诸多公认的价值体系，被贬斥为“狂禅”。在艺术上这种基于个体体验的立场也产生一系列突破性作品，这些作品虽然不合乎古典的审美规范，但依然具有非同寻常的感染力。

身处其中的禅宗，一方面试图重新确立规范，以与流俗的狂禅对抗；另一方面也吸纳了时代所共有的自由发挥的气息。这两种貌似矛盾的气质并非总是融合于一体，在不同的禅师那里呈现出不尽相同的面貌。如憨山德清（1546—1623）更侧重理性化的分析，其墨迹则以恪守法度的面貌示人，只是其中有不经意间的灵动以呈现其禅宗本有的巧妙。破山海明（1597—1666）将临济宗中的奇崛高峻发挥彻底，以不可思议来升华明末的离经叛道之风，其墨迹也多呈现异趣横生的姿态。难得之处在于能于奇变之中恪守中正，可看作破山一系禅风中隐藏逻辑的形象体现。黄檗禅系可看作是破山双桂一系的兄弟，都出自密云圆悟。后来黄檗一系东渡日本而大行其道，其墨迹俨然成为日本禅宗典范。黄檗墨迹以厚重大字书法为主，强调气势夺人，但也不乏稳重严密，是其禅法极高明而道中庸之风格的呈现。除明末禅宗诸派留心笔墨之外，明清之际还涌现了一批重要的艺术家，他们源自禅宗，如石涛、弘仁、担当等，皆为一代宗师。其中尤其令人瞩目者，为八大山人（1626—1705？）。因为身世原因，八大山人往往被误认为仅仅避难佛门而已，其实他对于禅宗有深厚的体悟。与其将八大山人的独特风格归结为国破家亡之痛，不如将其看作是其禅宗悟境的外化，这样更为恰切。

第一节 憨山德清墨迹

中国佛教至明代已呈衰退迹象，佛教各宗到此时后继乏人，教理与教法都缺乏创造性的解说。与此同时，社会各界对佛教的支持也逐渐减弱，近代世俗化的倾向开始出现，同时民间教派的兴起也分流了部分信众。面对前所未有的压力，佛教界在明末出现了中兴的四大高僧——云栖袾宏（1535—1615）、紫柏真可（1543—1603）、憨山德清、藕益智旭（1599—1655），他们从学理和实行两方面极力收拾颓废局面，使佛教出现了回升之势，为佛教在明清之际的延续与发展奠定了重要基础。他们都认可禅宗与净土宗的融汇，但是偏重有所不同。云栖袾宏和藕益智旭主要以弘传净土宗为主，憨山德清和紫柏真可则对禅宗投入更多关注。

在四位高僧当中，憨山德清的素养最为全面，影响也最为深远。他虽然主要弘扬禅宗，但是对于佛教其他宗派和儒家、道家的经典阐述也非常深入，是明末三教合一思潮的重要代表。他的书法也为世人所推崇，现存作品被视为珍贵的禅德墨迹。

一、憨山德清生平

憨山德清，号憨山，俗姓蔡，金陵府全椒县（安徽省全椒县）人。其母洪氏虔信佛法，以憨山德清幼年重病而许愿其出家。憨山德清幼年常好独坐，不喜儿戏，7岁时见叔父去世而于生死之疑不能释怀。12岁时，辞亲入报恩寺依西林永宁和尚诵习经教，兼习儒学及古文诗赋。19岁，往谒栖霞山云谷法会禅师。云谷法会是明末禅宗的重要人物，对当时禅宗的继承和弘扬厥功至伟，与西林和尚之师即憨山德清之太师交好，因此憨山德清有机会亲近云谷法会并向其请益禅法。云谷法会令憨山德清阅读历代禅德开示，憨山德清抽取《天目中峰和尚广录》，一阅之下心悦诚服，乃决志参禅。同年听无极禅师讲《华严玄谈》，从其受具足戒。万历十一年（1583），憨山德清因慕崂山之盛名，由五台山来此。他先在崂山那罗延窟修禅，夏季至太清宫附近结庐安居。他用太后所助之金尽购太清宫之地，于万历十三年（1585）始建海印寺。万历二十三年（1595），憨山德清因私建寺庙罪被充军到广东雷州。获释后，他结庵庐山五乳峰下，四年后又到广东曹溪宝林寺。天启三年（1623），憨山德清病逝于曹溪，享年78岁。

憨山德清佛学著作颇丰，有《法华经通义》《圆觉经直解》《大乘起信论疏略》《观楞伽经记》《金刚决疑》《肇论略注》《八十八祖真影传赞》等。

憨山德清受云谷法会影响最深，一生致力于禅法参究，但他所悟又不局限于禅宗，对于华严宗、唯识宗等都有所领会。

如他早年聆听无极禅师讲《华严玄谈》之时，“随听讲至十玄门，海印森罗常住处，恍然了悟，法界圆融无尽之旨”[①]。这时憨山德清尚未登临五台山，但因聆听《华严玄谈》而得海印三昧，清凉境界如同呈现眼前，自此世俗之事无一萦怀，出世之念无刻不在。华严三昧定境为憨山德清的佛门生涯奠定了坚实的基础。29岁时，憨山德清阅《肇论·物不迁论》及至“旋岚偃岳而常静，江河竞注而不流”一句，向来疑惑豁然冰释。《肇论》是教下典籍，而憨山德清所悟是禅宗境界，这是禅宗借教悟宗理念的呈现。明末禅宗已经出现摆脱佛典、师心自用的不良倾向，憨山德清用自身的经验说明，禅宗与佛典之间并无不可调和的矛盾，反而是可以互相启发印证的助缘。

30岁时，憨山德清坐禅于五台山，又有悟境，其五台证道与《楞严经》有密切关联。《楞严经》对于宋以后佛学之重要性无可比拟，而耳根圆通一节尤其关键，禅宗和净土宗都将其看作是修证秘钥。《楞严经》中所言“动静二相了然不生”，即憨山德清“忽然忘身，则音声寂然，自此众响皆寂，不复为扰矣”的体验。而经中所言“空所空灭，生灭既灭，寂灭现前”，即憨山德清随后的定境“不见身心，唯一大光明藏，圆满湛寂，如大圆镜，山河大地，影现其中”。憨山德清所悟“大光明藏，圆满湛寂”即经中所谓“上合十方诸佛本妙觉心”，“山河大地，影现其中”即经中“六道众生同一悲仰”。

---

① 《憨山老人梦游集》卷五三。

还有一次经历，虽然不是入定中境界而是梦境，但对憨山德清的思想有很深影响，所以值得稍加分析：

予年三十三，刻意书经，无论点画大小，每落一笔，念佛一声。……予自住山至书经，屡有嘉梦。……又一夕。梦自身履空上升，高高无极。落下则见十方迥无所有，唯地平如镜，琉璃莹彻。远望唯一广大楼阁，阁量如空。阁中尽世间所有人物事业，乃至最小市井鄙事，皆包其中，往来无外。阁中设一高座，紫赤焰色。予心谓金刚宝座，其阁庄严，妙严不可思议，予欢喜欲近。心中思唯：如何清净界中，有此杂秽耶？才作此念，其阁即远。寻复自思曰："净秽自我心生耳。"其阁即近。顷之，见座前侍列众僧，身量高大，端严无比。忽有一少年比丘，从座后出，捧经一卷而下。授予曰："和尚即说此经，特命授汝。"予接之，展视乃金书梵字不识也。遂怀之，因问和尚为谁？曰："弥勒。"予喜，随比丘而上，至阁陛，瞑目敛念而立。忽闻磬声，开目视之，则见弥勒已登座矣。予即瞻礼，仰视其面，晃耀紫金色，世无可比者。礼毕，自念今者特为我说，则我为当机。遂长跪取卷展之，闻其说曰："分别是识，无分别是智。依识染，依智净。染有生死，净无诸佛。"至此则身心忽然如梦，但闻空中音声历历。开明心地，不存一字。及觉，恍然言犹在耳也。自此识智之分，了然心目矣。且知所至，乃兜率天弥勒楼阁耳。[1]

人们一般将憨山德清这段经历称为"梦游兜率天"。佛教认为兜率天在欲界，是候补佛陀所居之处。因为下一世佛陀为弥勒菩萨所任，所以梦游兜率天实际上是憨山德清梦中拜谒弥勒菩萨的经历。这段论述的意义在于将禅宗与弥勒菩萨关联起来，重心是弥勒菩萨开示唯识的内容，这促使我们重新关注禅宗与唯识宗的关系。在一般情况下，禅宗往往被当作如来藏学说的典范，更进一步被当作佛教与中国本土思想的结合。但是追溯禅宗历史时，我们发现禅宗依仗的第一部经典是公认的唯识宗经典《楞伽经》。

其后憨山德清开示后学，往往以唯识学理来阐发宗门观念，也可以看作是禅教合一之路径，其用意依然是纠正明末狂禅泛滥的弊端。从更为广阔的思想

① 《憨山老人梦游集》卷五三。

背景来看，明末之际中国已经不期然进入近代社会的门槛，个体主义与自由思考的兴起一方面引发了对传统观念的怀疑和批判，另一方面迫使禅宗教法向理性化、普遍性的说法方式转化。这种理性化与普遍性的阐述方式必须要借助佛教其他各派系统的理论体系作为支撑，甚至需要儒、道两家的理论体系作为辅助。这种大的思想背景是憨山德清借用华严宗、净土宗、唯识宗来阐发禅宗，借用儒、道来弘传佛法的根本动因。尽管身处其中的憨山德清对此未必有明确的认知，但他宗教合一、禅净双修、三教互参的实际作为事实上已经开启了佛教近代化的理性转向。

二、憨山德清禅学思想

明末传统禅宗机锋应对的模式已经被当时的狂禅倾向所滥用。此外，禅宗凋敝，缺少可堪承当的师资。在这种整体趋势下，憨山德清的开示逐渐弱化了唐宋以来禅宗机锋棒喝的谈玄说妙倾向，更多转向踏实平直的说理与劝诫。

《憨山老人梦游集》卷二“答郑昆岩中丞”一段，是憨山德清禅宗理念最为集中的表述，也是其禅宗风格的典型呈现：

> 以心体如镜，妄想攀缘影子，乃真心之尘垢耳。故曰想相为尘，识情为垢。若妄念消融，本体自现。譬如磨镜，垢净明现，法尔如此。但吾人积劫习染坚固，我爱根深难拔。今生幸托本具般若，内熏为因，外藉善知识引发为缘。……现前种种境界，都是幻妄不实，唯是真心中所现影子。如此勘破，就于妄念起灭处，一觑觑定。看他起向何处起，灭向何处灭。如此著力一拶，任他何等妄念，一拶粉碎，当下冰消瓦解。切不可随他流转，亦不可相续，永嘉谓要断相续心者此也。盖虚妄浮心，本无根绪，切不可当作实事，横在胸中。起时便咄，一咄便消。切不可遏捺，则随他使作，如水上葫芦。只要把身心世界撇向一边。……话头用力不得处，观心照不及处，自己下手不得，须礼佛诵经忏悔。又要密持咒心，仗佛密印以消除之。

唐宋禅宗开示多是指东说西、譬喻隐语，以不说破为巧妙，以直白开示为下乘。以此观憨山德清所为，未免有老婆心切之嫌。其实形势所迫，不得已而为之。憨山德清对郑昆岩这段开示甚为繁复，以上所引仅其概要，然其中已经涵盖了禅宗最重要的经典及观念。第一句所谓“心体如镜”，便是一个重要的禅宗命题，其渊源至少可以追溯到《大乘起信论》。《大乘起信论》对中国佛学影响之大如何估计都不过分，其中讲道：“众生心者，犹如于镜，镜若有垢，色像不现。如是众生心若有垢，法身不现故。”《大乘起信论》的镜喻还有些唯识宗的预设，认为人的智慧和智慧所观照的内容（法性）有所区别，所以才会认为众生心若有垢，则法身（法性）不会显现在镜中。憨山德清所援引的镜喻，已经完全是如来藏学说的衍生，其中智慧与空性在此合为一体，因此垢尽则明（智慧）现。除了这个区别，它们对于镜喻的理解基本一致：都认为人的光明本性被无明妄想所遮蔽，去除遮蔽即可恢复清净本然。至于现前种种境界皆虚妄不实则是唯识宗强调的内容。《大乘起信论》对于唯识宗的学理有所涉及，根源来自《楞伽经》。《楞伽经》是唯识宗重要的经典之一，后来菩提达摩以 4 卷本的《楞伽经》作为禅宗的重要参考文献。憨山德清从《楞严经》耳根圆通法门悟道之后，曾经解读《楞伽经》，作《观楞伽经记》，认为此书“言言皆发明离心意识境界”，是禅宗证悟的关键所在。明了境界虚妄的道理，不将妄念当作实有，则能于妄想起灭处既不遏制又不追随。如果依照如上理念不得其门，憨山德清退而求其次，认为可以礼佛诵经忏悔，甚至可以持诵密咒依仗佛力加持。从这种思路出发，憨山德清倡导禅净双修，未必没有借用念佛来消除业障的用意。

通常而言，憨山德清所谓禅净双修还是以禅宗为根本，念佛只是辅助。以念佛为净心手段辅助参禅，可以追溯到禅宗第四代祖师司马道信（580—651）。但唐代禅宗念佛只是简单的净心，并没有往生净土的意义。明代禅净双修则不然，念佛一方面可以净心，有益于参禅；另一方面则预防参禅无成而流落轮回。憨山德清禅净合流的思想，用禅宗的内涵重新诠释了净土，指出“念佛求生净土一门，元是要了生死大事”，为流于形式的念佛往生法门注入更深层的含义。更为重要的是，他为禅宗修证法门塑造了念佛的形式：“念佛审实公案者，单提一声阿弥陀佛作话头。就于提处，即下疑情，审问者念佛的是谁？再提再审，审之又审，见者念佛的毕竟是谁。如此靠定话头，一切妄想杂念，当下顿断，如斩乱丝。更不容起，起处即消。唯有一念，历历孤明。如白日当空，妄念不生，昏迷自退，寂寂惺惺。”① 宋元盛行的参话禅，所参公案话头往往是不可以

① 《憨山老人梦游集》卷九。

理智解析的无意义语句，诸如“狗子无佛性”“庭前柏树子”等。这种无意义的话语固然阻塞妄想分别，但也出现了不易把握的弊端。憨山德清提出以佛号代替公案话头是禅宗历史上的重要转折，可谓因此从参话禅转而为念佛禅。念佛禅源自参话禅，起疑情是其中的关键所在。但是念佛禅尽量避免参话禅贪玄求妙的弊病，更多强调平实安稳的收益。从内涵来看，念佛禅在某种程度上又回到了早期禅法观想禅定的风格。念佛只是观想的方便手段，最终目的是达到“一念孤明，妄想不生”的境界。在憨山德清的开示当中，很多地方都引用了唐代永嘉玄觉的观点。永嘉玄觉本身兼有天台宗和禅宗两重身份，可以看作是教下与禅宗融汇的代表。

总而言之，憨山德清思想中禅教合流、禅净互补、三教互通的理论，其目的都在于重新构建禅宗的修学体系。他试图通过援引佛教各宗如唯识宗、天台宗和净土宗义理上的确定性和实践上的操作性，来弥补当时禅宗风气中任意发挥、不切实际的狂禅之弊。他的努力在当时取得了显著成果，明末禅宗为之一振。就后世而言，明末之后的禅宗基本上延续了憨山德清的整体思路，通过援引佛教教义和早期禅定来辅助禅宗的修行。自此之后，禅宗不再固守与教下各派对立的姿态，而是与其他各派形成密切的互动。就佛教之外的影响而言，通过憨山德清的努力，禅宗展开与儒道两家更为深入和密切的交流，使得禅宗的影响越过佛教门墙的限制，成为整个社会文化领域的主流话题之一。

三、憨山德清的书法理念

书法理念在明代有重大转变，从恪守法度逐渐变为自抒胸臆。其背后原因，还是源于近代个体主义自由思考的兴起。这种自由思考的潮流，对于传统权威不啻一种挑战。为消除此挑战在佛教内的不良影响，憨山德清倡导禅净双修法门以作为应对，试图将日常行为重新纳入传统的规范之中。对于书法理论，憨山德清并没有集中阐述，但散落在诸多言论中的书学观念同样呈现出他的这种基本文化立场。

当时佛岭乾首座刺血手书《华严经》，以此作为庄严佛土之净业，并请求憨山德清予以开示。憨山德清反问道：“尔以书写纸墨为经乎？语言文字为经乎？以运动折旋为净业乎？以点画分布为净业乎？若以书写纸墨为经，则市肆案牍无非大经。若以语言文字为经，则谈呼戏笑世俗文字无非妙理。斯则本无欠缺，又何庸书？若以运动折旋为净业，则日用寻常咳唾掉臂，无非观音入理之圆通。若以点画分布为净业，则迎宾待客，举箸拈匙，无非普贤之妙行。如是则本自具足，又何别求？……况一字法门，海墨书而不尽。尔欲以有限之四大，涓滴之身血，刹那之光阴，而欲写无尽之真经，作难思之佛事。是犹点染虚空，扪摸电影也！尔其参之。”[①] 刺血写经在明代佛教内部成为一时风尚，憨山德清32岁时也曾经刺血写《华严经》。但他在这段论述中对于乾首座刺血写经似乎有所质疑：究竟何为写经？或者说写经的意义何在？这个问题以往佛教界的确没有认真审视。从佛教传入中国开始，写经就作为积功累德的修行，被广为传颂，因此佛教写经在艺术上取得了非凡的成就。憨山德清提出的疑问将写经意义引入深层思考：若是以纸墨语言为功德，世俗语言文字同样具足，何必写经？若以书写的动作点画为功德，那日常举措布置同样是清净妙理，与写经何异？况且佛教妙理超脱文字，穷尽笔墨无法企及，何以能凭一身一时所写得其真义？书写佛经乃是虚幻不实的现象，而它所试图达到的是真实不虚的佛理，憨山德清之问揭示出在这两者之间存在的张力。他并没有否定写经的意义，只是希望修学者不要以文字书写为满足，而应该更进一步思考其中的意义。

在这段论述中，憨山德清揭示出两种视野：或者是从形而上究竟佛理来看，一切皆是圆满无碍；或者从形而下所作所为来看，一切皆不足为取。如何跨越两者之间的鸿沟，还需要亲自参究一番才能弥合。憨山德清的论述动机固然是为了劝人参究禅理，然而其中的观念也通于艺理。艺术作品本身是有局限的，它所采用的材质、创作者的能力和时代背景都决定了艺术品存在各种限制。然而艺术品本身所要表达的内容是普遍性的理念，那么在形式与内容之间就存在显著差异。优秀的艺术品能够跨越这个鸿沟，在有限的形式之中表现出近乎无限的内涵，从某种意义上来说即解决了形上与形下、永恒与刹那之间的矛盾而达成统一。

艺术既可以呈现真实，反过来也可能遮蔽真实，这是憨山德清对于艺术的独特理解："今麟禅人，用滴血书此经。是明见而后书之耶？抑因书而后明见耶？犹然书之欲见，而未及见耶？若明见而后书，则不待操觚，全经已具，如临宝镜。又岂淋漓翰墨，区区于简牍文字之间耶？若因书而后明见，则现前日用，妙境全彰，似悬珠网。又岂昏沉业识，茫茫于水月空华之界耶？若书之欲见，而未及见则析骨为笔，剥肤为纸，刺血为墨。点染太虚，挥洒金屑。岂不重增迷闷，枉历辛勤？”[②] 对于明心见性之士而言，即便不书写佛经，其中的道

① 《憨山老人梦游集》卷三。
② 《憨山老人梦游集》卷三一。

理也了然于胸；但若是试图仅仅通过书写佛经来洞见佛性，那便如同在本来明澈的眼睛之中洒入金屑。以传统禅门的理念而言，金屑虽贵，在眼亦病。刺血写经固然是好事，然禅宗向来以为好事不如无事。所谓无事并非无所事事，而是做过即休，不动心念。憨山德清这段论述借写经谈禅理：执着于写经则写经为障碍，不以写经为功德反而是无上功德。其实艺术创作的道理也与之类似：若是以创作为目的则不容易取得理想艺术效果，无心于创作反倒是能曲尽其妙。

憨山德清书写挥洒时，对此无心无执之理念亦有明确的自觉："昔山谷老人，善擘窠大书。凡有以佳纸精素求书者，必书此偈以遗之。足知古人于此中得真意者，别自有解脱门，非言语可到也。余于辛丑夏日，病起，趺坐藤床。宝贵以此纸求书七佛偈，余是夜梦侍一伟人作书。予初握管自会，有矜持状。其人笑谓之曰：书法政不尔。字始于虫文鸟迹，原非有意求好也。余在梦中，观其用笔之妙。运动之势，非凡情可想象者。觉来犹恍忆，遂乘兴书此，乃学梦中人也。"① 宝贵禅师以上佳纸墨向憨山德清求书七佛偈，憨山德清不期然想到北宋禅人书家黄庭坚也喜好在佳纸精素之上书写七佛偈，现今庐山之上依然存有黄庭坚所书七佛偈的碑刻。因为纸张精致，所以憨山德清夜梦欲书时颇为矜持谨慎。此时梦中有一高大之人笑曰"书法切勿有心求好"，并示范用笔挥洒之奇妙。憨山德清醒来犹记得梦中伟人挥洒之妙，遂乘兴书七佛偈与宝贵禅师。且不论这梦境是真是幻，其中所呈现之艺理已足够清晰：有心为书，书必不佳；无意为书，书未必恶。憨山德清此处暗示的无心境界与艺术理念中的无意于书乃佳之说有内在的契合。

四、憨山德清墨迹

憨山德清参禅之暇留心翰墨，一方面是出于个人的爱好和教育背景，另一方面也有借笔墨做佛事的动机。"书为心画"，憨山德清的墨迹从某种程度上解析起来，正是其禅宗理念的直观呈现。

憨山德清早年接受了良好的教育，不仅谙熟佛典，对世间儒道两家典籍和诗词、书法也有涉猎。《题雪浪恩公所书千字文后》中讲到，憨山德清与雪浪恩兄年轻时共同读书写字。② 32 岁时，憨山德清为报父母恩刺血写《华严经》，可

① 《憨山老人梦游集》卷三二。
② 同上。

知当时书法已经颇有造诣。随后一段时间，他"刻意书经，无论点画大小，每落一笔，念佛一声"。游山僧俗来拜访，他虽然不失应对，然而手不停书而无错落。邻近修行人以此为异，甚至故意来打扰，但依然无法妨碍憨山德清一心不乱的写经境界。从艺术的角度看，他在这一时期的大量写经经历，无意间使其书法技巧达至精熟之境。

但他对书法理念上的感悟，发生在晚年颠沛之际。据憨山德清自述，晚岁之后他才明确意识到书法艺术同禅宗悟境之间的关系：

> 余平生爱书晋唐诸帖，或雅事之。宋之四家，犹未经思。及被放海外，每想东坡居儋耳时，桄榔庵中风味，不觉书法近之。献之云，外人那得知此语，殊有味也。书法之妙，实未易言。古来临书者多，皆非究竟语。独余有云：如雁度长空，影沉秋水。此若禅家所说，彻底掀翻一句也。学者于此透得，可参书法上乘。①

憨山德清说自己平生爱书晋唐诸帖，可见其书法基本风格倾向于王羲之、王献之所确立的主流帖学立场。只是对于宋四家，他早年并没有留意。他所谓的晋唐书风，并非魏晋风范式的纵横不羁，而是唐人所固化的教科书式的二王体系。宋代诸子，其实是对唐代这种刻板理解的反动。其中透露出的信息是，憨山德清对于书法法度的侧重一度超过了对于书法表意功能的关注。但是这种情况在他晚年有所变化，在流放之际，他与有类似经历的苏轼产生了共鸣，不自觉间其书法也开始向宋人趋近。宋人书风尚意，并非全无法度，只是不为法度所束缚而已。魏晋时有人对王献之的书法提出质疑，王献之答道："外人哪得知？"王献之的回应一方面体现出魏晋名士的洒脱自信，另一方面也体现了理解书法的难度。憨山德清晚年颇喜此说，又赋予了其禅宗的含义。在他看来，书法中法度规则的部分是共识，因此可以言传身教。但书法还有难以言传的部分，这部分内容需要个人自悟自证才能领会，从这个角度看，书法的道理与参禅自证自度颇为类似。更进一步而言，憨山德清晚年的整个艺术理念都与禅宗有着显著的共鸣：

> 昔人论诗，皆以禅比之，殊不知诗乃真禅也。陶靖节云：采菊东

---

①《憨山老人梦游集》卷三九。

篱下，悠然见南山……山气日夕佳，飞鸟相与还。末云：此中有真意，欲辩已忘言。此等语句，把作诗看，犹乎蒙童读上大人、丘乙己也。唐人独李太白语，自造玄妙，在不知禅而能道耳。若王维多佛语，后人争夸善禅。要之岂非禅耶？特文字禅耳。非若陶李，造乎文字之外。[1]

在这段对诗歌的论述中，憨山德清将诗歌提到了很高的位置。以往文论以诗中有禅为至高境界，憨山德清别具慧眼地指出：诗即是禅。作为一位德高望重的禅师，他的观点值得重视。他区分了两种诗人：一方以陶渊明、李白为代表，诗歌中并无明显的禅宗语句；另一方以王维为代表，诗歌中多用佛语。在憨山德清看来，陶渊明、李白诗的表面并没有禅宗的痕迹，但如果仅仅将其看作文学作品未免过于浅薄。陶、李不著禅宗一字反而尽得禅宗意境，此所谓"不知禅而能道"。王维诗中多佛语，虽然后人多赞其通禅，但憨山德清认为此不过是文字禅而已。陶、李与王维都是以文字传世，为何前者超越文字禅直指实相？盖王维文字尚有痕迹法则可以测度，而陶、李之诗不可以常理分别思议，这是禅法的境界差异，也是艺术高下的关键所在。

以憨山德清当时的影响推断其书法作品理应不少，但如今只有《憨山大师自书六咏诗》、《明德清行书证道歌》(1611)、《示寒灰奇小师住山法语》、《憨山自书抒怀诗十首》(1610)、《憨山法师手书遗偈》、《憨山老人山居诗》[2] 等数种存世。1921 年有正书局曾印行《明憨山大师墨宝》一书，收集憨山德清手迹数种，但此书当今已不多见。

当代书家启功曾经有《论书绝句》百首，其中第 83 首专门对憨山德清的书法进行了评价，诗中写道："憨山清后破山明，五百年来见几曾。笔法晋唐原莫二，当机文董不如僧。"诗中涉及四位明末的重要书法家：憨山清即憨山德清，破山明即破山海明，文即文徵明（1470—1559），董即董其昌（1555—1636）。破山海明随后有专文论述，文徵明和董其昌的书法风格稍微叙述一下才能明了启功诗中所指何在。

文徵明生活在明代中期，董其昌生活在与憨山德清很接近的明末。如果不算明末的王铎、倪元璐等人，那么明代书坛最具代表性的就是文徵明和董其昌。后世效仿两家的不在少数，二人书法可看作明代书法的两种主流范式。

① 《憨山老人梦游集》卷三九。
② 中国佛教图书文物馆藏编号为"法字 0242 号"，系周叔弢生前捐赠之物。

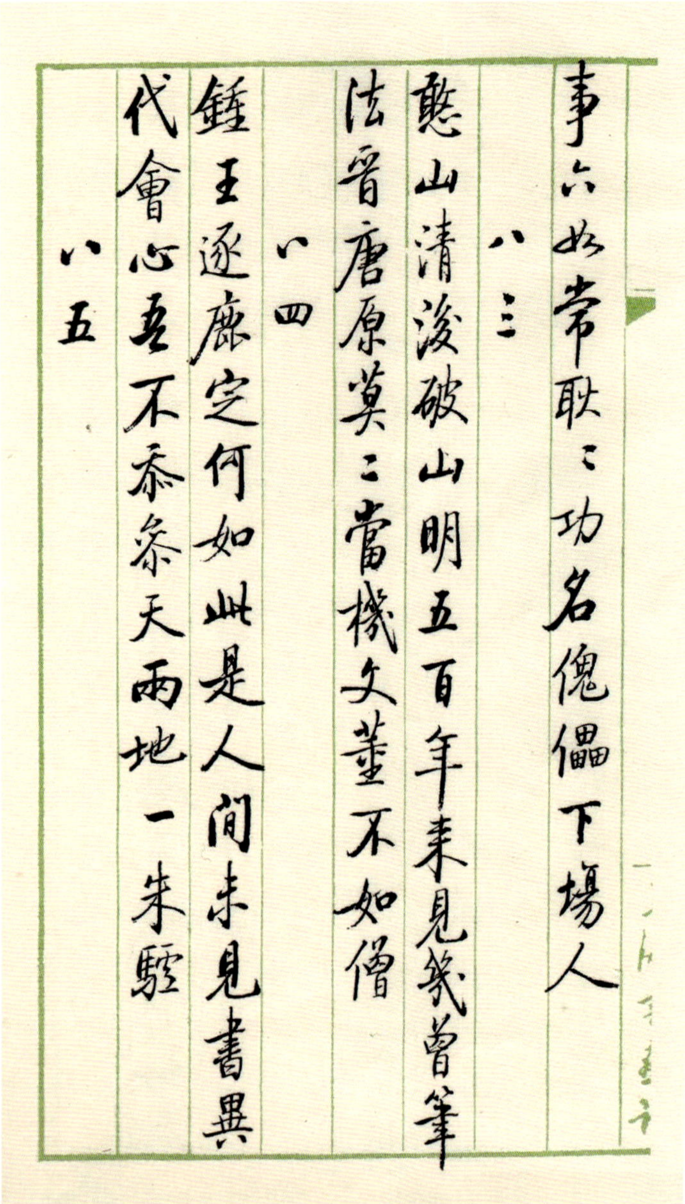

图 4-1 《论书绝句》部分，启功

文徵明是明代著名艺术流派吴门派的重要代表人物，其诗词、书画皆为一时之选，他可以看作是吴门中最全面的艺术家。因为健康长寿，文徵明留存下来的艺术品非常丰富，加上他的后代多具书画造诣，因此其艺术风格对后世有非常显著的影响。

《行书傍市柴门镇日开七律诗轴》可以看作是文徵明风格的表现，用笔娴熟而优美，点画清秀优雅又不失厚重，结字在合乎规则的基础上不乏局部的变化，章法稳健的同时略有险峻。同文徵明的其他作品类似，这是一件几乎没有缺陷的书法佳作。然而，其中也没有令人心荡神摇的意外之笔。当观看文徵明第一件作品的时候很难不为他的精熟周到所折服，但是当面对一批文徵明作品的时候很容易产生单调无聊的感受。元代赵孟頫等人倡导复古，然而元代诸位书法家并没有被二王或者唐人作品的表面形态所困，每件作品都呈现出或细微或明显的差异。但很明显文徵明将前人书法的形态给予了程式化的处理，所以他的作品风格才会千篇一律。

若是单纯从书法技巧而论，憨山德清的作品并不比文徵明的更为娴熟。但是启功为什么认为

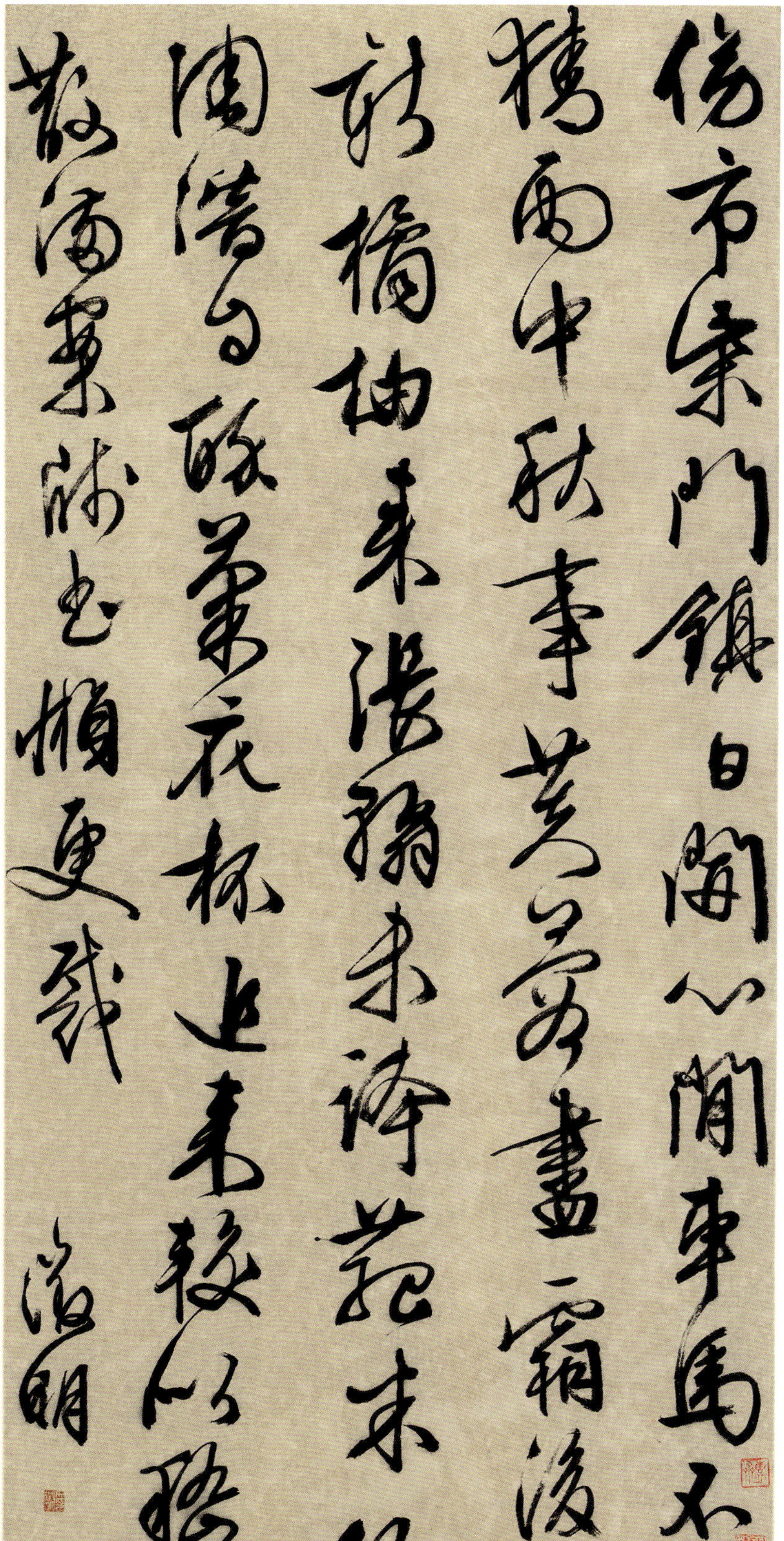

图 4-2 《行书傍市柴门镇日开七律诗轴》，文徵明，明，纸本，立轴，纵 132 厘米，横 61.5 厘米，天津市博物馆藏

释文：

傍市柴门镇日开，心闲车马不惊猜。雨中秋事芙蓉尽，霜后时新橘柚来。张翰未夸菰米饭，陶潜自醉菊花杯。近来较似嵇中散，满案牋书懒更裁。徵明。

憨山德清的书法作品水准在文徵明之上？其中根本原因在于，憨山德清的墨迹当中保留了更多天然本真的元素。

憨山德清跟文徵明一样都是取法于二王，只是文徵明在王羲之《兰亭集序》上用功较多，而憨山德清取法基本来自集王书《圣教序》。文徵明对于二王的理解跟通常的审美观念十分吻合，毕竟他是以此为生的职业书家，不能不考虑受众对作品的评价。这种风格以优美均衡为主导，偶尔有些细节上的精巧为辅助，可谓雅俗共赏。文徵明本身具有把握这种风格的高超技巧，更重要的是这种风格已经形成良好的反馈，因此就将其作为范式固定下来。这样做的后果就是，虽然文徵明的大部分作品都在基准线以上，但是很难在其中寻找到超乎寻常的惊世之作。憨山德清 65 岁时所书的行书《证道歌》（即《明德清行书证道歌》），虽然算不上是惊世之作，但并不同于文徵明“流水线”式的作品。在《证道歌》墨迹跋尾，憨山禅师写道：“永嘉大师初到曹溪见六祖，机锋迅捷，如脱索狮子，自在无畏，一言印证，即抽身便行，因强留一宿，故号：一宿觉。退而便作此歌。所谓法门龙象，非跛驴所及。千载之下，想见其风神。余料理曹溪，以缘散谢事，时放舟东下，因思古人风规，如永嘉之见曹溪者，能复几几？遂书证道歌一首，以追思绕床三匝、振锡而立时也。后生晚辈能知予动法古人，则于一切行业必不辜负本有矣。万历辛亥（1611）九月望日，憨山老人书于湞阳舟中。”《证道歌》世传为六祖弟子永嘉玄觉所作，其中于禅宗法诀有精辟指点，历代禅宗对其传颂不止。憨山德清于 50 岁遭诬陷流放时就路过曹溪，见六祖道场破败而心有不忍，约 55 岁时开始复兴曹溪寺，数年之内便使六祖道场复兴重光。随后憨山德清很洒脱地离开了曹溪，可谓功成名遂而身退。这件作品写于复兴曹溪禅寺之后东去的船上，旅途中条件可想而知，纸笔都算不上精良，但其中的立意值得关注。所谓“因思古人风规……动法古人，则于一切行业必不辜负本有矣”，可见憨山德清书写《证道歌》的动机在于以永嘉玄觉为典范，试图恢复六祖时代禅宗的盛况。其本意并不是要创作一件书法作品。在书法艺术的视野当中，苏轼所言“书无意于佳乃佳”是普遍有效的命题：只有不把书写当作目的时，书写才能合乎它作为艺术的目的性。的确，历史上最优秀的书法作品大多不是以书法为目的而创作出来的。

这种书写的境界，从内在的角度来看可以称作“无念”。按照《六祖坛经》的解说，所谓无念并非一念不思，而是于念而离念。憨山德清所经受的书法训练，使得他在书写的时候不可能完全没有书法法则意识，在《证道歌》之中我们可以很清晰地找到集字式王羲之风格的痕迹。然而这不是关键所在，最应该

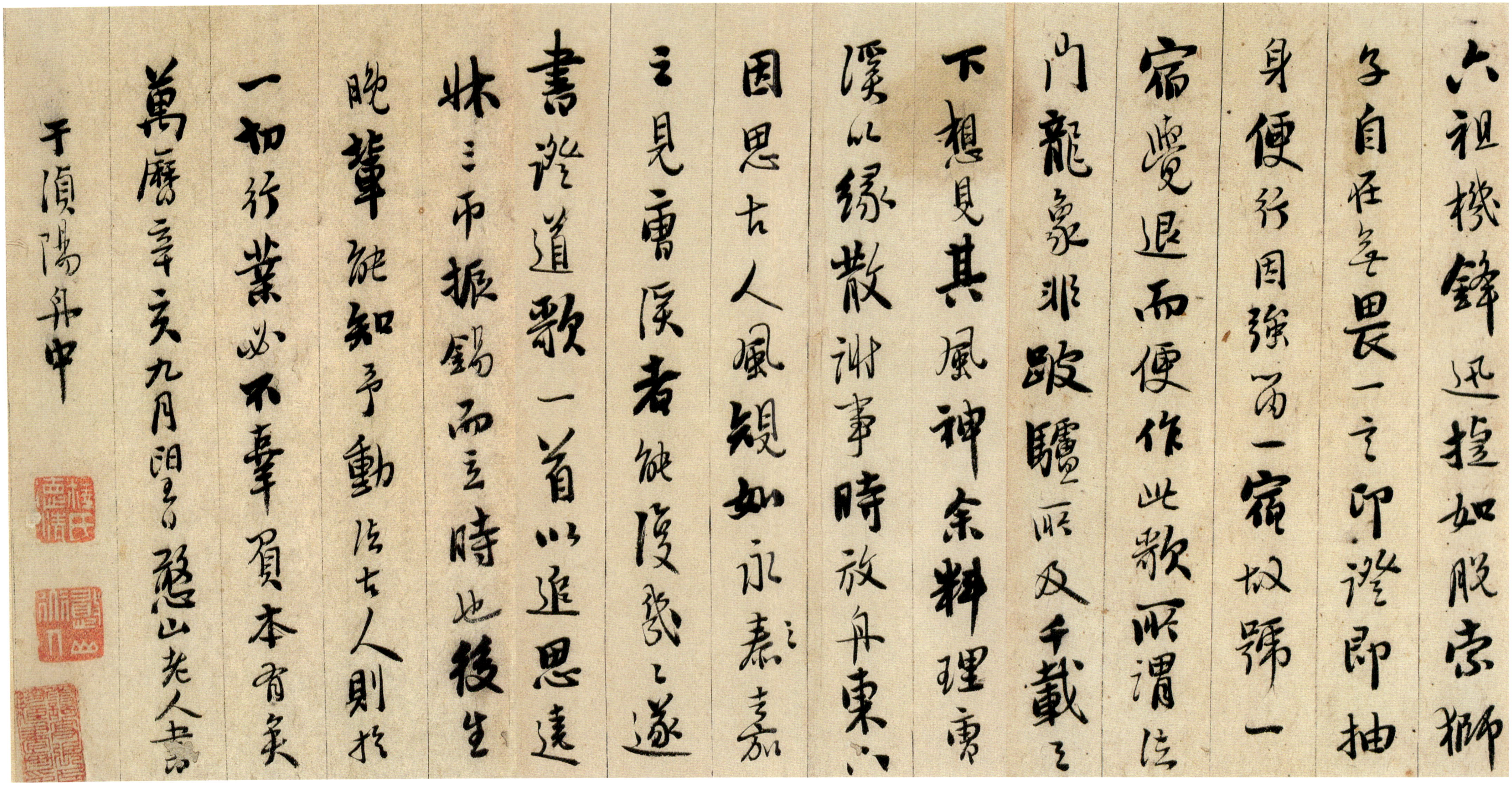

图 4-3 《明德清行书证道歌》(局部)，憨山德清，明

注意的是他在基本书写法则之上所表现出的天然、自由和变化。《圣教序》对《证道歌》的影响只是个大意，在很多用笔和结字上，憨山德清可谓是随字而赋形，根据这个字本身的形态以及上下文的连贯而赋予它独特的形态，并没有严格按照既定的范式来刻画。如果说他对《圣教序》的吸收可以看作是立象尽意，那么在此基础上的自由发挥就可以看作是得意而忘象。立象尽意是念，得意忘象则是离念，于立象尽意而进一步得意忘象，则是臻于念而离念的无念境界。执着于念和离念境界，在艺术作品表现形态上的差异，至少可以从作品细节的丰富性上来区分。文徵明的作品可以看作是执着于念的典范，工整而稳定，很容易形成良好的第一印象，但缺少吸引人反复深入的细节。《证道歌》给人的第一印象恐怕并不惊艳，甚至还会让人觉得其中有些病笔，但是越仔细欣赏越发现其中蕴含着丰富的细节和复杂的变化。这种丰富的细节和复杂的变化并不是憨山德清刻意为之，乃是他无心于书写过程而自然产生的结果。当然，这种出人意料的结果离不开他前期专注而刻苦的书法技法锤炼。

对于书法的无意境界，世俗书法家也有所领会，譬如与憨山德清同时代的董其昌。对于禅宗与书法艺术的结合，从创作和理论两方面都予以呈现的书家，除黄庭坚之外，数董其昌最为典范。在《画禅室随笔·禅悦》中，董其昌自述其参禅经历："余始参竹篦子话，久未有契。一日，于舟中卧念香严击竹因缘，以手敲舟中张布帆竹，瞥然有省，自此不疑从上老和尚舌头，千经万论，触眼穿透。是乙酉年五月，舟过武塘时也。其年秋，自金陵下第归，忽现一念，三世境界，意议不行。凡两日半而复，乃知大学所云，心不在焉。视而不见，听而不闻，正是悟境，不可作迷解也。"竹篦子即禅堂当中警策学人的禅板，禅师经常以竹篦子为道具来考察学人的境界。《五灯会元》卷一一记载：

> 汝州叶县广教院归省禅师……参首山，山一日举竹篦，问曰："唤作竹篦即触，不唤作竹篦即背。唤作甚么？"师掣得掷地上曰："是甚么？"山曰："瞎！"师于言下，豁然顿悟。

这段公案最重要的地方在第一句问话：如果我们将禅板称作禅板，那么犯了固定概念的错误；如果不将禅板称作禅板，则违背了通行的用法。首山禅师用禅板做道具将学人陷入两难境地，除非有非同寻常的手段，否则难以脱困。后来大慧宗杲重提竹篦子公案，使之成为禅宗常见公案之一。董其昌自称参究竹篦子公案多年，说明他自早期便留心禅学。万历十三年（1585），董其昌时年虚岁 31 岁，屡试不第之后无意间于禅宗法门豁然有省，对佛教义理有了透彻的理解。同年秋，董其昌深入禅定境界，对佛儒共通有了切身的体会。荣登仕途之后，董其昌依然醉心参禅，与陶望龄、袁宗道等人探究佛理，后又与李贽交好并互推悟境。34 岁时董其昌有幸遇到憨山德清和达观禅师，据说他还曾经见过紫柏真可禅师。可以说明末重要的居士和禅僧都与董其昌有不浅的缘分。董其昌根据禅宗南北两派分立的状态，将绘画也分为南北两派，认为写意的南派胜过写实的北派。他的南北两宗论对后来画坛影响很大，但是将绘画分为南北两派并举南抑北并不妥当。就如同后来书坛尊北碑而贬南帖，只是具有启发的一时激愤之谈，虽饶有趣味，但毕竟失之公允。

明代中叶祝允明、文徵明等人的书法，仍是继承前人的元素更多一些。而明清之际王铎、倪元璐的书法则基本属于超脱古法独立一派。董其昌的书法恰好处于其间，既有古典书法的温文尔雅，又有近世书风的随意洒脱。董其昌对于自己这种风格的形成有清醒自觉，他充分意识到禅宗理念对书法创作的启发，在《画禅室随笔》中写道：

> 大慧禅师论参禅云："譬如有人，具万万赀。吾皆籍没尽，更与索债。"此语殊类书家关捩子。米元章云："如撑急水滩船，用尽气力，不离故处。"盖书家妙在能合，神在能离。所欲离者，非欧虞褚薛诸名家伎俩，直欲脱去右军老子习气，所以难耳。哪吒拆骨还父，拆肉还母，若别无骨肉，说甚虚空粉碎，始露全身。晋唐以后，惟杨凝式解此窍耳。赵吴兴未梦见在。余此语悟之楞严"八还"义。明还日月，暗还虚空。不汝还者，非汝而谁？然余解此意，笔不与意随也。甲寅二月。

董其昌写下这段话时已 60 岁，无论从创作上还是从理念上看都已经成熟。文中貌似探讨禅学，最终还是落脚到书法。大慧即北宋著名禅德宗杲禅师，他打比方说明参禅法门：譬如某人拥有万贯家财，不仅要全部没收，而且还要向他索债！已经万贯家财尽去，如何还债？这既是禅宗公案，也是书法必须面对的难题。从书法的角度解释，所谓万贯家财，指书家对历代经典作品的吸收，是学习书法的巨大财富。然而这种财富从某个角度来说未尝不是一种负担，使得学书者不敢越雷池一步，终究无法形成自己对书法的理解。董其昌对此困境提出的方案也来

自禅宗：不仅要脱去唐代名家的伎俩，而且要脱去来自王羲之的习气，直到虚空粉碎才能显现出自己的面貌。最后他借用《楞严经》总结道：古人的还给古人，直到无可归还的境地，当然就是自家面目了。

董其昌的观点对于当时和后世书学都产生了深远影响，成为近代书论中最引人瞩目的阐述之一。其中原因在于，他在尊重古典和发挥个性之间找到了有力的理论依据，并且他本人的创作也充分证明了该理论的有效性。从董其昌的作品中可见，他的用笔结字都没有违背古典书法的基本准则，但同时具有明显的个人色彩。形成这种效果与董其昌用笔的自然和结字的随意密切相关。除个别楷书作品之外，通常董其昌的用笔非常丰富，随着点画的运转而有不同的用笔模式，并不恪守僵硬的中锋模式。因为他用的纸比较光洁，所以从墨迹中可以清晰分辨出笔锋在中线两侧多变的摆动痕迹。虽然用笔摆动自然，但他并不违背基本的笔法，即便细若游丝也不显单薄。就结字而言，董其昌之作宽松错落，随字赋形且因字成篇，并无固定的模式。以《酒德颂》为例，从字形上看，他虽没有刻意据守中宫，然并不显零散，通篇虽行距、字距舒朗，但又有整体的凝聚，既不为固定的字形所困，也不刻意区别于通行的写法。因此他的书法可谓雅俗共赏，清初甚至一度成为风尚。

憨山禅师对于禅宗的体悟当然在董其昌之上，但是就墨迹来看，他在书法艺术上并没有像董其昌那样刻意寻求个人的风格。《憨山法师手书遗偈》为憨山德清罕见的立轴墨迹，曾为梁启超所有并题跋。梁启超本人精通书法，但跋中只是提及要以憨山德清道德佛法为珍而未论及此轴的艺术风格。该轴未落年款，从风格看在憨山德清存世作品中最为成熟。《证道歌》有些细节不够严谨，而《憨山自书抒怀诗十首》则稍显拘谨。这件立轴墨迹中严谨的法度和洒脱的意蕴相得益彰，因此可推断为他晚年的作品。

启功在评价憨山德清书法的诗歌后解释道："憨山悬笔作圣教序体，传世之迹，亦以盈寸行书为多。观其行笔之际，每有摇曳不稳处，此正袍袖宽博，腕不贴案所致。而疏宕之处，备饶逸趣。"憨山德清书风来自《圣教序》，表现得非常明显，但是几乎每个学《圣教序》的人对其都会有不同的理解。启功将憨山德清墨迹独特的风格归于出家僧人穿着宽袍大袖，因此书写时只能悬腕。悬腕书写每有摇曳不稳处，无意间合乎晋唐运笔姿态。启功先生的推断有一定道理，出家人宽袍大袖导致悬腕书写的确使得书写姿态更接近古人。但这未必是墨迹饶有趣味的唯一原因，否则出家人应皆擅长笔墨才对，实际上在僧人中擅长书法者也属凤毛麟角。憨山德清之所以能达到"疏宕之处，备饶趣味"的境界，除书写姿态外，

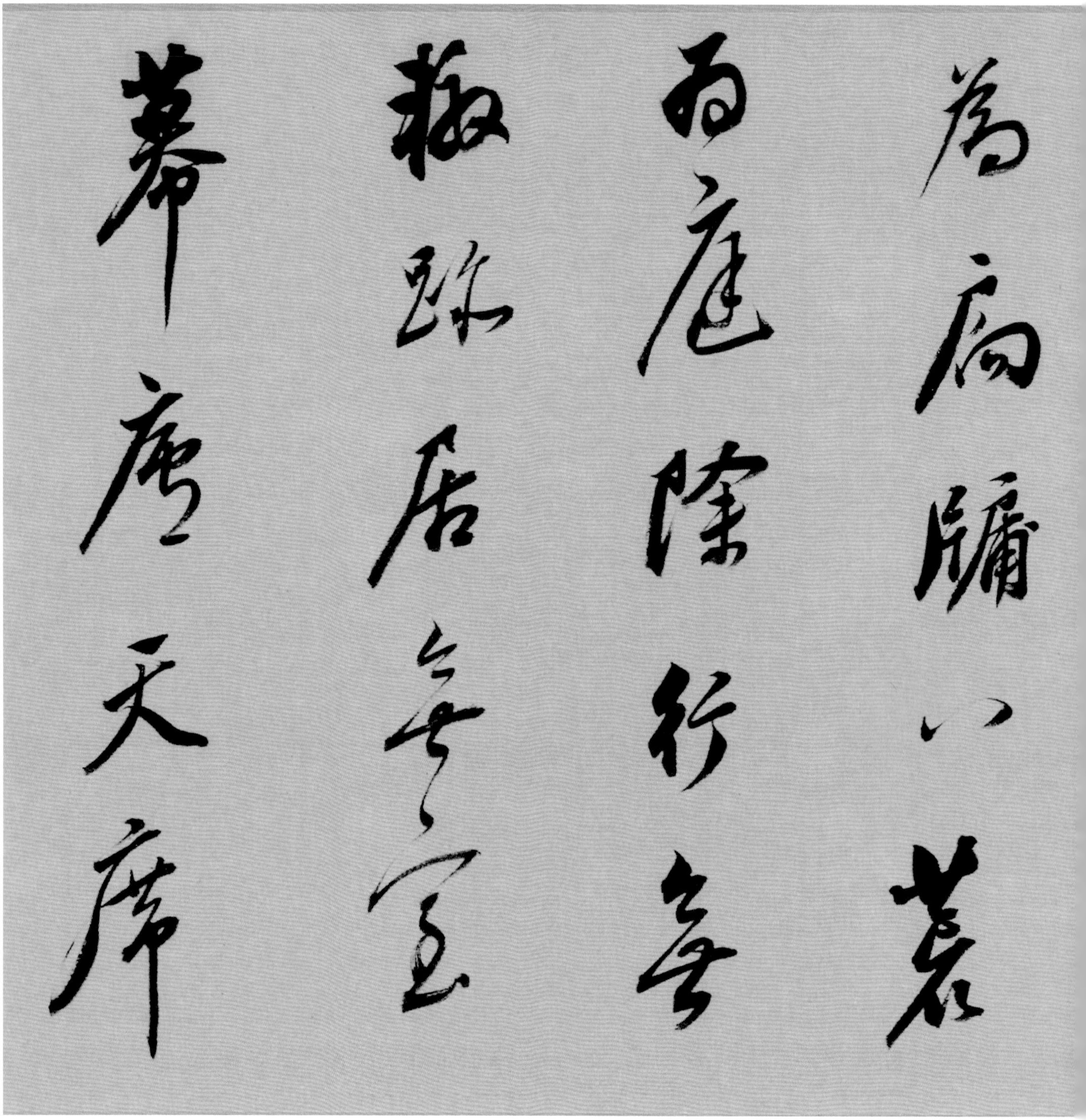

图 4-4 《酒德颂》(局部)，董其昌，明

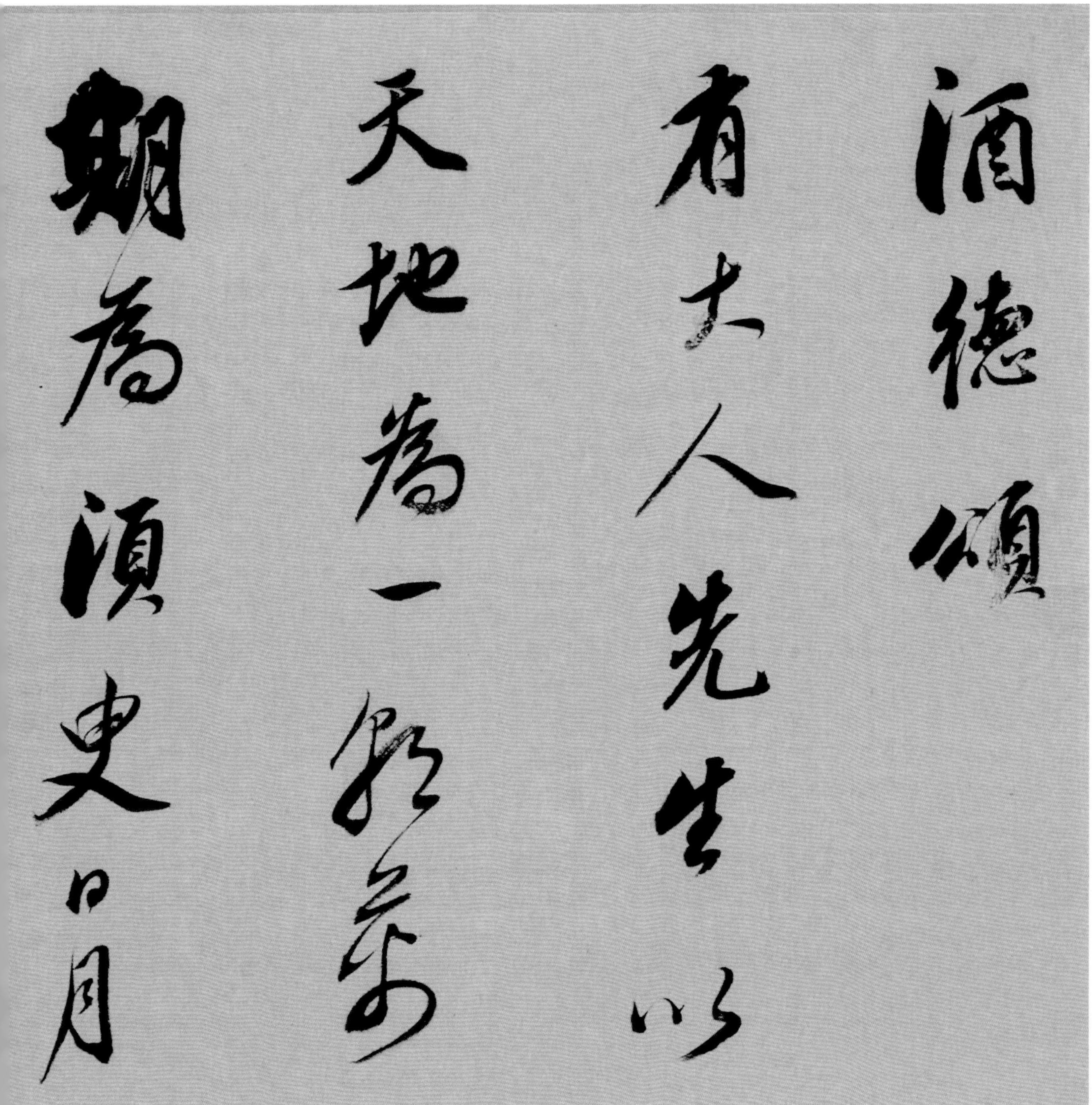
酒德頌
有大人先生以
天地為一朝萬
期為須臾日月

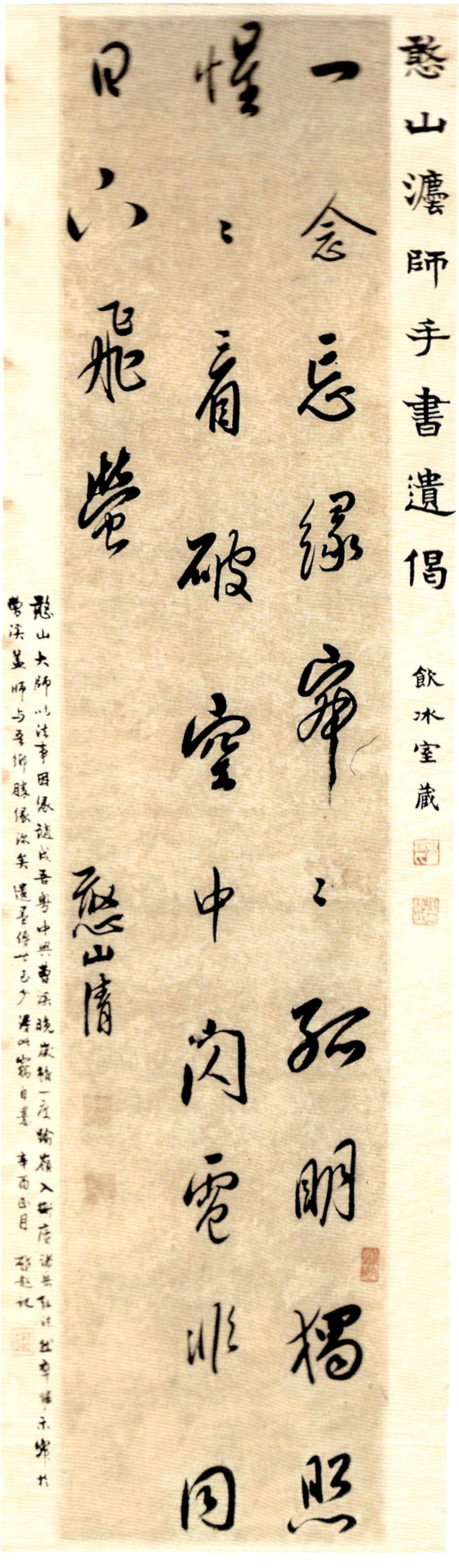

图 4-5 《憨山法师手书遗偈》，憨山德清，明，纵 144 厘米，横 40 厘米，台湾何创时书法艺术基金会藏

释文：一念忘缘寂寂，孤明独照惺惺。看破空中闪电，非同日下飞萤。憨山清。

梁启超跋：憨山大师以法事因缘谪戍吾粤，中兴曹溪。晚岁虽一度逾岭入衡庐诸岳弘法，然卒归示寂于曹溪。盖师与吾乡胜缘深矣。遗墨传世至少，得此窃自喜。辛酉正月启超记。

与其内在的悟境有更密切的关联。

就“疏”而言，禅者书多疏。这种“疏”境，有有形之疏，有无形之疏。

有形之疏可以言传，即用笔、结字与篇章之疏。就总体而言，疏在于似连反断。书写的过程是连续的，禅者墨迹往往从连续中横加中断，但并不妨碍笔势贯通。

从第一印象看憨山禅师的“疏”法，与董其昌有相近之处，其用笔冲淡平和、结体宽松自然、行气舒朗通透。从点画上看，两者都较为含蓄，没有晚明书风中强烈对比的痕迹，这是他们复古思潮的形象体现。就结字而言，董其昌有明显的个人痕迹，以空间对比营造通透感；憨山德清并无个性鲜明的结字风格，大体上延续了《圣教序》的结字，但具体每个字的结构又有微妙的欹侧摆动，从而形成耐人寻味的姿态。严格来说，董其昌的“疏”法还有些有心造作的痕迹，而憨山德清墨迹中的“疏”法则多出自无意而得之天然。就章法而言，憨山德清《憨山法师手书遗偈》立轴字距超乎寻常的远，丝毫不担心字与字之间失去关联。董其昌惯于使用绵延的连带来交代字与字之间的联系，这种连带方式在禅德墨迹中并不多见。憨山德清立轴中字与字的关联全凭借单字蕴含的姿态构成，这就是禅德墨迹章法之“疏”。

以上所言为有形之疏法，至于无形之疏则难以言传。勉强而言，疏境即空境之呈现，不外乎无相、无念与无住而已。无相者于相而离相，超乎法则而又不离法则为无相，世俗书家卓越者也可臻于此境；无念者于念而离念，有心作书而无意成书为离念，书家妙手偶得之作可合于无念之境；无住者无论美丑毁誉并将为空，禅者之书妙在于超脱憎爱、信笔直书、无意于美丑，因此其墨迹往往奇趣迭出，令人遐思无限。此由无住而得奇趣，即启功所谓“宕”。由疏而得宕，可谓“以有空义故，一切法得成”。

第二节 破山海明墨迹

明末四高僧活动的区域主要是中原及江南区域，此外，明清之际西南地区也有一系僧人于弘传佛法上颇有成就，其中以破山海明最为典型。与憨山德清类似，破山海明不仅精通禅学，而且于诗歌、书法亦颇为精通。启功《论书绝句》中所谓"憨山清后破山明"，即将憨山德清与破山海明的书法成就相提并论。其实他们两人的书法风格并不相同，憨山德清墨迹于平正规矩中见奇崛，而破山海明墨迹则于纵横不羁中见法度。从禅法角度看，两者也有明显差异，憨山德清禅教互通的倾向较为明显，援引唯识宗、净土宗、天台宗、华严宗等教理来解释禅宗；而破山海明更多情况下采用机锋棒喝的激烈手段来开示后学。世俗云"字如其人"，从禅宗的角度看，禅师的墨迹风格与其禅风也有内在的关联，可谓"字如其法"，以下试以破山禅师为例对此略做解析。

一、破山海明生平

破山禅师，号海明，俗姓蹇，四川大竹（四川省达州市）人，世家子弟。其高祖原名蹇瑢，深得朱元璋的赏识，赐名蹇义。明惠帝朱允炆即位，升蹇义为吏部右侍郎，属正二品官员。永乐元年（1403），燕王朱棣取代明惠帝称帝，蹇义在数月间由右侍郎升为左侍郎，再被委以六部尚书的重任。明仁宗朱高炽封蹇义为少保，后来又进为少师，赐银章一枚。明宣宗朱瞻基也赐蹇义银章一枚，并在文明门内为他修建了华丽的府第。蹇义73岁逝世，明英宗赠其太师封号，谥忠定公。蹇义之子蹇英，“有诗名，以荫为尚宝司丞，历官太常少卿”。[1]其孙蹇霆为“成化乙未进士，由侍御出为宪佥”。蹇家堪称重庆名门望族，有“蹇半城”之称。破山的父亲蹇宏（弘）为蹇霆之子，家道于此时忽然中落并迁往大竹，其因不明。

破山海明晚慧，据说7岁才会说话，学业表现愚钝。14岁时，双亲去世，自己又多罹疾病，遂坚出世之念。19岁时，依大竹大持律师出家，法号海明。20岁时听《楞严经》似有所悟，但当地无人决疑，遂出川游历。

23岁时，破山海明来到湖北黄梅破头山，住山三载，极力参究禅宗公案，发誓若不明大事绝不下山。然心中疑情终不释然，于是他依照元代禅德高峰原妙的事迹，以七日为限，克期取证。当功夫做到四五天的时候，身心如云浮空，但破山海明并不以此为限，而是于悬崖上立定，忽然人境双忘，眼前唯见平整世界。当他举足迈步时，跌落悬崖之下，于此豁然大悟。

悟道之后破山海明游历四方以印证悟境，26岁时见到了佛门泰斗憨山德清。在破山海明看来，憨山德清运用义理解释禅宗并不能真正洞彻禅宗的关键。明末两位禅宗天才的相遇并无灵光闪现，反以拂袖而去告终。破山海明随后往参博山无异元来（1575—1630），无异元来是曹洞宗默照禅传人，其禅法以绵密平实为尚，与锋芒毕露的破山海明并不相投。后破山海明于杭州报国禅院湛然圆澄法师门下任职，并受具足戒。随后破山海明多次于杭州西山密云圆悟座下参究，32岁时得到密云圆悟的认可而列入曹溪禅法的正式传承，于嘉兴广福寺弘扬禅法。

36岁之后，破山海明回归四川。四川禅宗在唐代曾经非常兴盛，有出自五祖门下的宣什宗，有同样出自五祖门下、由无相禅师（684—762）创立的净众宗，以及由净众宗下分出保唐宗。因此禅宗于巴蜀一带大行其道。然而自宋代圆悟克勤之后，巴蜀禅宗落寞。破山海明回到巴蜀，提持宗风，弘扬直指心印的顿教法，在很短时间内引起了人们的广泛关注，前来求学问道者络绎不绝。他再次振兴了巴蜀禅宗，其影响旁及滇黔。因为他晚年居于梁山双桂堂，这一禅脉后被称为双桂系。

70岁时，破山海明自觉寿数将尽，遂谢绝人事，隐居寝堂。临终时他告诫众弟子：“我生前举止言谈与众不同，辞世也不落俗套。古人坐脱立亡等惊世骇俗，我只是起居如常，以示瓜熟蒂落自然之道。”破山海明去世后，由弟子丈雪通醉集结其法语共12卷，刊行天下。破山海明的弟子有八十七人，宏化于各

---

① 《蹇义传》，《明史》卷一四九。

地，士大夫多从其学禅。可以说破山海明以一人之力，振兴了西南地区的禅宗传承，并确立了西南禅林的基本风格。

二、破山海明的禅宗风格

自南宗一统天下之后，禅宗的内在理念渐趋于同一，但师资教学风格益发丰富。通常来说，禅宗的教学风格主要分为五种，即临济宗、沩仰宗、曹洞宗、云门宗、法眼五宗的五种风格。法眼文益禅师在《宗门十归论》中概括道：临济宗的宗风是互换为机，沩仰宗的宗风是方圆默契，曹洞宗的宗风是敲唱为用，云门宗的宗风是函盖截流。后人概括法眼宗的宗风为一切现成。就细分而言，几乎每位禅师都有自己独特的风格；从大略而论，风格不过两种，即平实说理与奇崛机锋。就明末禅宗而言，憨山德清倾向于平实说理，破山海明则是机锋陡峻的典范。

近代以来的趋势是以合乎逻辑的推论来解释幽深的道理，憨山德清援引唯识发明禅宗，便是对此趋势的顺应。而破山海明未为时风所动，虽偏居西南却大有禅宗古风，每于言辞激烈之际发人深省。其棒喝交加的开示手段，不仅施之于僧众弟子，亦施之于高官居士。

南明王朝的宰相吕大器也是四川人，他为挽救明王朝付出了最后的卓绝努力。吕大器试图向破山海明请教，但因军务繁忙未能成行。于是破山海明亲自前往，一见面便揪住吕大器问："你就是吕相国吗？"这种行为非常突兀无礼，但吕大器还是很客气地接受了。破山海明忽然问道："父母未生你之前姓什么？"历史上禅宗有个很著名的话头，即参究父母未生之前面目。破山海明此问虽然突兀，但也不乏脉络，于是吕大器试图进行解释。没想到破山海明劈头便打，吕大器位高权重，何曾经历此境，于是大怒。然而破山海明棒打不停，吕大器只好逃避。对此破山海明哈哈大笑："听说你喜欢禅宗，原来不过如此而已。"吕大器试图辩解，破山海明对他说偈曰："父母未生前句子，等闲棒着发无明。猛然省得非他物，十八女儿不系裙。"他的意思是，本来佛性需要脱却一切知见方才了悟，不能以高官博学为依靠。吕大器有所领悟，后来写信给破山海明道："承蒙您棒喝交加，我对禅宗的道理有所领悟：一切烦恼无明本空，当下即是本原自性。"破山海明对此颇为欣慰，回信解释说："我们见面的缘分太珍贵，不能不斗胆将最紧要的手段呈现出来。你的见解也不枉费我一片用心，否则咫尺之间也如同陌路了。”一见面便激怒位高权重的当朝宰相，破山禅师可谓有胆；陷入僵局之后又能环转开示，是为有识。电光石火之际能破能立，破山海明将禅宗教学手段之精妙发挥到了极致。

在大部分情况下，破山海明固守传统禅门的激烈教学风格，但有时也用平实的话语将参禅路径一一开示。这恰如憨山德清大部分时候以平实教理解释禅宗，但同时也不乏巧妙机锋的对应。两者之间的差异只是整体风格的偏重不同，并非截然对立。

破山海明曾经明确指出参究中的三种常见弊病：第一种，将他人的理解当作自身的领悟；第二种，将口头伶俐当作真知灼见；第三种，死守话头不知变通。当年他之所以与憨山德清机缘不契，很大程度上是因为二人对于禅宗弊病的判断不同。憨山德清认为当时禅宗的主要弊病在于乱用机锋掩饰无知，破山海明认为最大的问题是以理解替代证悟。基于对弊病的不同认识，两人才采用了不同的传承方式。破山海明认为借用古人理解是最大的危险，他放弃了平实说理的教学方式，采用突破日常思维规范的棒喝诘难来启发后人，以此来杜绝学人用教理惯例来搪塞含混的弊病。

破除参禅之弊后，破山海明又从正面确立了参禅的几个基本原则：“做功夫必须先发三种心：一者信心，信自心是佛故；二者精进心，遇境不退故；三者发远大坚固心，毕竟克果故。如是具此三心，期生死不相干之地，了鬼神觑不破之机，必此而得也。”[1]此三心并非破山海明首次提出，而是历来禅德共同强调的，从中可见禅宗与世俗机锋辩论的不同之处。至于具体如何下手，破山海明继承元代高峰原妙、中峰明本诸禅师的教诲，特别强调生死心切对于参禅之重要。在破山海明看来，生死心切贯穿参禅的始终：对于开始来说，生死心切是出家修道的原因；就随后而言，生死心切是精进不休的动机；参到心识断绝时，生死心切是继续参究的动力。总体而言，生死心切是超凡入圣的关键所在，在此仔细探究才会有解脱的机会。尤其是晚年于双桂传禅之际，破山海明屡屡以生死心切告诫后学，足见此说意蕴非凡。

继承大慧宗杲、高峰原妙的风格，破山海明非常强调起疑情对于参禅的重要性，但是破山海明并没有忽略清净休歇之境的作用。如果说临济一脉侧重机锋巧妙的疑情生发，那么曹洞禅风可以简要概括为平实绵密的死心休歇。破山海明传承自临济一脉，同时也兼顾曹洞风范，只不过其中有先后次第之分。大

---

① 《破山禅师语录》卷八。

慧宗杲之后参话禅渐成禅门主流，经高峰原妙提倡之后俨然非话头不能参禅。破山海明对高峰原妙相当推崇，但以多年教授经验来看，他认为并不是在所有情况下都适合参究话头。在参禅三弊病中，破山海明已经发现当时禅林抱定一句话头、死于句下、不得寸进的情况非常普遍，因此他专门指出对于初学而言，切不要忙着参究话头，因为初参话头不容易得到受用，反而会因为枯燥疲劳而厌倦退转。他提出的禅宗入门方式与曹洞禅风有某些类似："休去，歇去，一切万年去，寒灰枯木去，古庙里香炉去，一条白练去。"休歇放下，一念万年，这是曹洞默照禅法的宗旨，破山海明借此为初参入门的功夫。彻底休歇后才能真正发起疑情，这疑情或是经教未明，或者是公案不透，这就是参禅者本人所独有的话头了。曹洞、临济两种颇有差异的禅修风格在破山海明的修学体系中形成互补相成的状态。

综观而言，破山海明之禅风虽然以激烈高峻为主，但不乏平稳精细之辅助。其棒喝交加之激烈来自临济之正脉，而工稳处缘于他对传统佛门教义和其他禅门宗风的借鉴。因此破山海明能在禅宗教授过程中屡屡化险为夷，处处举重若轻。其门人弟子满西南，固然基于他本人悟境透彻，也缘于其教授手段极高明而不失中庸。

三、破山海明墨迹

破山海明的墨迹与禅宗风范相似，狂放不羁而不逾规矩，不逾规矩而又能时出奇异。这是他墨迹中蕴含的三重境界，寻常之人只见其书之狂放，深通书理之士可从中窥见其法度，更进一步可窥见其中不可思议之变化。这种复杂层次与破山海明禅法给人的印象如合符契：世人见其逢人便打、开口即喝，未免目之为狂禅；继而亲近日久，受谆谆教导，渐晓其苦口婆心；再进一步方明了狂风雨露具含禅机，若因或激烈或平易之姿态而当面错过则实属遗憾。

破山海明生前其墨迹已名满西南，但他并不以书道为意，只是以此游戏笔墨为开示佛理的工具而已。如他开示戒如禅人道："求道不求字，终须成大器。求字不求道，投其人所好。此非学道人，莫令诸方笑。"表面上看这首诗是反对学人向他求字，而不是向他求道，实际蕴含了为己之学与为人之学的道理：若是为自身解脱求道则是正途，若是为他人夸赞而求字则是歧途。他的本意当然是开示参禅的道理，但其思路也通于书法。若以书法为涵养自家身心之技艺，则是书道之正途；若是书写精妙以取悦于世，则未免步入邪路。在另一则法语中，他示惺若禅者道："老僧病，得此子治药，临行乞法语。只得书几字佳志，试问未动念未举笔前，是甚么消息？速道速道。"[1]追问未举笔动念之前是何种境界？这句话无疑是禅宗父母未生之前面目公案的变形，破山海明此处是借书法演禅法。但纯粹从书法角度而言，未落笔之前的意境问题的确是书法的重要问题。简要而言，未落笔之前应当是意在笔先，先有立意，然后才有佳作。但何为"意"却未必易言，精巧布置不是意，空洞无知也不是意。若要彻底领悟并透彻分析意境，或者是于自然物象中得之，或者是于参禅修道中得之。唐以前参悟意境多取诸自然，唐之后参悟意境多借道禅宗。因此禅师多善书并非偶然所得，与其意境之纯熟密切相关。

在另一则示光着禅人的法语中，破山海明讲道："者伙秃儿子不识好恶，到老僧处且不求道，且不问禅，只要求字。殊不知一字一句，深锥痛劄，要人解要人悟。人多以字作障，竟不以字作解。只看老僧未举笔前，是甚么字？若悟此，始信西来大意何关文字。"[2]破山海明提到自己的弟子常到他这里求墨迹。为何不求禅道而求墨宝？盖因为禅道艰难，未必一时顿悟，稍微疏忽便当面错过。而墨迹则不然，虽千载之下如在面前，可遥想恩师之风采。破山海明未尝不知弟子之心意，但依然苦口劝诫：要让文字成为理解的辅助，而不要让文字成为理解的障碍。狭义而言，他是劝告弟子们不要以他的墨迹为目的，而要追溯墨迹所蕴含的佛理；广义上看，他是期待弟子们能透过他的言论而直达超越言语的本心自性。在禅法相对衰微的时代，破山海明不得不确立参禅的法则，但又担心弟子们为此法则所困而不能自由发挥，因此借书法而喻禅法，令后人进一步参究。反过来我们也可以借助破山海明之禅法来解析书法：当名家确立一种成熟的风格之后，其后学往往被这种风格所困，反而因不能真正掌握书法的意境而陷入模仿。董其昌《画禅室随笔》中借用《楞严经》"八还辨见"的原理，认为后学者要将前人的风格都还给前人，那么最终剩下无可归还的就是自己的风格。依照破山海明的开示，只有追溯到书写之前的境界所在，才能真正形成自己的独到见解。相比较而言，破山海明所提供的思路在消解书法的继承与创新这一矛盾上，似乎更为透彻。

以上借助破山禅语略做书理上的衍发，或不免有郢书燕说之嫌。幸好破山海明尚有墨迹传世，可直观其禅风与书风之契合。

---

① 《破山禅师语录》卷九。
② 《破山禅师语录》卷一〇。

从形式上来看，憨山德清墨迹大多为传统的手卷形式，以横向的舒缓展开为主；破山海明墨迹则多为高堂立轴，飞流直下，摄人心魄。横向的手卷和纵向的立轴代表了两种截然不同的审美风格，其背后蕴藏的是两种精神取向。横向的手卷代表了舒缓曲折的古典式审美，强调作品的逐步展开，对于观看者来说有确定的观看次序，如同曲径通幽，渐入佳境；而立轴则将全部内容瞬间投射到观看者心目之中，作品的整体气势凌驾于精致细节之上，如开门对山顿见本原。立轴书写在宋代已经出现，大行其道则始于明清之际，破山海明适逢其会。立轴大草的书写方式更契合破山海明激烈高峻的禅宗风格，都是以迅雷之势令人顿入不可思议。《草书拿云喝月七言联》所讲为禅宗法要，指一切机锋比喻不过是捕风捉影，全无实际，如同捉云并无可捉，喝月也未能行月。从形式上看，上联中规中矩，稍显平淡，基本上每个字都是独立交代清晰。下联则妙手迭出，令人瞠目结舌，“喝月谁能使到行”七字分为三组，“喝月”二字取纵向取势；“谁能”二字出人意料地采用了攲侧取势，天马行空，不落窠臼；“使到行”三字则采用开合取势，以平正紧结收尾。如果说上联是大匠示人以规矩，那么下联则是运斤如风，示人以巧妙。然而上下联又不冲突，风格相异而又整体相合。旁参破山禅法，并非一味机锋峻烈，也有平易踏实的一面，上文已对此略做说明。平实与机巧在破山海明的体系中并非截然对立，而是相反相成，共同构成其思想风格的复杂性。这种貌似矛盾而实则统一的风格，一方面表现于破山禅法，另一方面也呈现于其墨迹。任何偏向一端的视野，都无法理解其思想风格的整体面目。

从艺术风格上看，憨山德清墨迹恪守二王法度，偶尔自出新意；破山海明的墨迹则全然不知来处，但细查又与众名家暗合。破山海明不同墨迹之间风格差异很大，仔细辨析，每件作品都有不同的面貌，但总体看又有内在的贯通之处。这种复杂多变和一以贯之的张力，与其禅宗教学风格既随机应变又恪守宗风如出一辙。从欣赏的角度看，这种风格多变的书家令人赏心悦目，但从风格类型的分类来说颇有难度。而且破山海明墨迹不署年号，单落一个名款，使后人难以对其作品进行分期。考虑到他年少得道，现今所存留多为他悟后入川所书，那么将其墨迹皆看作是成熟之作也未尝不可。

《草书拿云喝月七言联》收藏于私人，在破山海明变化多端的墨迹中，是风格非常独特的一件。[①]这件作品的奇特之处在于，全然不落前人窠臼，同时又无

① 苟君：《破山禅师及其遗墨》，《重庆政协报》2005年12月16日，总第1333期。

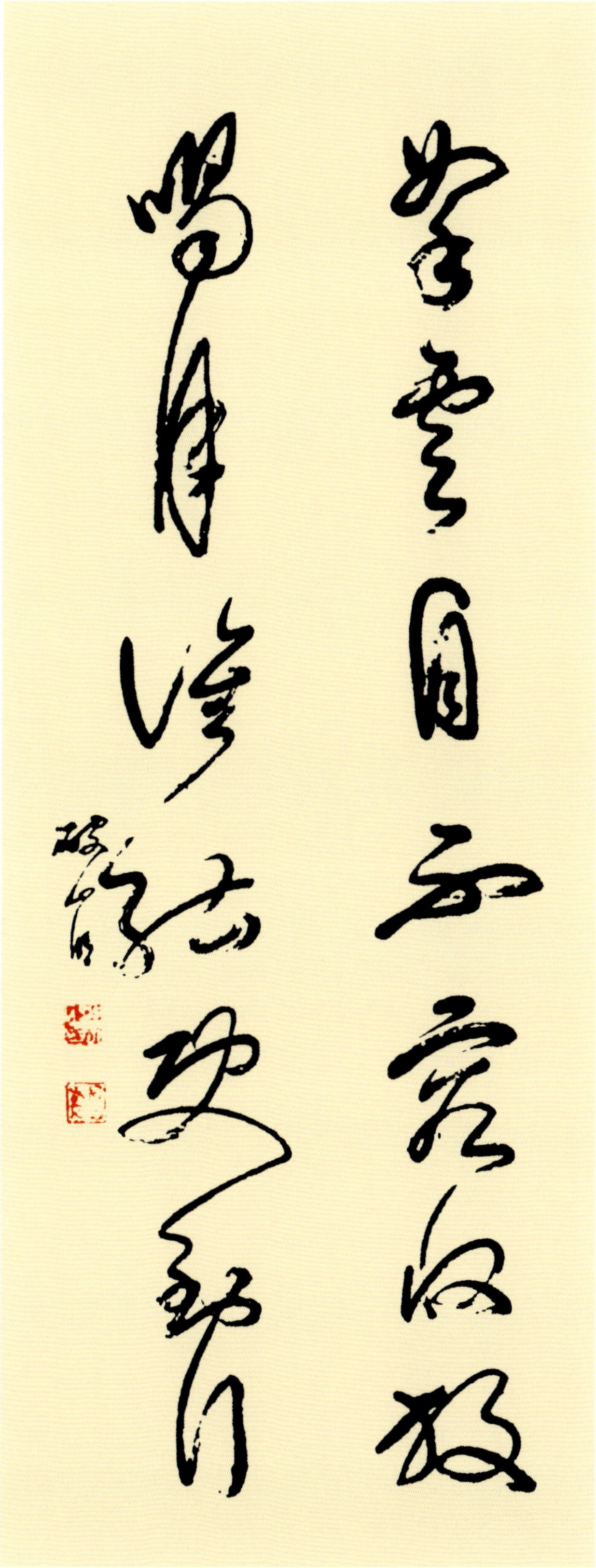

图4-6 《草书拿云喝月七言联》，破山海明，明，
成都杜甫草堂博物馆藏

释文：拿云自不容收放，喝月谁能使到行。破山明。

一笔不合规矩，处处出人意料却笔笔不失法度，信手拈来而动人心魄。历史上擅长草书者寥若晨星，唐代颠张醉素（指张旭和怀素）之后，宋、元分别有黄庭坚、鲜于枢异峰突起。破山海明“无风荷叶动，毕竟有鱼行”墨迹安闲自得之处，颇有怀素晚年《食鱼帖》的意境。但怀素笔法多圆劲中锋，而破山海明此处用笔如吴带当风、奇正互用。这种差异一方面来自工具的变化，盛唐怀素所用是有心硬毫笔，因此线质挺拔，而破山海明所在的明末已经开始大量使用散卓柔毫书写大幅立轴，所以其线质更多随意挥洒之处。另一方面或许来自动机，怀素书《食鱼帖》未免有炫人眼目之心，毕竟他依赖笔墨名动西京，因此其作精巧激烈；而破山海明早已勘破生死，与世无求，其墨迹不过是游戏文字开示后学而已。从字义看，所谓“无风荷叶动”指参禅无心境界下有所领悟，“毕竟有鱼行”指生死心切所起疑情，上下句合为一体才是参禅秘钥。从风格看，这件立轴既有精彩的局部，又构成圆满的整体，关键在于擒、纵二字。笔墨密集之处为擒，如同当面棒喝，夺人心魄；转瞬之间笔墨放纵无端，令人不知所之，如同棒喝之后忽至下一转语。从基本格局来看，这件墨迹一擒一纵，但具体到细节可谓擒纵同时，所以在轻松自如的笔墨之下并没有散乱之弊端。这种轻松通透的写法颠张醉素尚未留意，唯禅宗大行其道后黄庭坚草书得其三昧，破山海明墨迹于此也颇有心得。

启功《论书绝句》中曾讲道：“先师励

图 4-7 《草书无风毕竟五言联》，破山海明，明

释文：无风荷叶动，毕竟有鱼行。破山明。

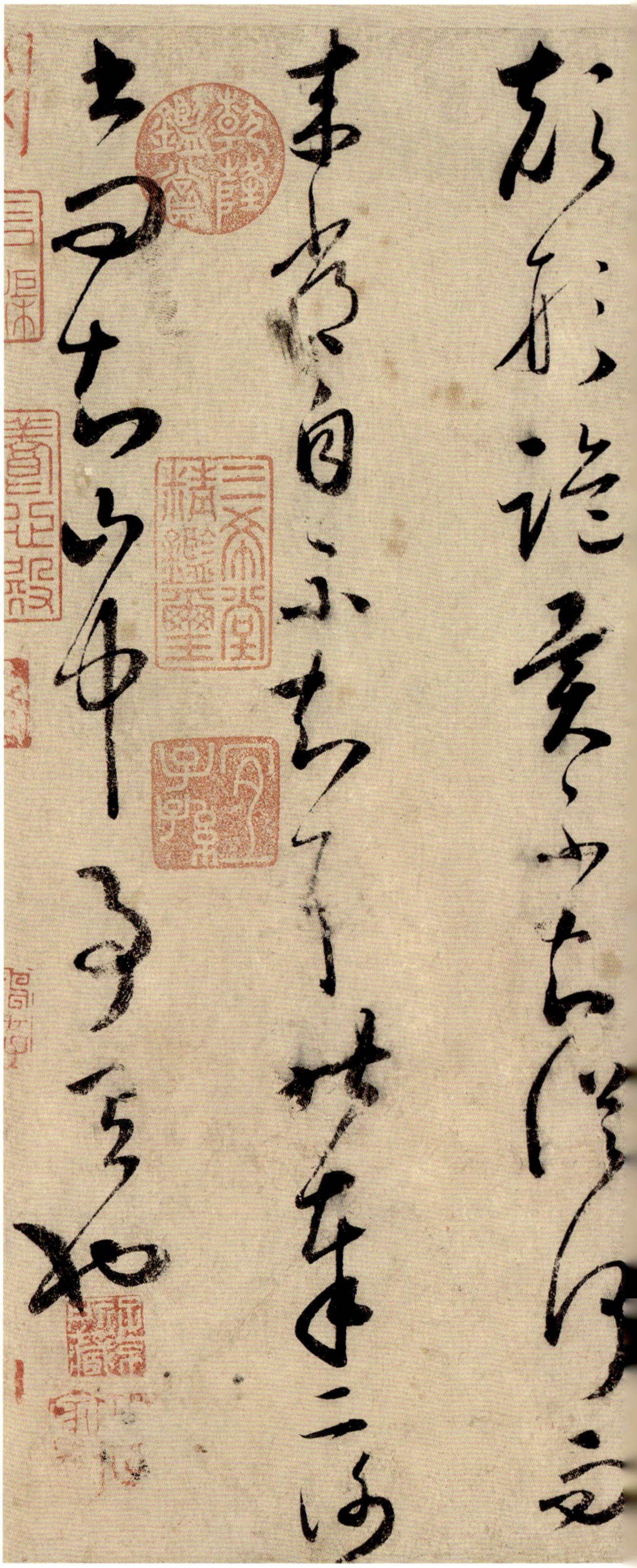

图 4-8 《论书帖》，怀素，唐，纵 28.6 厘米，横 40.5 厘米，9 行，85 字，辽宁省博物馆藏

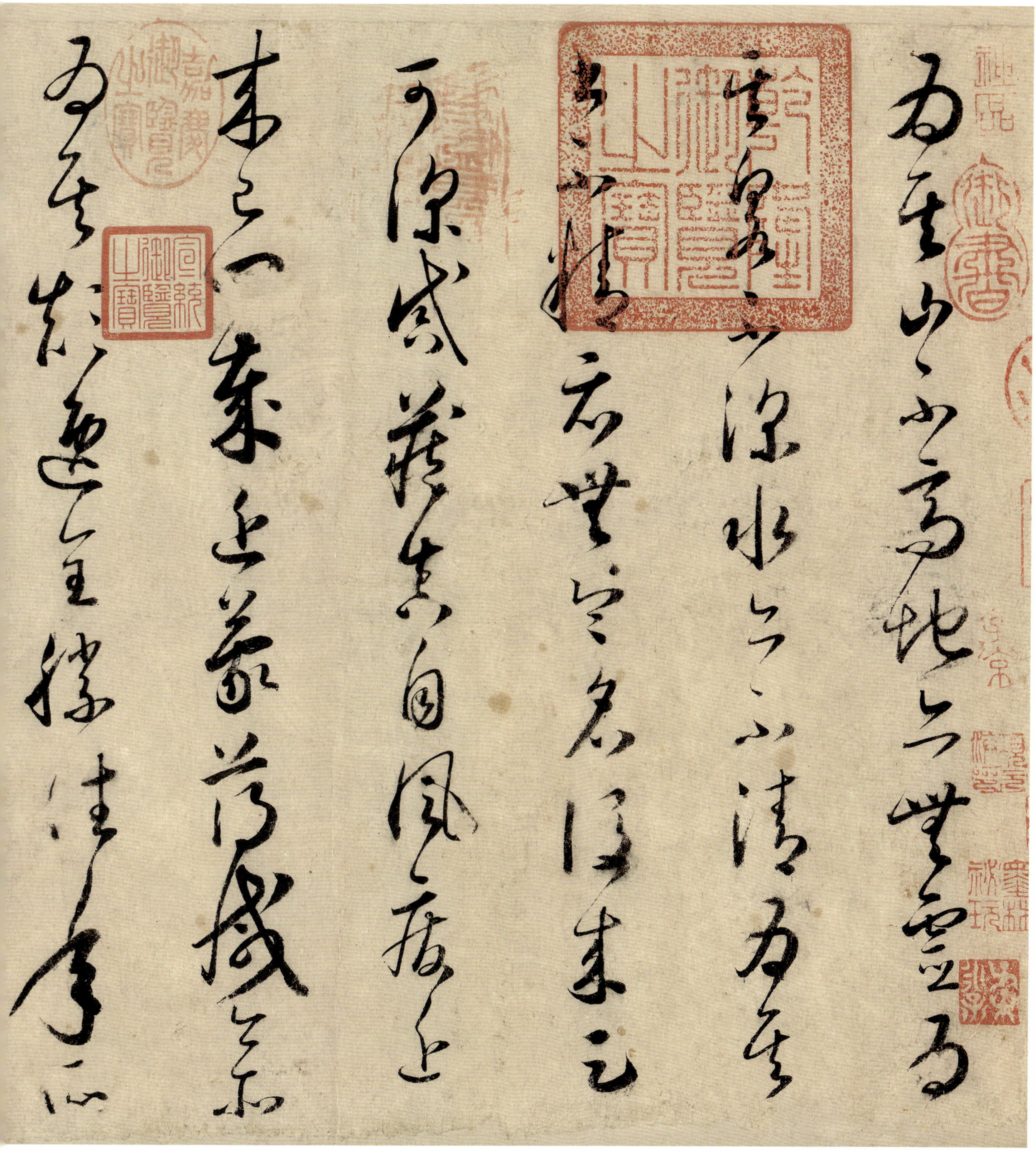

耘老人每诲功曰，学书宜多看和尚书。以其无须应科举，故不受馆阁字体拘束，有疏散气息。”其中所讲即书写动机对作品的影响，若书写有功利性，未免束手束脚不能自在，而僧人并不以书为业，反而能不受拘束，行笔疏散。以尚意书风所论，无意之意乃是真意，禅僧挥洒貌似无意，反而能合乎书法的真意所在。至于“破山多大书行草，往往单幅中书诗二句。不以顿挫为工，不作姿媚之势，而其工其势，正在其中。冥心任笔，有十分刻意所不能及者”，“不以顿挫为工”指破山海明墨迹连绵流畅之处与明末王铎、倪元璐一路草书不同；“不作姿媚之势”或许是指破山海明墨迹平正气象与董其昌不同；“冥心任笔”指禅师无念境界之下任意挥洒，反倒比刻意求工书家之作更令人回味。

需要补充之处在于，从艺术的角度看，破山海明墨迹并非毫无缺憾。因为是信手所作，所以其作品当中有高下之分，个别作品稍显平淡。另外，他经常抱怨求字的人太多，可见并非所有作品都在最好的状态下完成。即便是同一作品中，也会有某些局部稍显牵强，想来他并没有在具体字形上有周详的斟酌。毕竟他自青年时期便汲汲于弘扬禅法，并没有像憨山德清那样有充裕的时间留心外典。但这种缺失恰好促成了他独特的成就，完全不受常规字形的约束，能够形成出人意料的布局。黄庭坚曾有著名论断：“字中有笔，如禅家句中有眼。”所谓“句中有眼”，指禅师言谈之中有开示悟入之机巧；而“字中有笔”，指书法中出人意料之连带，如此看破山海明之禅法与墨迹，于黄庭坚此说如合符契。

破山海明诸多遗墨当中也有接近于圆满无缺的作品，如破山海明为弟子写的赠别诗偈：“相继无改三载，任教为僧为俗。虽未经吾辣手，觉知气宇乾坤。”难得的是这件作品还有跋文记载它的传承：“此幅予得之大通寺不问禅师手，闲谈之下，尝闻伊祖师投拜破山三载，后题诗相赠别。故有‘相继无改三载，任教为俗为僧’之句。且闻此幅能避水火，伊祖师于乾隆时曾经验数次，并非虚妄，务宜珍之秘之，慎勿轻视。时道光戊申年秋九月，希和谨跋。”除去能避水火的传说，这件作品传承的线路非常清晰：先是由破山海明赠予其弟子，弟子珍藏多年后传给门下不问禅师，不问禅师在道光年间将其赠予希和居士，现今收藏于私人手中。

这件作品尺幅较大，高接近2米。虽然与王铎、傅山等人动辄丈二的巨幅尚有差距，但在禅德墨迹当中实属罕见。从气势上看，这件墨迹也完全不让王铎、傅山之作品，堪称明清之际巨幅立轴的代表性佳作。在通常情况下，破山海明立轴多与连绵缠绕的傅山作品相似，然而这件立轴字字分明，与王铎的立轴更接近。就线条点画质量而言，这件作品完全不在王铎之下，其劲力弥漫，

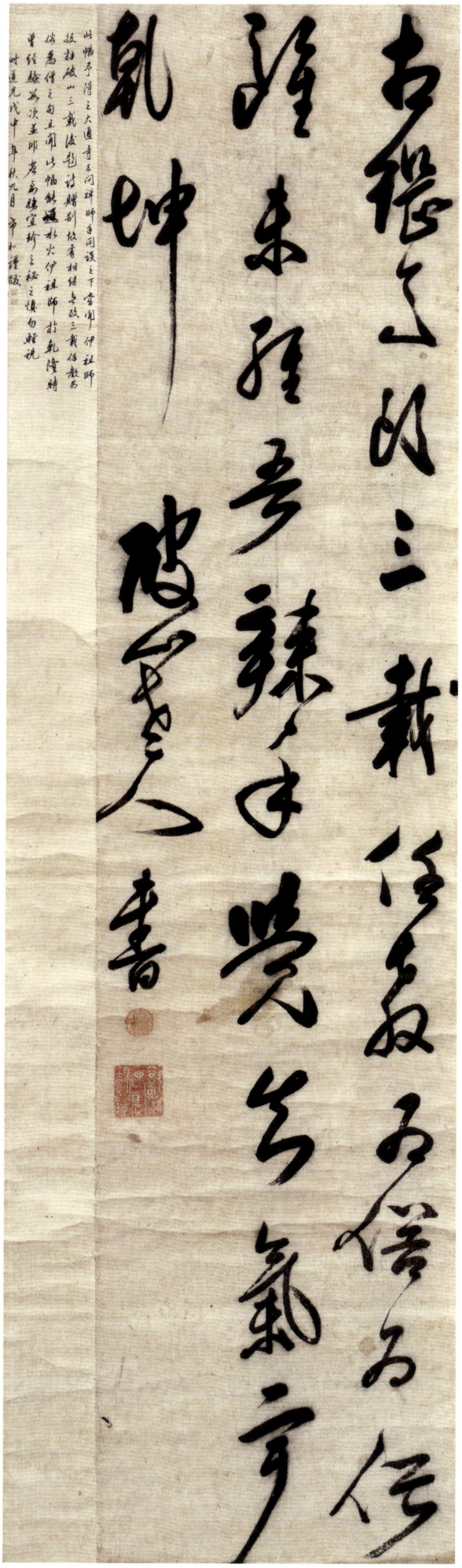

溢于笔墨之外。与王铎的不同在于，这件作品中更多自然的意趣，而少刻意的安排。傅山《家训》中曾开示书法之道曰："写字无奇巧，只有正拙。正极奇生，归于大巧若拙已矣。不信时，但于落笔时先萌一意，我要使此字为如何一势，及成字后与意之结构全乖，亦可以知此中天倪造作不得矣。手熟为能，迩言道破。王铎四十年前字极力造作，四十年后无意合拍，遂能大家。"

王铎自年轻时期便追求字形的夸张与变化，虽然晚年稍加平淡，但跌宕起伏已成为其结字成篇的固定风格。从书法技巧的角度看，这种欹侧起伏表现出王铎对笔墨无与伦比的驾驭能力。但是从格调上看，其激烈变化的风格未免有所争议。破山海明这件墨迹并没有像其他作品那样充满复杂的连带与夸张的欹侧，而是从容本然地将每个字清晰地予以呈现。整体来看，其布局比王铎和傅山的作品要更为疏阔。按照书法界通行的准则，大字要茂密，小字才讲究疏阔空间的营造。立轴巨幅显然属于大字，如果不够茂密，很容易把作品写散掉，而无法形成统一的整体印象。破山海明敢于在大幅作品中将空间布置得如此空阔，一方面是因为高强度点画质量对作品的支撑，另一方面来自其意境中对空间所形成的掌

图4-9　诗立轴，破山海明，明，草书，纵178厘米，横45厘米，私人收藏

释文：

相继无改三载，任教为僧为俗。虽未经吾辣手，觉知气宇乾坤。破山老人书。

跋文：此幅予得之大通寺不问禅师手，闲谈之下，尝闻伊祖师投拜破山三载，后题诗相赠别。故有"相继无改三载，任教为俗为僧"之句。且闻此幅能避水火，伊祖师于乾隆时曾经验数次，并非虚妄，务宜珍之秘之，慎勿轻视。时道光戊申年秋九月，希和谨跋。

控。空间或者空白并不能直接等同于佛教所理解的空性，然而佛教所理解的空性有助于对空白的理解和把握。这种空白既是作品中的空间感，也是心理层面的休止感。破山禅法除强调发起疑情之外，也侧重大休大歇的清净功夫，这种休止呈现于墨迹往往会表现为布白的巧妙。形成空白之后，又能破掉空白，使气脉流动起来，是这件作品具有整体性的另一个原因。这就如同参禅进入心识路绝之后，忽然逢明师当头棒喝，接下来便是柳暗花明之境。破山海明这件墨迹也是屡屡于平淡当中忽起波澜，所以令人欣赏不厌而每有所得。虽然机巧百出，然墨迹中隐隐然有一中线贯通前后。从墨迹反思破山禅法，可知巧妙机锋不过是锦上添花，其背后依然隐藏着禅宗一以贯之之道。

附：丈雪通醉墨迹

破山海明擅长笔墨，其弟子法孙效仿之下也颇有工书之士，如丈雪通醉、圣可德玉、于嵩、山晖、赤松、大错等都兼善禅法与书法，各处争相存其遗墨为贵。陈垣《明季滇黔佛教考》曾经留意这种现象并加以解说：“《务学十门》有曰：‘不工书无以传。’法门重书如此，无惑乎工之者众也。”其实《务学十门》中所言“不工书无以传”本指勤于著述，并非精通书法的意思，文中明确提出反对出家人精研翰墨。破山海明及其门下精通翰墨，本意是借游

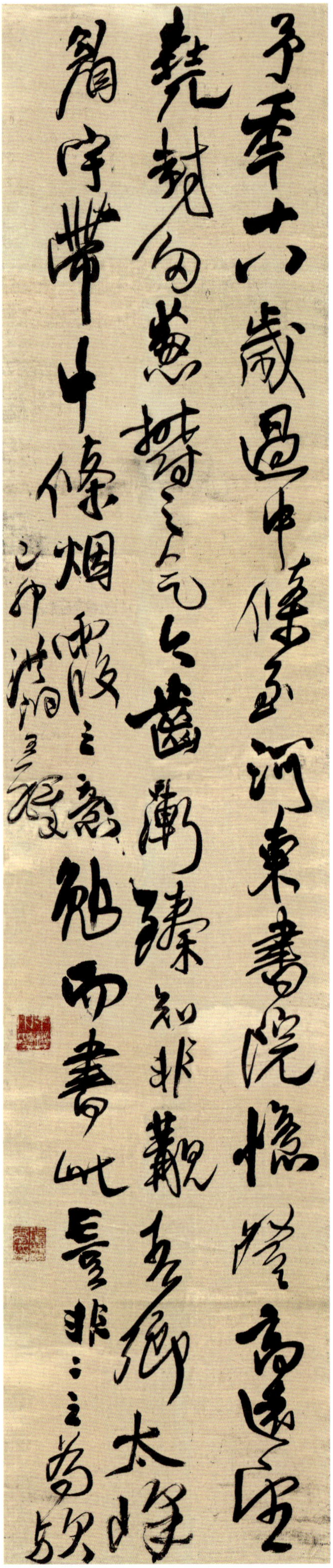

图4–10《行书忆过中条山语轴》，王铎，明

戏文字令人开示，悟入禅法。世人珍藏其墨迹，出于敬仰其道德禅悟，但也有特殊原因：据说这些墨迹具有避水火及祈雨之灵应。不管动机如何，破山海明及弟子的墨迹如今尚能存世，世家、寺院之珍藏功不可没。

在破山海明兼善禅法与书法的弟子当中，丈雪通醉最为典范。丈雪通醉俗姓李，四川内江人。17 岁时出家。23 岁时于鉴随和尚座下受具足戒。25 岁时，听说金粟密云圆悟的传人破山海明入蜀，便前去参访。他问破山海明："香严在百丈处，问一答十，问十答百。后见沩山，一句'父母未生前'话，却答不得，过在什么处？"破山海明劈头便打。丈雪通醉刚要说话，破山海明又打下来。丈雪通醉"咦"了一声，破山海明遂将他乱棒打出。一顿棒打之下，丈雪通醉胸中越发生疑，如坐在千尺井底找不到出路。一夜他倒穿了鞋，脚套不上，拟伸手拔，忽然猛省。他天明入方丈拜谒，破山海明问："汝棒疮发了？"丈雪通醉曰："脓滴滴地。"这是丈雪通醉最初的证悟过程，之后他出川入江南进一步锤炼，31 岁时忽听梆鸣声震山谷，夙昔障碍曝然自落，积劫未明之事廓尔现前，到此方谓大彻大悟。33 岁时丈雪通醉回到四川，被破山海明命为首座。35 岁时，破山海明将衣钵授予丈雪通醉，其坚执不受。破山海明云："此系从上来，非老僧杜撰。"其意为禅法乃历代祖师传授而来，后人有弘传延续之使命，丈雪通醉遂成为临济宗的法定传承宗师。

丈雪通醉的禅宗风格与破山海明非常类似，都是以机锋棒喝等激烈手段接引学人。虽说他力图延续临济正宗顿悟法门，但并不违背参话禅起疑情的本怀。

丈雪通醉曾借用生病比喻参禅之疑情：疑情如同寒热夹杂，不得安稳，此时如果用药精准，豁然汗出，通体畅快，寻以往寒热，了不可得；参禅亦如是，疑情充塞之际，忽得善知识棒喝，历劫无明，冰消瓦解，烦恼业障如梦幻空花。在丈雪通醉看来，生病时无一切攀缘妄想，正是生起疑情、做功夫的好时节。这些开示清晰呈现出丈雪通醉的禅门理念：先要放下一切生起疑情，疑情纯熟之际方有机锋棒喝施展之必要。依照这种思路，机锋问答并非参学的全部，其背后需要以长期发奋参究的经历作为支撑才有意义。

丈雪通醉屡屡强调解行相应的原因在于明清以来真参实学者少，而以禅宗为口头机辩者多。虽然高官文人喜好禅宗者众多，然而多以口头禅为满足，真正全力参究者凤毛麟角，有时丈雪通醉也颇为无奈。清初四川巡抚韩世琦醉心禅学，但丈雪通醉对其悟境一直未予认可。韩世琦所言"即心是佛""三教一家"等通行观点，都遭到丈雪通醉不留情面的批评。韩世琦曾以母亲去世为由请丈雪通醉入城，至傍晚才见到禅师到来，遂大怒："你这和尚为何如此傲慢？我去拜访你两次你也不回访，现今我以丧母之痛延请你，你又来得如此迟缓，难道你是头上放光的佛祖？"面对暴怒的四川巡抚，丈雪通醉淡然应答道："多谢夸赞！"韩世琦为丈雪通醉之气度所折服，跪拜一旁聆听开示。但丈雪通醉对当世已颇为失望，认为此时士人的根器已经难以理解禅宗妙谛，遂立誓再不入城。丈雪通醉 86 岁时示微疾，索笔书偈曰："湼帝新岁，碓觜生花。虚空袭破，万壑生芽。老僧掷笔，谁者是他。"大喝一声，奄然而逝。

丈雪通醉为破山海明首席弟子，机锋迅捷而待人极为和易。他一生著述宏富，凡作歌诗、颂偈、法语、寺院碑记等，咸是禅门珠玑，俱载于《续嘉兴藏》中。与其师破山海明相似，丈雪通醉亦善书法，尤擅长行草，亦能作擘窠大字。

虽然丈雪通醉是破山海明首席弟子，但其书法风格与其师截然不同。禅宗向来主张自性自度，以不落前人窠臼为法要。丈雪通醉禅法风格大体与其师类似，这是传承有序的一面；但显然他也有自出机杼的一面，相较破山海明而言更为平易。这种平易中见高妙的风格，在其墨迹中有相应的体现。如"北郭联诗遗旧稿，东林结社负初因"立轴，是丈雪通醉晚年成熟书风的代表。破山海明墨迹如天马行空，不知来历，而丈雪通醉此书渊源则是历历分明：有唐人以楷为则之严谨，也有章草使转之沉稳，同时不乏明清之际笔法之变化。虽然丈雪通醉墨迹渊源明晰，但是又不能将其简单归于某家，这些元素在他的作品中有机地合为一体，又形成新的独立风格。联想丈雪通醉的禅法，以宋元参话头起疑情为根基，又以盛唐临济棒喝为转折，还不乏明清教下对义理的侧重，可以说是对前代多种参禅风格的综合。这些不同的风格在丈雪通醉手中巧妙融合，终究形成丈雪通醉独特的法门。

就具体墨迹形态而言，通过这件立轴也可见丈雪通醉的书法对禅宗境界的呈现。如果说破山海明的狂草是暴风骤雨，直接夺人心魄，那么丈雪通醉的行草则如斜风细雨，令人心旷神怡。虽然手段不同，但作用都在于使人超脱日常的烦恼妄想，进入清净空灵之境。在丈雪通醉的墨迹中，不仅每个字都独立呈现，而且字距、行距都颇为稀疏。这种疏阔的布局，在很多禅德墨迹中都有体现，如在此之前的憨山德清墨迹、几乎同时的八大山人墨迹及之后的弘一法师墨迹等，皆可以见到这种将空间予以特别凸显的处理方式。通常来说，书法注重墨迹本身，而诸位禅德凸显于笔墨之外的空白有着特殊的含义。从道家的观点看，笔墨与空白之间存在虚实关系，清代书家邓石如提出的"计白当黑"观念就是来自于此。在老子看来，实在的构成只是表面，实在所指向的空间才是真正发挥作用的地方。从艺术的角度看，有形的笔墨只是工具，其意义在于它形成的空白。这个空白从有形的角度看，就是笔墨所生成的纸面布白之处。破山海明的草书通过左右上下的布白，以及字与字、行与行之间的疏密变动引人入胜。而丈雪通醉的墨迹则通过布白占据的巨大比例而更为直接地将注意力吸引到笔墨之外。这种纸面上的有形布白，可以引发观看者内心中的无形空白，即从日常变化万千的意识状态转化为暂时休止的静观状态。这种静观状态既是审美的境界，也是参禅的境界。

但参禅并非追求枯木死灰，从禅德墨迹中可以清晰分辨出死中求活的手段。单纯的平淡肃穆已非易事，从静观之际转而为生机勃勃更加难得。破山海明墨迹中常于纵横激烈之际转为平正天然，如暴雨之后豁然开朗；而丈雪通醉墨迹则每于平淡之处暗藏生机。立轴“北郭联诗遗旧稿，东林结社负初因”中起首“北”字之欹侧与随后“郭”字之欹侧角度恰好相反，如空地平白出现涓涓泉水，于静止中顿生动态；随后几字，于稳定中不失笔墨气脉之贯通；至于“稿”字如流水遇转折而跳跃徘徊，随后在“东”字之中顺流直泄而下。此处笔势为一擒一纵，尚有痕迹可寻，随后文字则全然是任意挥洒，虽貌似无意却大有深意。落款“七十四叟”也颇为可爱，虽平实但暗藏玄机。这件墨迹充满不可意料的细节，但整体浑然天成，并无刻意安排的痕迹，令人有“同自然之妙有，非力运之能成”之感慨。以无意之挥洒而能合于法度，以平实之书写而内蕴巧妙，这或许就是禅德墨迹的魅力所在吧！

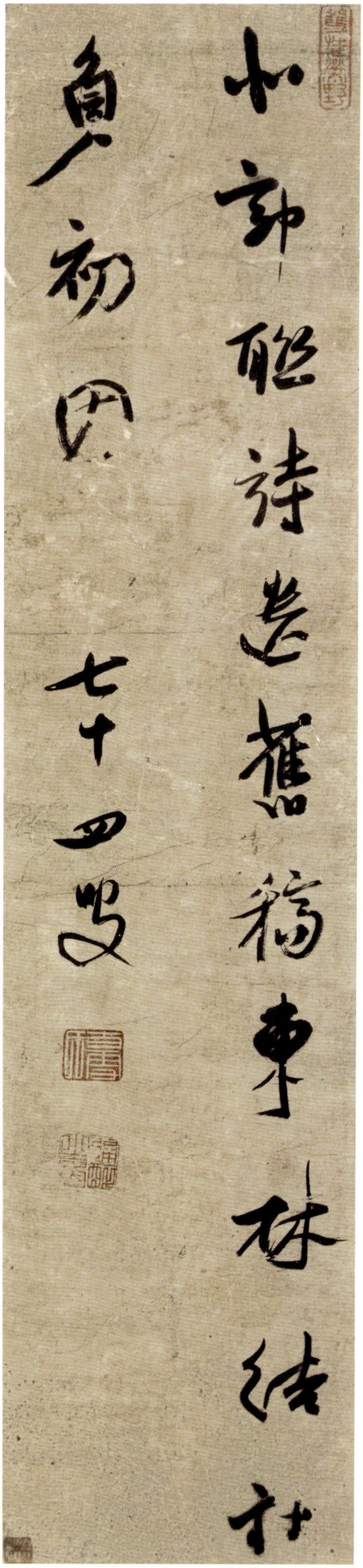

图 4-11　立轴，丈雪通醉，明，行书，纵 116 厘米，横 27 厘米，成都文殊院藏

释文：北郭联诗遗旧稿，东林结社负初因。七十四叟。

第三节 黄檗禅德墨迹

明末禅学的传承以密云圆悟（1566—1642）为中心展开，众多弟子从其得佛法精要。其弟子费隐通容、浮石通贤、隐元隆琦（1592—1673）、木陈道忞、破山海明等均为一代高僧，因此密云圆悟有中兴临济之誉。弟子们各自弘化一方，如破山海明返蜀建立双桂系影响西南，而费隐通容和隐元隆琦则回福建振兴黄檗宗影响东南。

黄檗宗以地得名，源自福建福清黄檗山。黄檗宗据说始于唐代，宋元之后逐渐衰落，明代重新兴起。密云圆悟曾短期住锡黄檗，后费隐通容继任其位。经隐元隆琦的不懈努力，黄檗山万福寺成为东南一带最为重要的禅宗道场。隐元隆琦在住持期间携弟子东渡日本长崎，以长崎万福寺为中心展开佛教文化的传播活动，对日本佛教和各种文化都产生了深远影响。黄檗宗当中善书者不乏其人，隐元隆琦及其弟子木庵性瑫、即非如一的墨迹被尊称作“黄檗三笔”，其他诸如独立性易（1596—1672）、东皋心越（1639—1695）等于此道也颇有成就。因为他们的作品大多流传日本，对日本书法尤其是日本禅林书风影响甚巨，只是通常并不为中国书家所熟悉。但就禅宗墨迹而言，东传日本的黄檗宗诸大德作品是不可忽视的重要组成部分。在这些禅宗书家当中，隐元隆琦是最为重要的一员，因此我们以他为中心对黄檗宗书风展开论述。

一、隐元隆琦生平及黄檗宗东渡

隐元隆琦，号子房，俗姓林，福州福清人。5 岁之后其父

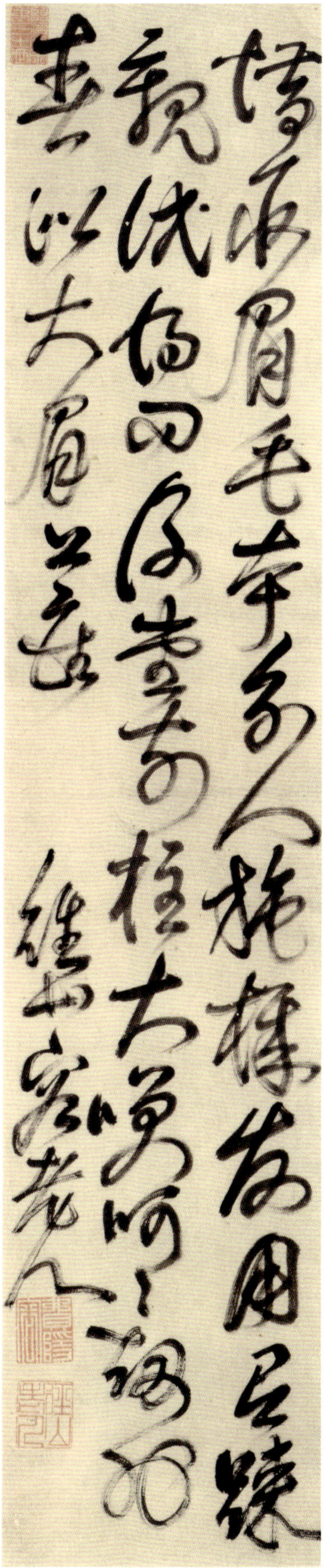

失去音讯，与长兄老母相依为命。21 岁外出寻父，辗转于江浙。23 岁时入普陀山祈愿，希望能找到父亲，见佛地庄严殊胜，一时凡念冰释，遂发心投潮音洞主服役。之后他回乡侍奉老母，29 岁时母亲去世，延请当地黄檗山禅师超度，后于黄檗鉴源兴寿禅师门下正式落发。

随后他北上至杭州，遇到了费隐通容禅师，受到费隐通容的激发。但年轻的隐元隆琦并没有因此领悟，而是试图从《法华经》《楞严经》等经教当中寻找答案，只是依然没找到合适的路径。此时听闻密云圆悟是真正传承临济法脉的善知识，而且恰好密云圆悟应居士蔡联璧请入主海盐金粟山广慧寺，隐元隆琦喜不自胜，遂前去请益。他见到密云圆悟便问道："学人初入禅门，应该如何做功夫才能开悟？"密云圆悟回答道："我这里无有功夫可做，要行便行，要坐便坐，要卧便卧。"密云圆悟虽然以临济法脉机锋峻烈闻名当时，但给出了一个近似曹洞宗自然无为的解说。隐元隆琦对此并不满意，进一步追问："蚊子多卧不得时如何？"此问意指众生烦恼纷飞、业识流转，岂是一念放下即可解脱？密云圆悟应答曰："一巴掌。"所谓"一巴掌"颇有意味，或指顿断烦恼犹如一巴掌拍死蚊子，或指隐元隆琦此问无事生非当挨一巴掌。隐元隆琦退下之后疑情顿起，七日间行住坐卧疑团不断。忽然见到密云圆悟路过，隐元隆琦当下领悟："我知道你这一巴掌的含义了！"自此之后隐元隆琦自作主宰，是为初入悟境。后来他与密云圆悟的弟子五峰如学棒喝交加，忽然进入不可思议的境界，三日后豁然彻悟。

图 4-12 立轴，费隐通容，明，草书，纵 134 厘米，横 29 厘米

释文：惜取眉毛本分人，施机发用有疎亲。试将问及堂前柱，大笑呵呵劫外春。似大眉上座。径山容老人。

密云圆悟知道隐元隆琦这次是真正顿悟了，赞叹道："真佛门狮子儿，善能哮吼。"后来密云圆悟应邀去黄檗弘法，便让隐元隆琦留下来继续黄檗重兴事业。崇祯十年（1637），隐元隆琦继费隐通容之后住持黄檗万福寺，数年间将古寺焕然一新。黄檗一脉禅法自隐元隆琦才真正形成，其诸位弟子平日散落福建各处独立弘法，安居、传戒等时节返回黄檗辅助隐元隆琦弘化，使得黄檗禅学在东南一带影响广泛而深入。

当时福建与日本长崎之间有密切的贸易往来，隐元隆琦的影响逐渐扩展到了日本。日本长崎有三座寺院长期由中国僧人住持并统摄当地的华人。其中崇福寺召请汉地高僧住持，隐元隆琦的高足也懒性圭前往赴任，可惜中途溺亡。后来兴福寺住持逸然性融多次来函邀请隐元隆琦赴日本弘法，他考虑再三，终于在日本承应三年（1654）率众弟子在郑成功船队的护送下抵达长崎，从此开始了黄檗宗在日本的弘传历程。隐元隆琦赴日的原因有很多，从私人动机而言，是为弟子也懒性圭的不幸去世还愿；从内部动机而言，此时明朝大势已去，福建也受到波及；从外部动机而言，日本禅宗有重新振兴的迫切需要。各种机缘集聚之下，隐元隆琦决定将黄檗法脉转移到日本。他先是在长崎弘法，后来在京都附近获得御赐的建寺场地。此时隐元隆琦已经断绝了回归的念头，于是在此地重建了黄檗万福禅寺，这意味着黄檗宗已经决定全力在日本发展。历史证明了隐元隆琦抉择的正确性，他的东渡弘法，不仅在明清巨变之际保全了黄檗宗，也挽救了日本禅宗的颓势。黄檗宗对日本文化的影响不仅在禅宗，在建筑、雕塑、医药、绘画、书法、篆刻、茶道、音乐乃至于饮食等各个方面都留下了深刻的印记。从此黄檗宗与临济宗、曹洞宗并行，形成日本禅宗的三足鼎立之势。

二、隐元隆琦的禅宗思想

隐元隆琦赴日的动机之一是纠正当时禅宗末流违反戒律的风气。日本僧侣有很多特权，日久弊生，难免戒律废弛。其实中国明末的禅林也不乏类似现象，此时恰好是近代转折时期，容易出现思想上的混乱。隐元隆琦对此深感痛惜："今时有一种无耻之徒，带大帽，侈大话，以维摩经中所说，为遮自己面门，纵淫怒痴为解脱大道，斥戒定慧为二乘小果，铃言肆说，昧己谩人。无知之者从而和之，相习成风。如盲引盲堕于火坑，未免识者所鄙。"[①] 禅宗中呵佛骂祖的举措，历来

① 《普照国师法语》卷下。

被误解为破坏戒律的行为。这种对禅法的误解不仅于禅宗外部存在，即便是禅宗内部也未能幸免。隐元隆琦明确指出，戒律是禅宗不可逾越的界限，凡是违背戒律者皆是以盲引盲的邪道而不能解脱。在他看来，戒根清净是解脱的前提条件，若言不持戒律而能解脱者，不过是自欺欺人。

众人邀请隐元隆琦赴日的另一动机是纠正当时禅林的诸多弊病。除了戒律问题之外，参禅本身也有不少误区，这就需要隐元隆琦用中国禅林丰富的经验去消除日本禅宗所常见的弊端。隐元隆琦开示南源上座时提到参禅常见的两种弊病："切忌依他作解障自悟门，又不可打在无事甲里，恐落空亡外道。"[①]两种参禅常见弊病，一则是妄想通过思虑分别来获得答案，一则是全不思虑而落入沉寂顽空。参禅的错误方式有很多，但大体不出前两端。于语言文字思量卜度或者猜测机锋，都是落于依他作解之弊；而放旷平常，又落于无事深坑。从隐元隆琦的论述来看，他认为后一种情况更为危险。参禅者大多认知到了思虑之险，而对无思无虑之险却罕有警觉，因此很多参禅者困于顽空之境不得解脱。由于日本禅林以无念无想之曹洞宗为主流，陷入顽空之弊者不乏其人，因此隐元隆琦论及禅病当为针对性解说。

在批评禅弊之余，隐元隆琦在更多情况下倾向于正面阐述禅宗的核心理念。他对禅宗的基本理念做了全面论述，认为禅宗的根本依据为即心是佛，众生本心与佛性本无差异；众生生死流转的原因在于无明遮蔽本心；今生得遇禅法甚为殊胜，须念念参究无明从何起，终究会豁然顿悟；从此之后妙用无穷，得大自在大解脱。把禅宗之原理和禅宗之实行结合起来，可谓知行兼备。隐元隆琦赴日弘法，参学者或有初学佛法之士，他不得不将禅理概要而论，因此多有这种平实易晓之开示。

更进一步而言，黄檗宗不仅仅有通行之禅理，必然还有其独到之处才能与传承久远的临济宗、曹洞宗鼎足而立。黄檗宗在中国是临济宗下一分支，并没有太独立的影响；赴日之后，逐渐形成了自己的独特法门，其方式是融临济宗与曹洞宗为一体。具体到参禅的细节而言，即将曹洞宗之照与临济宗之参结合在一起。相对于破山海明所弘扬的机锋棒喝，隐元隆琦虽然同出于密云圆悟，但采用了更为温和的禅宗风格。这种变化的原因在于，隐元隆琦将临济宗注重参究与曹洞宗注重观照结合了起来。在日本禅宗中曹洞宗历来占有非常重要的地位，隐元隆琦的这种变化应当与日本禅宗的这种传统格局有关。这种变化貌似妥协，但实际上是一种创造性转化。

① 《普照国师法语》卷上。

曹洞宗、临济宗本来就同出自六祖门下，其理念并无根本的差异，只是在具体操持上有些微的区别。隐元隆琦本来是临济法脉，又结合日本本有的曹洞宗传统，创立出具有融汇风格的新禅风，这是合情合理的演化。

更进一步而言，黄檗宗不仅有融贯曹洞宗、临济宗的气量，而且有贯通佛教与儒学、出世法与世间法的近代化倾向。隐元隆琦认为，禅宗悟道不止于个人解脱，在悟后起用的过程中会产生各种合乎内圣外王之道的转化。禅宗的出世间法和儒家的世间法，在隐元隆琦看来并非两件事情，存在体用之间的密切关联。日本曾经在佛学和儒学之间徘徊不定，隐元隆琦的这种通达解说无疑对世间法与出世法之间的张力做了完美的开解。

整体而言，黄檗宗东渡一方面解决了日本佛教面临的诸多困境，另一方面又为其发展拓展了广大的空间，使其在现代化转折的过程中能够依托来自禅宗的精神支撑，对整个日本文化的传承与发展都具有深远意义。

三、黄檗宗墨迹略述

黄檗宗僧人在艺术方面有超乎寻常的造诣，诸如建筑、雕塑等涉及佛教法度自然不可或缺，至于琴道、篆刻等似乎与佛法并无直接关联的领域也成就非凡。其中卓然成风者，当推黄檗宗在书画领域的贡献。黄檗宗僧人的绘画，以及后来长崎的清代画家的作品，对日本南宗文人画的兴盛有直接推动作用。而黄檗宗僧人的书法，形成了日本近代禅林墨迹的重要流派。

往上追溯，黄檗宗书法风格的源头在费隐通容。费隐通容住持了很多寺院，真正继承他法脉的还是隐元隆琦。所以隐元隆琦东渡之后，依然继承了来自费隐通容的理念，对费隐通容的墨迹倍加推重。费隐通容的书风远溯智永《草书千字文》，只不过他把晋唐小字创造性地拓展为明末习见的榜书。虽然智永的墨迹以圆转流利见长，但费隐通容的字迹毫无孱弱萎靡之意，而多刚劲挺拔的浩然之气。他外圆内刚的书写风格，奠定了黄檗宗整个宗风墨迹的基调。

隐元隆琦的书法风格与其师几乎如出一辙，无论大字榜书还是小字卷轴都非常接近。虽然身处明末书风欹侧摇摆之际，但黄檗宗的墨迹还是以平正布局为主流，这一特点在隐元隆琦的作品中得到非常典型的体现。费隐通容的作品中还有很多奇妙特意的布局，显示出临济门下机锋百变的手段。但是隐元隆琦则恪守来自智永《草书千字文》的结字风格，以平正工稳为主，只是增加了更多的连带而破除单字的孤立。基于他们不同的传法背景，其风格差异不难理解。费隐通容身处禅宗底蕴深厚的明代江浙区域，面对的多是饱参禅法之士，因此不惮以峻烈机锋相向。从书法角度看也是如此，明代对于前人书法已经有较为全面的审视，多试图摆脱前人窠臼而自出新意，费隐通容既合古法又开自家面目的写法自有识者呼应。而隐元隆琦赴日，首先要做的是立规矩，无论禅法还是书法都是如此。隐元隆琦并非不能机巧百变，赴日之前，《隐元禅师语录》中无处不是临济宗风，令人不可捉摸。但赴日之后，《普照国师法语》和《普照国师语录》则更多是谆谆不厌的老婆禅风，显然与日本当时禅宗底蕴较浅直接相关。费隐通容以方正布局擘窠大字，与其说是出于自由发挥，不如说是刻意树立典范以匡正靡弱狂怪之弊。

隐元隆琦与门下木庵性瑫、即非如一的墨迹号称“黄檗三笔”。但实际上木庵性瑫笔力稍弱，结字也不尽稳妥。真正继承黄檗书风并能发扬者，乃即非如一。即非如一也是福建福清人，宋代名士林希逸之后。他初参密云圆悟，后于费隐通容处落发，继从隐元隆琦受菩萨戒。从资历上看，与其说他是隐元隆琦的弟子，不如说他是隐元隆琦的同门。即非如一的笔法与隐元隆琦相比变化更多，结字更为舒展，他或许是受了米芾的影响。从立轴墨迹来看，即非如一的用笔愈加浑厚，几乎有密不透风之感。虽然厚重，但又点画分明而毫无含混之处，十分难能可贵。其结字增加了很多跌宕起伏的元素，比隐元隆琦墨迹更有趣味，但端庄严谨处则略有不及。总体而看，两者墨迹都是以堂堂正局为主，恰如黄檗宗风不偏不倚、包容浑厚。

除了黄檗三笔作为黄檗宗书风的代表，黄檗宗之中歧出的一支也别有趣味，那就是东皋心越和独立性易。严格来说，东皋心越乃是曹洞宗僧人，后归入黄檗门下颇有无可奈何之意。但是从后世影响来看，他的篆刻、音乐、绘画和书法都成了黄檗文化的组成部分。历史上诸派之间的复杂纠缠已经烟消云散，而东皋心越留下的艺术成就则历久弥新。东皋心越的行书取法董其昌，并无太多创建，他真正有个人特点的作品是隶书。其隶书风格与清初隶书名家郑簠相近，都源于《史晨碑》。但是相比之下，东皋心越的笔法比郑簠更为劲健挺拔，结字不求工稳而以变化为主，风格上去文人之娴雅而取禅宗之强悍，可谓自成一脉。独立性易之书作也是以隶书最为精彩。考虑到独立性易也喜好篆刻、绘画，其隶书的风格应该是受到了东皋心越的启发。他的隶书结字用笔与东皋心越都有相通之处，只是少了些锋芒，但内在骨骼之挺拔执拗如出一辙。

如果对黄檗墨迹进行整体定位，那么可以说它处于古今之际，一方面继承来自古典的法度，而且试图将其树立为确定的典范；另一方面又不期然开辟出新的面貌，从而契合近代的大势。

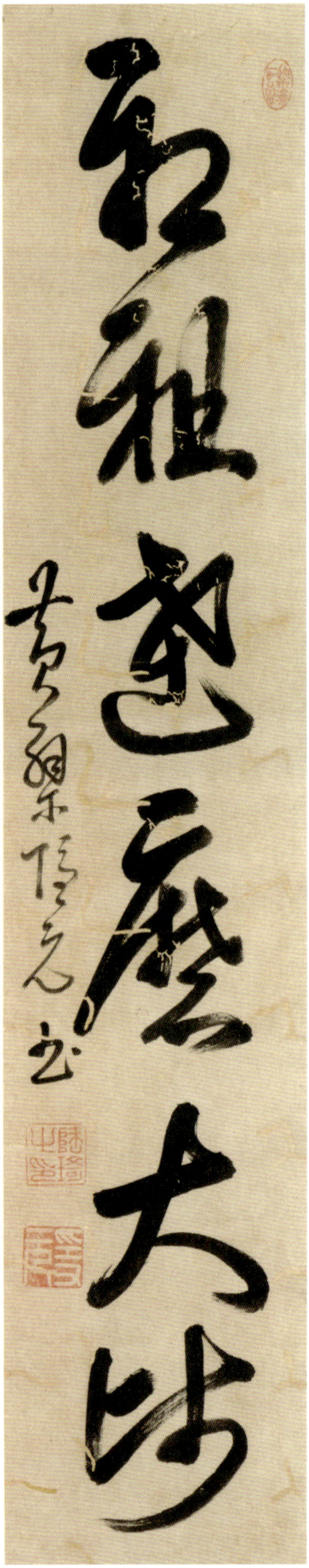

图 4-13　立轴，隐元隆琦，明末清初，草书，纵 124.5 厘米，横 25.5 厘米

释文：初祖达磨大师。黄檗隐元书。

图 4-14　立轴，即非如一，明末清初，草书，纵 122 厘米，横 27.5 厘米

释文：花开万国春。临济三十三世寿山即非书。

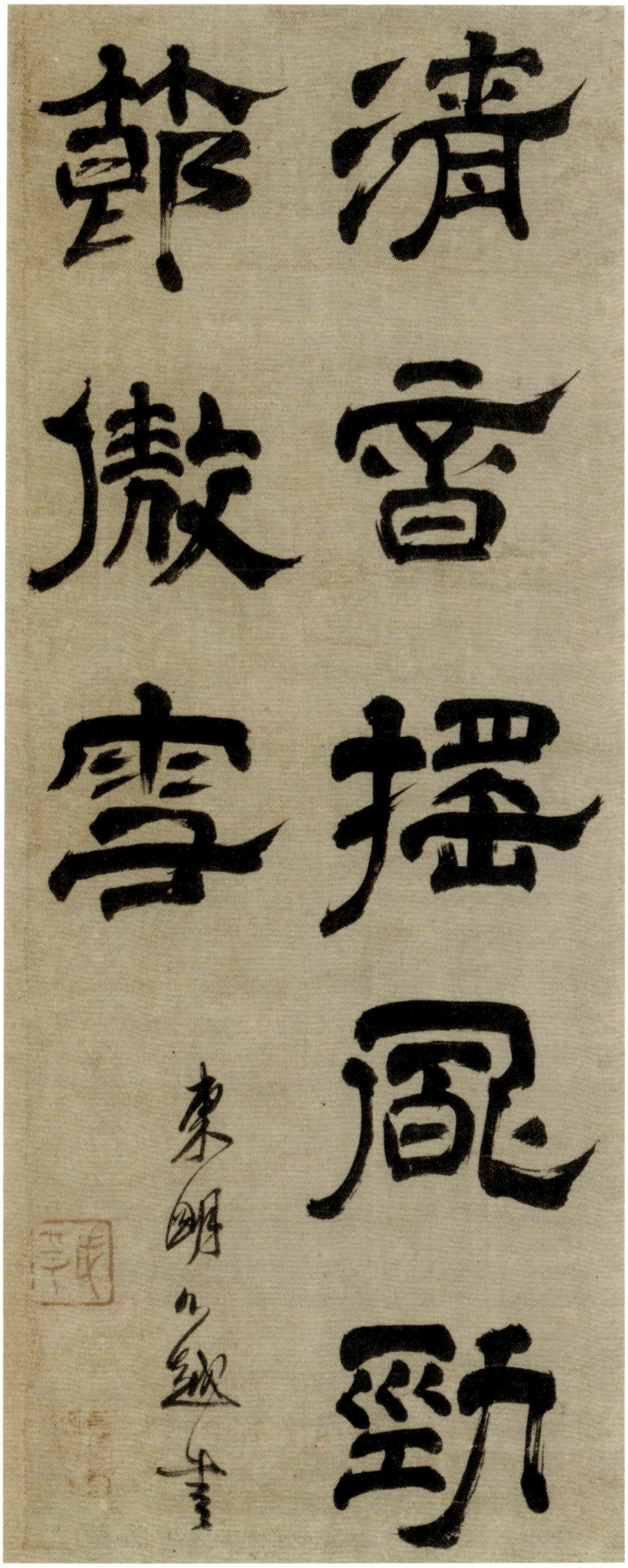

图 4–15　立轴，东皋心越，清，隶书，纵 91.5 厘米，横 38 厘米

释文：清音摇风，劲节傲雪。东明心越书。

钤印：越孚（朱）

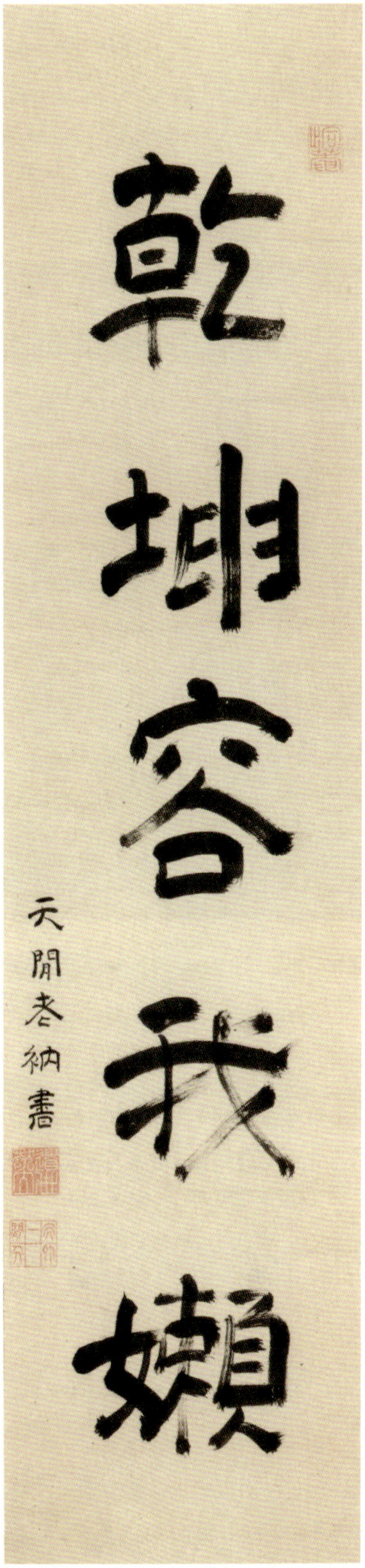

图 4–16　立轴，独立性易，明末清初，隶书，纵 116.5 厘米，横 28.5 厘米

释文：乾坤容我懒。天闲老衲书。

第四节 八大山人墨迹

八大山人并不是传统意义上的禅宗导师，人们通常将其归为艺术家而非禅门硕德。禅宗灯录中对他仅有只字片语的记载，然而这些因素都不足以掩盖八大山人在禅宗艺术上的卓绝成就，他的书画作品本身已经将他对禅宗意境的理解呈现得淋漓尽致。禅宗最初便对文字的功用有着深刻怀疑，更倾向于从意会的角度去切入佛理。八大山人以笔墨游戏呈现空境，与禅宗的本怀殊途同归。与八大山人类似的情况在历史上并不罕见，数量庞大的画僧与诗僧群体，虽然游离于禅宗的正统谱系之外而缺少宗法上的权威性，但他们通过艺术作品来对佛理进行意象性阐发，对于社会文化层面的影响未必弱于正统的禅门宗师。八大山人可以看作艺僧群体的代表，其书法是整个禅德墨迹系统中不可忽视的形态。

一、八大山人生平

虽然八大山人的生平尚有很多疑团未能开解，但整体而言，他的一生可谓是颠沛坎坷而又充满传奇。他生于明天启六年（1626），卒于清康熙四十四年（1705），享年 80 岁。八大山人名朱耷，是明太祖朱元璋第 17 个儿子朱权的九世孙，“靖难之役”后移居江西南昌。他的后代形成 10 个王府，其中弋阳王府传到第 7 代时，有一位朱多炡，对于诗、书、画、印都很擅长。朱多炡生有 6 个儿子，季子朱谋觐天生聋哑，但继承了父辈的艺术才华，擅长绘画花鸟、山水，可惜后来家道中落，英年早逝。明天启六年，朱谋觐得子，即后来的八大山人。八大山人据说本名朱统托，因为要参加科举，所以必须放弃皇室身份，遂改名朱耷。虽然聪慧的朱耷在科举上初有成就，但此时积弊已久的明王朝轰然崩塌。清顺治二年（1645），清军占领南昌，朱耷携老母、妻子入山避难。不久后妻子辞世，23岁的朱耷遁入空门，在进贤介冈灯社落发为僧，法名刃庵传綮，号雪个。

根据《个山小像》饶宇朴跋文所知，朱耷“戊子现比丘身，癸巳，遂得正法于吾师耕庵老人”。癸巳年为顺治十年（1653），朱耷拜耕庵老人颖学弘敏为师，正式进入禅宗的法脉传承当中。从禅宗谱系记录，颖学弘敏系青原下三十七世、曹洞宗三十世传人。道光三年（1823）《进贤县志》记载：“国朝弘敏，字颖学。天资高朗，机锋迅彻，而随分接引，多所拯拔。嗣博山、雪关和尚法，天界浪杖人，以祖席属师提唱，师坚谢不就，种田博饭，隐居介冈之灯社及奉新芦田。字耕庵老人。……法嗣传綮，号刃庵，能绍师法，尤为禅林拔萃之器。”从相关记载来看，八大山人所承这支禅法为曹洞宗嫡传，而他本人在此传承中也颇受器重，后人认为他得到了曹洞真传。如果说他最初出家难免有身不由己之处，但后来有幸参禅于曹洞宗师耕庵老人门下，对禅宗的境界就有了切身的体会。颖学弘敏辞世后，八大山人一度接任其法席弘扬曹洞禅法，但可惜并没有相关语录传世。

八大山人的僧侣生涯持续了二十多年，他继任了耕庵老人的法席，本来正是大开法门的时机，但他中年时毅然还俗。还俗的原因众说纷纭，或以为与佛门决裂，或以为遁入道教等，然而多为臆测，并无实据。出佛还俗事件是八大山人研究中的重要问题。因为他的艺术转折恰好发生在还俗之后，大部分精品都出自深入世俗生活的晚年。如果八大山人还俗意味着与佛教的决裂或者弃佛向道，那么他的作品就不该被列入禅德墨迹的行列。但首先弃佛向道的言说可以排除，认为八大山人与青云浦道院相关的观点如今已被证伪。那么他还俗是否意味着对自己前期禅宗生涯的反叛呢？八大山人僧侣生涯末期的《个山小像》中有众多题跋，这些题跋内容以往被解释为对禅宗的厌倦。但这种解释往往出于对禅宗话语模式的误解，以及随之而来对禅宗语录的过度解读。

八大山人在《个山小像》画上自题道：“个山小像。甲寅蒲节后二天，遇老友黄安平，为余写此。时年四十有九。”这是八大山人49岁时朋友黄安平为他画的肖像，其上朋友的题跋大多涉及八大山人的身世，而八大山人自己的题跋多涉及禅语。

肖像左上方最显著的地方是一段八大山人自题跋文：“生在曹洞临济有，穿

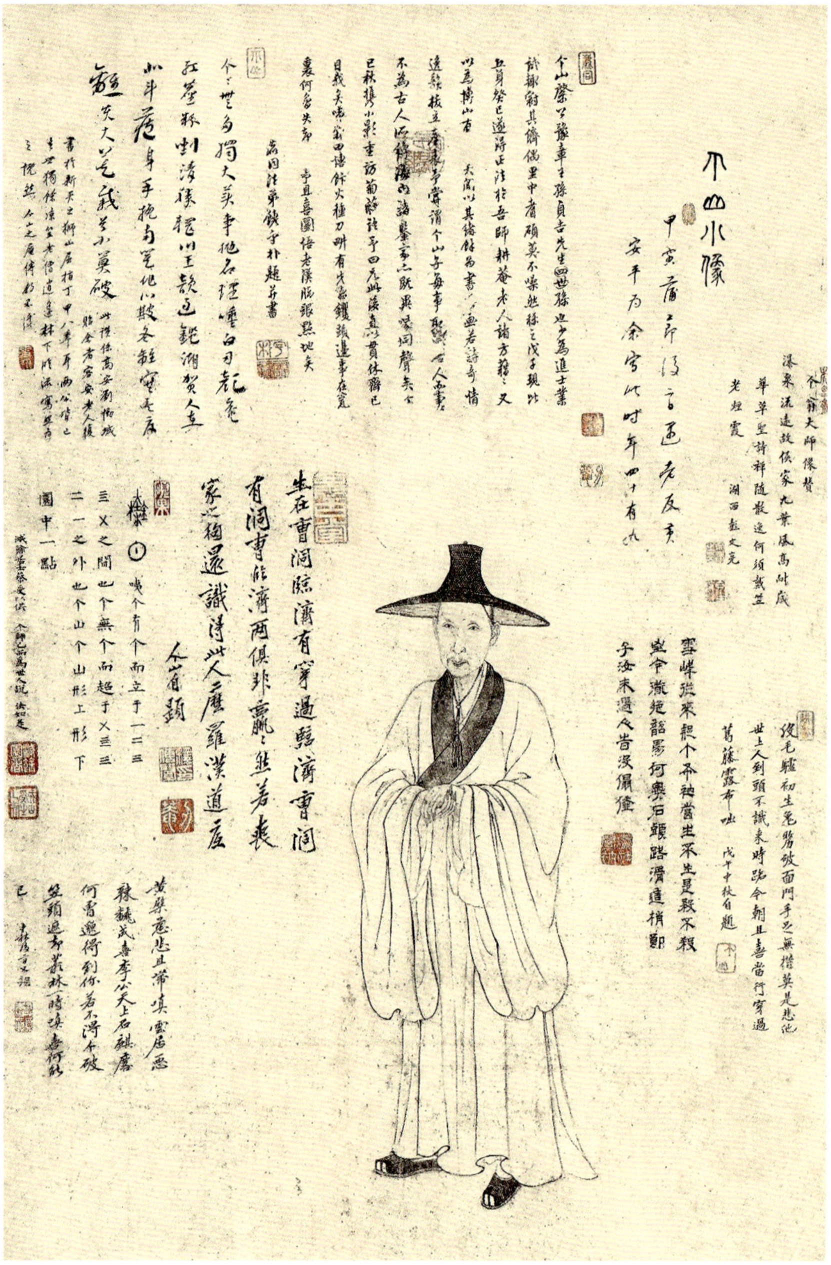

图 4-17 《个山小像》，八大山人，明末清初，纵 97 厘米，横 60.5 厘米，八大山人纪念馆藏

过临济曹洞有。洞曹临济两俱非，羸羸然若丧家之狗。还识得此人么？罗汉道底！”多有学者认为“洞曹临济两俱非，羸羸然若丧家之狗”，说明八大山人看出了他依附的曹洞、临济两派禅法皆非安身立命之所，透露出其对佛门的厌倦。如此解说显然来自对禅宗言谈方式的忽视，只注意了字面含义而未能将其放到恰当背景当中去理解。对一种观点提出否定，是禅宗常用的表述方式，其背后的含义是超越这种观点的束缚。在更极端的情况下，禅宗还有诸多呵佛骂祖的言论，但我们不能简单地认为禅宗在反对佛教。恰恰相反的是，禅宗通过这种否定式的语句来表达它对佛教的洞见。因为就禅宗的基本立场而言，凡有言说都无实义，一旦佛教的义理落于文字便会失去原本的生命力。既然传统禅宗无论临济宗还是曹洞宗都已经积累了诸多文字资料，那么这些文字资料反过来可能就成了理解其原初精神的障碍。

如果洞察禅宗的本原，必须对临济宗、曹洞宗设立的诸多言谈予以摒弃才能获得，如果将八大山人这段跋文理解为对禅宗的否定，那么跋文最后一句将变得无法理解。其实就禅宗的言谈模式而言，最后一句是启发疑情的问句，与前面扫除一切的否定判断构成参禅的独立公案。还有另外几段八大山人自题跋文，都涉及具体的禅宗公案，因此更要结合禅宗历史来解说才能洞彻其中的含义。这些跋文的基本禅宗倾向实际上非常明显，与通常禅宗语录中的表达模式并无二致，没有必要也没有可能进行另外的解读。总体而言，八大山人在其丛林生涯的晚年并没有表现出与佛教相违背的思想痕迹。

那么八大山人为何要还俗？可能出于两方面原因：一方面是为其家族传承后代，这是传统孝道观念的体现；另一方面是此时八大山人出现严重的精神疾患，已经不适合严格的丛林生活。前者很容易理解，八大山人经历了国破，但他并不希望家族血脉在自己身上断绝，还俗之后娶妻生子或许可以稍微安抚祖先之灵。但他中年所罹受的疯疾是个相对复杂的问题，悲惨境遇是其中原因之一，禅病很可能是另外的重要因素之一。自古以来，禅修就是一条艰险的路径。在传统禅定的实践中，已有众多因禅修不当而引发的身体与精神疾病的案例出现，为此，佛教中甚至有专门的经典对治禅病，天台宗止观（禅修）法门中也有治疗禅病的方法。八大山人癫狂发作于其老师辞世之后，或许恰好此时参禅进入特殊的阶段，而呈现出哭笑无常的状态。《楞严经》将参禅中可能遭遇的 50 种迷惑或障碍命名为“五十阴魔”。这些状态虽然被称为魔，但源于自心，因此若明了它的虚幻不实，其也就不成为障碍了。五十阴魔之受魔，即情绪上的障碍，恰好就有八大山人所经历的极度悲伤和极度欢喜两种现象。由此推断，八大山人中年疯癫，既有其生平磨难的反应，也有参禅陷入困境的激发。需要注意的是，此参禅困境并非绝境。就好比《楞严经》对极度悲哀的禅病的解释：参禅当中过于抑制自己的心念，往往会从中产生极度的悲哀之情，见万事万物都犹如赤子，心生怜悯，不觉之中泪流满面。如果能够明了这只是参禅的境界之一，便不会被其所困，时间长了其悲伤的情绪会逐渐淡漠。从八大山人的经历来看，的确如此。一年之后八大山人病愈。但此时他认为自己不适合以病躯重归丛林，或者是对以往的参禅方式略有心悸，因此还归世俗。在这种情况下，还归世俗并不是要放弃禅宗，而应该将其理解为换一种方式来体验禅宗。八大山人放弃了传统上公案机锋交织的参禅方式，而是寄情于笔墨鱼鸟之间，寻求更为贴近自然的参禅之道。

二、八大山人的禅学观念

虽然八大山人的语录并未存世，但是我们依然可以从其名号、跋文、诗歌与交游中追索他对禅宗的理解。

八大山人一生名号很多，其中有几个是主要的。他在佛门时，法名刃庵传綮，号雪个、个山等。1681—1684 年，有驴、人屋、驴屋等号。此后，八大山人成为他最主要的名号，直到辞世。法名是师门赐予，不代表本人意向，因此存而不论，其后的名号则多有深意。

（一）

（二）

图 4-18　八大山人“驴形小印”

以驴为号在传统上并不多见，而八大山人乐此不疲，很多作品都以“驴”为款，经常落有驴形小印。以驴作名号初看非常怪异，但结合禅宗背景，其意义一目了然。黄檗希运禅师《宛陵录》中有这样一则问答：

问：“本既是佛，那得更有四生六道，种种形貌不同？”师云：“诸佛体圆更无增减。流入六道处处皆圆，万类之中个个是佛。譬如一团水银分散诸处，颗颗皆圆，若不分时只是一块。此一即一切，一切即一。种种形貌喻如屋舍，舍驴屋入人屋，舍人身至天身，乃至声闻、缘觉、菩萨、佛屋。

皆是汝取舍处，所以有别。本源之性，何得有别？”

黄檗此处所谓驴屋、人屋大致相当于人形、驴形之意，同人身、天身类似，甚至可以说与菩萨身、佛陀身并列。在禅宗看来，种种相貌身份之别不过是一时幻象。世间人出于取舍心对各种现象分别不休，其实幻象背后之清净本原并无变异。八大山人之所以用低贱的驴为号，用意在于昭示卑贱富贵本无分别，国破家亡如过眼云烟，而其背后佛性如如不动。从这个名号看来，他并无通常所称的复国之念，更多是对世事无常的淡然与超脱。

八大山人还俗后，不断与释门人士交往，生活中也一直没有远离禅宗。比如他时常颂诵《八大人觉经》，并于康熙三十一年（1692）诵读时作跋曰：“经者径也，何处现此八大人觉经，山人陶八儿遇之已。”《八大人觉经》是佛教早期的重要经典之一，文字浅近，与后来禅宗有暗合之处。八大山人自谓从此经中悟得禅宗法门，如同遇到仙人授予仙丹一样顿脱凡俗。以此经为自身名号，是其对禅学念念不忘的重要证据。陈鼎《八大山人传》中对此名号有另外的解释，据说八大山人自称：“八大者，四方四隅，皆我为大，而无大于我也。”这种说法，类似于禅宗“天上天下，唯我独尊”的观点，归根结底是禅宗所依据如来藏自性清净观念的演发。

八大山人还俗回南昌后，依然往来于禅林寺院，与禅门中人往来密切，因此所谓不满佛学而愤然还俗之说恐难以成立。在八大山人已知的释门交往中，关系最为密切的是南昌北兰寺住持澹雪。据康熙白潢、查慎行修《西江志》卷一〇三《仙释》载：“澹雪，临济派也，康熙丁巳自浙西来，见北兰寺让禅师道场，鞠为茂草乃结茅于此，经营数载，殿宇斋堂方丈禅室及秋屏阁、列岫亭皆次第重建，遂为江西名胜之冠。”八大山人与之交往之事亦见于邵长衡《八大山人传》。在八大山人的作品中，现存与澹雪有关系的有康熙二十五年（1686）为澹雪作《清供图》。款题：“丙寅雪在上元仝羽昭先生、舫居方丈、澹雪和尚道经山竹子为画兼正。”康熙三十年（1691）八大山人致方士琯信札道：“连地放宽，乃尔拜上，澹公‘黄鸟一声酒一杯’佳句也。”时任临江府知府的喻成龙在其《西江草》诗集中有多首诗涉及八大山人与澹雪。《西江草》中《月夜渡江访八大山人、澹雪和尚于北兰寺分韵》《和八大山人、澹雪和尚原韵留别》《予赴鲁，已挂席章门，八大山人、澹雪和尚复买小艇送至樵舍，因留舟中握手论心，不忍言去。顷之酒酣兴狂，援笔率成八绝句，用志别绪》等诗歌都表现出八大山人与澹雪密切的交往。

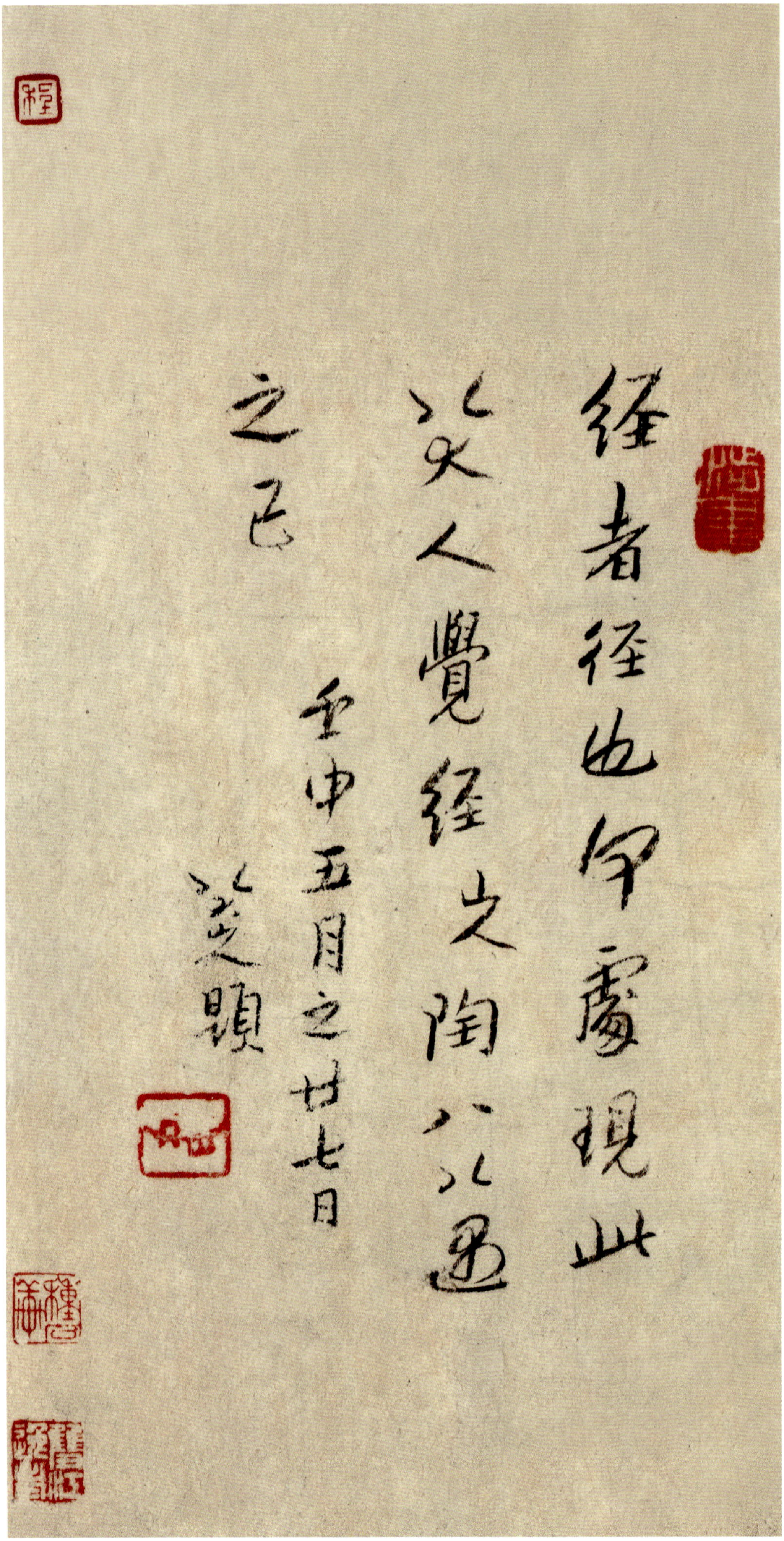

图4-19《八大人觉经》题记，八大山人，明末清初，上海博物馆藏

八大山人还俗后与之交往的释门人士还包括庐山心壁禅师。康熙四十四年二月，他为庐山心壁禅师作《洗钵图》题诗："云影天光图画里，石泉流水有无声。钵盂几筐重添柄，笑倒庐山禅弟兄。"诗中所谓"钵盂几筐重添柄"即指自己有重操修持之说。此外，与八大山人交往的还有释机质、羽昭、舫居等释门道友。

在八大山人仅存的几则跋文当中，我们也可以看出他对禅学的理解。《个山小像》自题跋曰："雪峰从来，疑个布衲。当生不生，是杀不杀。至今道绝韶阳，何异石头路滑。这梢郎子，汝未遇人时，没傝僿。"这则跋文里面涉及数则禅学公案，需要联系公案的来源才能理解其含义。

"雪峰从来，疑个布衲"公案，集中于彻底放下的禅门意旨。温州比丘尼玄机据说是著名禅师永嘉玄觉的妹妹，她对佛理有所领悟后去参访雪峰禅师。玄机机锋勃发，雪峰貌似不堪应对，以她名称借问道："你叫玄机，不知此玄机每天能织多少布？"玄机很干脆地回答："寸丝不挂。"意指当前已经毫无妄念。回答完毕玄机辞退，刚走三五步，雪峰忽然诈她："你袈裟拖到地上啦！"玄机不自觉地一回头，雪峰趁机启发道："你不是扫除一切妄想了吗？为何会以区区袈裟着地而回顾？"显然玄机对雪峰的这个启发没有做出恰当回应，错过了进一步领悟禅理的机会。以此公案为基础，"当生不生"和"是杀不杀"都是指参学禅宗过程中正反两方面的启悟方式。"至今道绝韶阳，何异石头路滑"一句，前半句貌似是说禅宗的法脉已断，结合后半句可知其含义为向上一路禅悟只能依靠自悟。"石头路滑"是另一则公案。马祖道一的弟子邓隐峰要去石头希迁禅师那参究禅法，马祖道一提醒他"石头路滑"，意思是石头希迁禅师的开示手段可是不容易领会啊！但邓隐峰自信道："竿木随身，逢场作戏。"之后在马祖道一、石头希迁、邓隐峰之间展开了往返复杂的禅宗应对，"石头路滑"遂成为禅门的著名公案之一，主要指禅宗教法不可思议。这则题跋最后一句"这梢郎子，汝未遇人时，没傝僿"更为难解，其实说的是船子和尚德诚与夹山和尚的公案。德诚常年于江上做撑船艄公，即跋文所谓"梢郎子"。夹山见到德诚刚开口应答，却被一桡打落水中，因此豁然大悟。

康熙二十八年（1689），八大山人给一套《丁云鹏十八应真像》作了题记。这些题记颇不易解，但确属禅宗隐语无疑。如题十六："那扁担不作笏，这铁匠莫窃铁，张道灵胡没发，鲁三朗神戴笠。"从字面上看语句并无意义：扁担不能拿来做玉笏，铁匠不要偷自己的铁，张天师的胡子长，道吾和尚装神弄鬼。但从禅宗的背景看这四句话都隐藏深意：扁担不能做笏指妄想心中无可把捉，铁匠莫窃铁指自心本具莫向外求，张天师胡子长指本然如是的如来禅，道吾装神弄鬼则是机锋百变的祖师禅。

八大山人晚年游历赣南崇义县时，在聂都乡的罗汉洞中又题壁写有一首佛偈风格明显的偈语诗，诗曰："甲申冬，佛蜡之辰游仙踪，空即色，色即空，天瞻云澹□□同，浮生如春梦，转迅即成空。有人识得真空相，便是长生不老翁。"[①]此诗题壁时，八大山人还俗已二十多年，已是近80的老人。从诗文表面看，"便是长生不老翁"似乎有追求道教长生的意味，但结合前文色空、真空等概念可知，他所说长生实际上是佛教追求的无生。从诗中暗示的意味来看，似乎八大山人对于真空无生的境界有了更为透彻的体悟，长生不老翁是他对此境界颇有领会的自诩之称。考虑到题诗时他从入禅宗已过50年，即便还俗也对禅学念念不忘，因此对禅宗的体悟应该达到了纯熟的境地。

从八大山人离开丛林之后的名号、交往、诗歌及题记中可见，他心目中最为重要的事情依然是对禅宗的参悟。他游戏笔墨之间，固然是出于个人的爱好，也可以理解是参悟禅学的独特方式。

三、八大山人书法中的禅意

以往对八大山人艺术成就的研究多从其绘画入手，毕竟其绘画作品的成就有目共睹。但不期然之间，八大山人在书法艺术上的成就被其画名所掩，这种情况在艺术史上并不罕见。近年来，越来越多的研究关注到了他书法艺术的非凡成就，只是对于其书法作品与八大山人理念之间的关联尚缺乏较为深入的研究。毕竟绘画有具体的形象，可以同作者的观念相对应，而书法墨迹只有抽象的线条，将这些抽象线条与书写者的内在精神相对应颇为困难。虽然这项工作有难度，但又不可轻松放过，否则对八大山人思想和艺术的解释都不能完备。幸好八大山人作为艺术家，其存世墨迹较为丰富，为分析其书法中蕴含的禅意提供了便利。

我们最先应该关注八大山人晚年书法的变法现象。历史上很多重要书法家在晚年都出现与早年截然不同的创作风格，我们通常把这种现象简称为变法。晚年变法的原因往往晦昧不清，即便对艺术家本人而言也是如此。但也有些书

① 《八大山人现存诗注》

家对变法的缘由有清醒认识，如黄庭坚。他在《山谷题跋》中讲道：“元祐间书，笔意痴钝，用笔多不到。晚入峡，见长年荡桨，乃悟笔法。”黄庭坚过夔峡时51岁，依照当时的平均寿命可以算是晚年了。他见到船夫荡桨而顿悟笔法，颇有禅宗顿见佛性的意味。同黄庭坚类似，八大山人也是忽然间完成了书法风格的转折。

八大山人中年的书法风格大致有两种，在《个山小像》上都有体现：题名跋文用的是董其昌风格，左侧“曹洞临济”题跋用的是黄庭坚风格。更早期的《传綮写生册》中可见隶书、章草、初唐风格的楷书等。但40岁之后仿董其昌风格的作品明显增多，达到形神具似、惟妙惟肖的境界。学董其昌是八大山人中年风格的主流，此间黄庭坚风格的作品也不少见。问题在于，黄庭坚长枪大戟的书风与董其昌杨柳依依的姿态显然不合。从艺术规律上讲，八大山人必须有所抉择，他或者放弃其中一家，或者将两者用一种出人意料的方式融合起来，单纯进行拼凑肯定是行不通的。

风格转折发生在八大山人60岁左右。他59岁所作《个山杂画册》中已经有了明显的晚年风格。

是什么促成八大山人书法风格的转化？以往学者多认为是还俗，笔者认为其转折关键在于癫狂及还俗。这两个事件发生的时间接近，癫狂发作稍前，还俗稍后，都在八大山人50多岁。八大山人忽发癫狂，以往多认为是国破家亡之痛所引发，这未尝没有道理，但不足以解释何以癫狂发作之后他的艺术风格焕然一新。如果换个角度，从参禅历程的曲折来解释八大山人的癫狂，那么恰好可以解释他晚年艺术风格的成熟现象。

在此需要稍微解释一下禅宗与佛教唯识学之间的关联。禅宗初期，菩提达摩以4卷《楞伽经》作为参禅的印证，而《楞伽经》恰好是唯识学重要的经典之一，这个现象说明禅宗本身与唯识学有共同的理论支撑。简要而言，两者的共同之处在于“离心意识得自觉圣智”。从这种立场出发，我们才能够理解为何禅宗对日常的思维和语言展开激烈批判。它反对的不是特定的思维和语言，而是运用思维和语言的整个意识。大慧宗杲对廓然居士开示道：“学世间法，全仗口议心思。学出世间法，用口议心思则远矣。佛不云乎，是法非思量分别之所能解。永嘉云：损法财、灭功德，莫不由兹心意识。盖心意识乃思量分别之窟宅也。决欲荷担此段大事因缘，请猛着精彩，把这个来为先锋，去为殿后底，生死魔根一刀斫断，便是彻头时节。正当恁么时，方用得口议心思着。何以故？第八识既除，则生死魔无处栖泊。生死魔无栖泊处，则思量分别底，

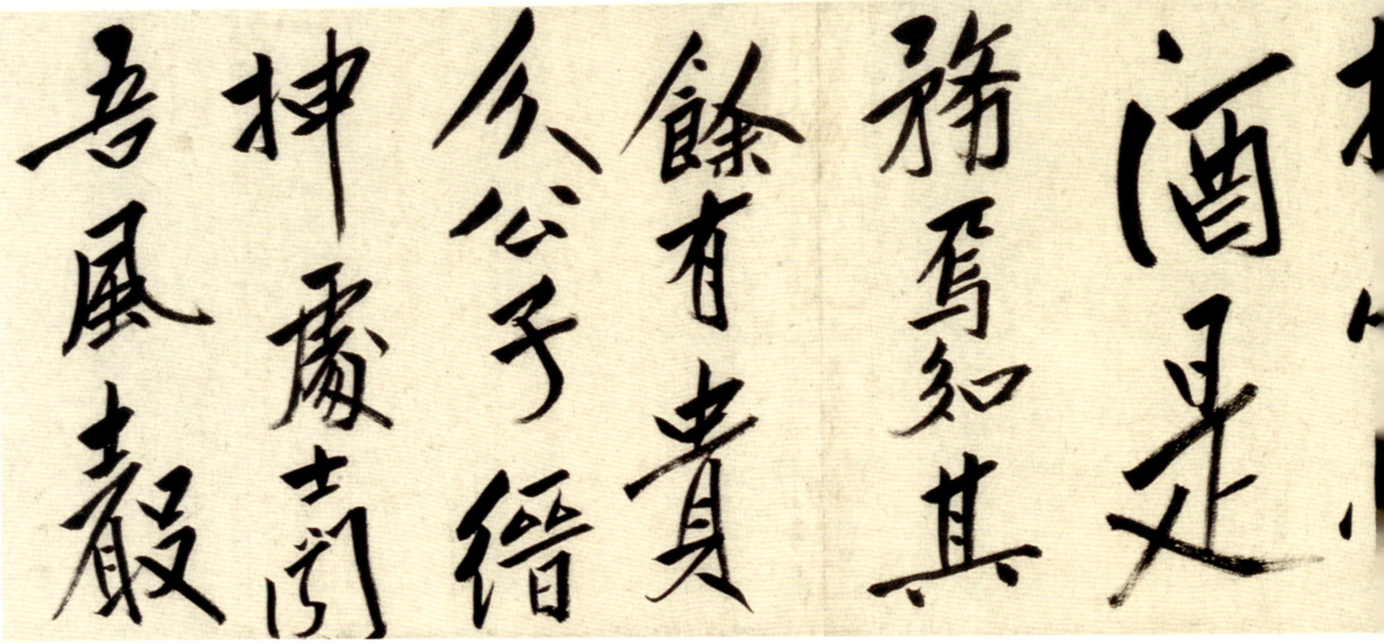
酒是
務焉知其
餘有貴
介公子縉
紳處士聞
吾風聲

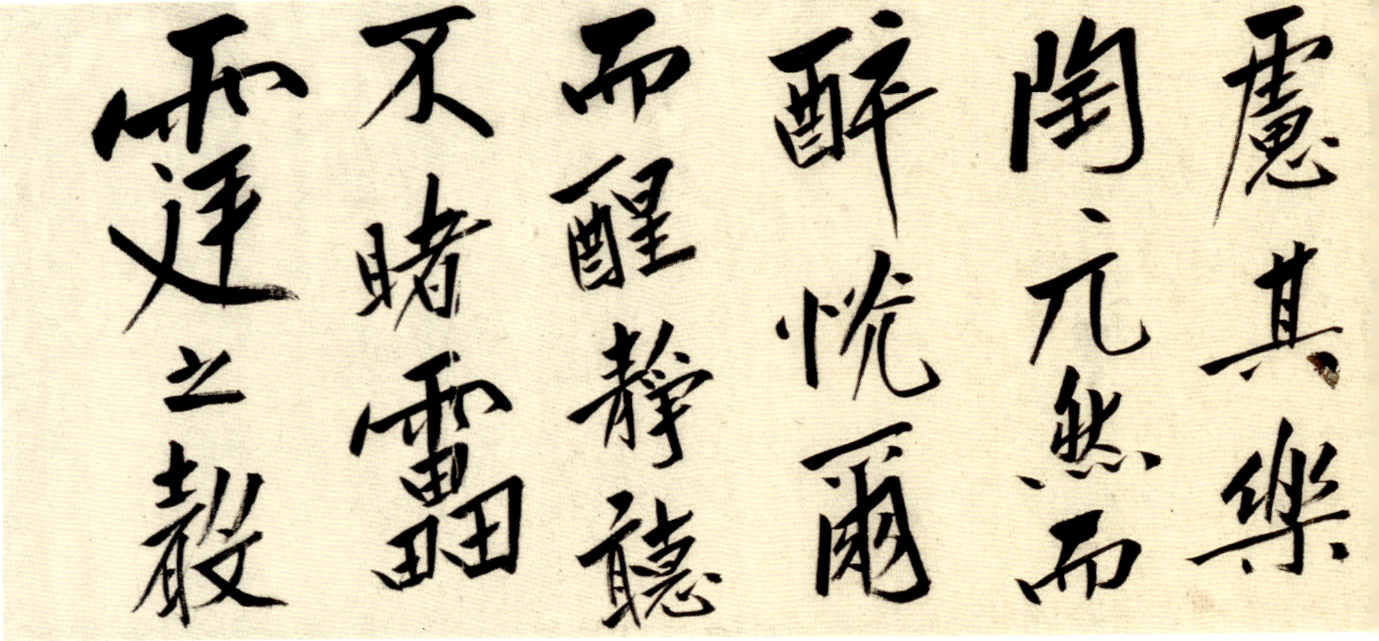
慮其樂
陶陶兀然而
醉怳爾
而醒靜聽
不聞雷
霆之聲

令
右酒德頌
倣山谷老
人書
頫

之一　八哥

浑是般若妙智，更无毫发许为我作障。”[1]大慧宗杲这段开示极为关键，其义理上承唐代早期禅法，又开出宋元后期禅法，可谓禅宗一以贯之之道。既然普通的意识无法作为参究的领域，那么参禅必定要潜入深层的八识才能奏效。然而八识之中蕴含很多危险的元素。参禅当中禅病发作，往往是因为触发了八识当中所潜藏的烦恼，使之从潜藏状态变为现实的心理状态。如果我们把八大山人53岁时的癫狂理解为禅病发作，那么这与他前半生的悲欢离合并不矛盾，因为这些痛苦经历都可能深藏在他的潜意识当中。但从佛教的视野来看，轮回中诸多生命过程的积累，都可能在参禅的过程中集中爆发而不局限于此生。既然八大山人度过了这次危机，说明他已经打开了内心深处的诸多纠结，进入更高的觉悟境界。

从艺术作品上看，八大山人癫狂之前的书画作品都恪守规矩，笔墨运用较为节制，风格上略显拘谨。但癫狂之后的作品有了明显不同，他从艺术风格上创建了自己的语言模式，圆融通达而自由自在。仅就其书法而言，其实他中年所学董其昌和黄庭坚在风格上是冲突的。董其昌和黄庭坚都醉心禅学，书法中都有禅宗的影响，但是其风格代表了不同的禅宗路线。董其昌的作品连绵精细，与曹洞禅风类似；黄庭坚书法有直指人心的力度和通透感，与临济禅风吻合。八大山人在其《个山小像》中所言曹洞、临济两兼之，认为自身对于严谨的曹洞禅学和豁达的临济禅学都有所领悟。但恐怕他此时的禅境恰如同此时的书法风格，只是两种不同理路的拼凑。所谓“羸羸若丧家之狗”，并不是八大山人的自嘲或自谦，而是他认为已经超越曹洞和临济两家的自得之语。很遗憾他的这个论断下得过早，随后的癫狂说明他对两家禅法并没有真正把握。当他从癫狂之后重返平静，才真正达到“洞曹临济两俱非”的境界，对于此时的八大山人来说，出家还是还俗实际上并无区别。就书法来看，他晚年的风格与早年的风格貌似毫无关联，但细究之下，董其昌和黄庭坚的元素其实依然存在。只不过八大山人不再是简单地模仿两者，而是用自己的方式将两种风格有机地融合到一起。到此境地，八大山人终于可以自诩为“丧家之狗”了。因为我们已经很难说他此时的风格是出于某家，他已经自成一派。

在解释完书风转折缘由之后，我们可以对八大山人成熟之后墨迹中的禅意做更进一步分析。简要而言，书法不过用笔、结字两个要素而已。人们通常认为用笔比结字重要，但实际上两者密不可分，只是为了论述方便而将两者分开

① 《大慧普觉禅师语录》卷二〇。

处理。对八大山人作品的风格描述有很多，如简、淡、孤、奇、净、冷、朴、润等，不一而足。这些描述都有各自的道理，但不易集中呈现八大山人墨迹所蕴含的禅意。依笔者所见，八大山人墨迹禅意之体现，一在于用笔之圆，一在于结字之空。圆和空既是其禅意之本体，也是其禅意之运用。

用笔之圆，既有技巧层面的元素，也有精神层面的元素。从书法形态而言，方圆都有其道理。但从技巧层面而言，圆是用笔的更高境界。书法用笔之圆是指将点画的沉浮、偏正、起止等痕迹都蕴含起来的状态。米芾在其《自述帖》中讲道："得笔则虽细为髭发亦圆，不得笔虽粗如椽亦偏。此虽心得，亦可学。"他认为，掌握了用笔技巧的人虽然点画细如毫发也圆，反粗如屋椽也偏。用笔之圆的概念显然与偏相对，因此从某种意义上说，圆与通常所谓中锋有相似之处。但中锋往往被简单理解作笔锋在点画中心行走，因此用饱满立体之圆来形容更为精准。八大山人《题画诗》立轴即用笔之圆的典型呈现。这件作品中并没有很粗壮的点画，在大部分情况下其线条较为平均。然而整件作品无丝毫纤弱单调之弊，其根本原因在于线条的极高质量，这种高度凝练的线条之美，一言以蔽之可谓圆。

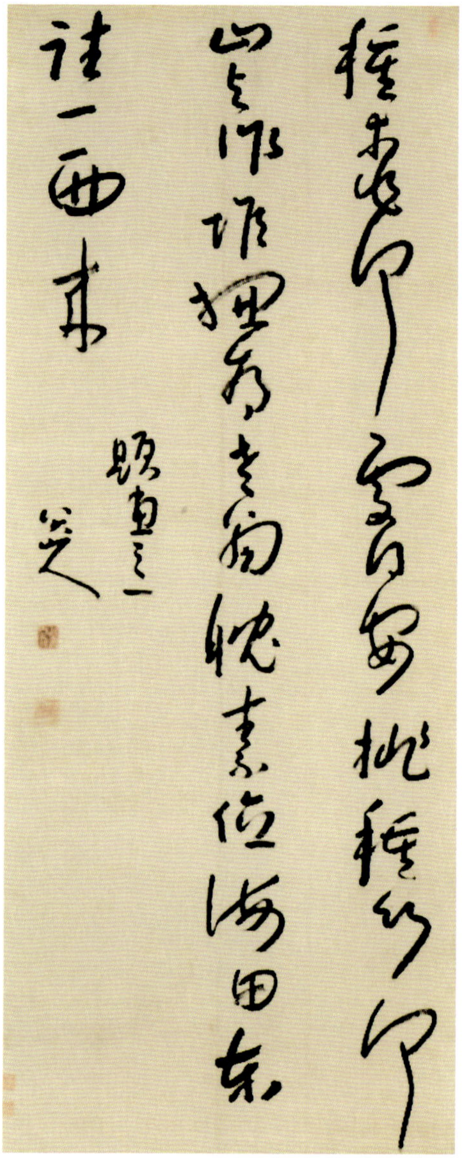

图 4-23 《题画诗一首》轴，八大山人，明末清初，草书，纵 167.4 厘米，横 70.8 厘米，日本东京国立博物馆藏

释文：种桃何处得安桃，种竹何山与作堆？总为老翁耽素位，海田东往一西来。题画之一。八大山人。

八大山人用笔之圆，或以为出于篆籀，或以为出于李邕，从具体技巧而言都不无道理，但从精神取向而言，不能忽视其禅学的渊源。圆本身难以界说，姑且将圆强作分别。首先，八大山人笔法之圆劲，貌似风摆杨柳，实则绵中裹铁，貌似平淡的运笔中充满力度，有举重若轻之能。他结合董其昌式的流美和黄庭坚式的直截，用自己的方式将两种笔法统一起来，既有董其昌连绵环绕之圆，也有黄庭坚长枪大戟之劲。单纯得形态之圆或者点画之劲都不是太难，难的是像八大山人这样将两者协调地融汇于一体。曹洞说法绵密细致，而临济开示则猛烈直截，八大山人墨迹中兼具两者并不为异。其次，八大山人的笔法圆融，看似简单的线条中，其实上下、前后、左右都照顾到了。传统笔法中强调的偏锋正锋、提按起伏、使转顿挫等表现手法，在八大山人这里都已具备。只不过他在运用这些技巧之后，又把这些技巧泯灭掉了，所以才能达到看似全无烟火气的境界。如果只看到八大山人笔法简约的外形，未曾留意其中蕴含的诸多技巧，往往会以八大山人为枯寂。其实貌似枯木寒灰之中，往往有生机无限，此八大山人笔法禅机所在。当年沩山灵佑参学于百丈怀海禅师门下，百丈怀海对沩山灵佑说："你看看炉子里面还有火吗？"沩山灵佑大略看了下，回复说没有了。百丈怀海亲自去炉灰中仔细翻寻，取出火种道："这是什么？"沩山灵佑当下领悟。炉灰比喻参禅到心识路绝的境界，拨灰见火则是从绝路中寻觅到的一线生机。佛教所谓空寂并非一无所有之意，而是蕴含万象而不为所动。最后，八大山人笔法之包括万象为圆融之境，虽包括万象而不为所动则为圆寂之境。圆寂之境与枯寂之境往往很类似，但枯寂之境单调而缺少生机，圆寂之境则在充满生机的同时又富有变化。当我们仔细观看八大山人墨迹的时候，发现其笔法千变万化，充满生发之象，如同繁花满树、流云在天。但是在诸多变化之上，又有超然不变之寂静所在，是为八大山人所迥然之处。《维摩诘经》有"能善分别诸法相，于第一义而不动"之论断，为历代禅学所推崇。笔法千变万化者历代善书者往往有之，而于变化之外得不动之境，多饱参禅机之士，八大山人是为典范。

八大山人结字风格之形成与笔法的成熟皆在60岁左右，只是老而弥辣，70余岁而达极致。《草书小山野水七言联》便是他最成熟时期的作品，仅就此对其结字所蕴禅意略做分殊。初看之下此作稍显平淡，与同期王铎、傅山等辈相比少了跌宕起伏之势，但这正是八大山人超乎时代风尚之处。书宗魏晋是一贯之旨，但何为魏晋书风则各解不同。唐以后书法大家无不宗法魏晋，王铎根基在于《圣教序》和阁帖，傅山也于阁帖用功甚勤，八大山人晚年临习最多者为《临河叙》。但是他们对于魏晋书风的理解并不一致，王铎所理解的魏晋书风是险绝复归平正，傅山心目中的魏晋书风是质朴天真，八大山人心目中的魏晋书风是超然象外。这种对于现象的超越，即佛家所谓的空。空本身超越形象，然而又不离形象，这是佛家色空不二的根本原则。八大山人通过形象来呈现空义并非不可思议，只是其中原理还需稍加分殊。

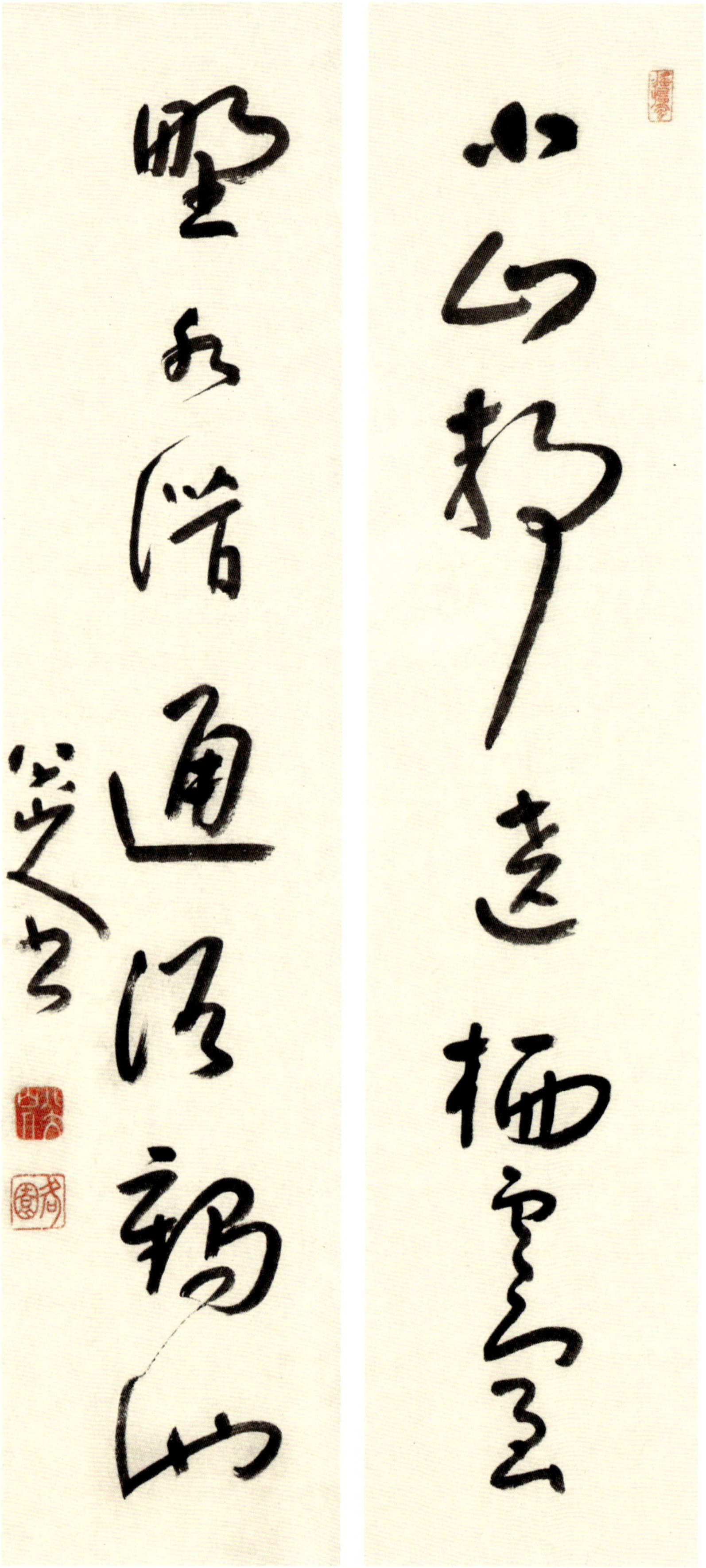

图 4–24 《草书小山野水七言联》，八大山人，明末清初，草书，纵 105 厘米，横 23 厘米（单联），苏州灵岩寺藏

释文：小山静绕栖云室，野水潜通浴鹤池。八大山人书。

书法中最初步的空在于结字之布白，所谓“计白当黑”的道理并不复杂，但真正能做到绝非易事。即便作品中不乏连带与繁复，但八大山人仍在通篇给人以空旷之感，这就是布白之空。邓石如理解的计白当黑，即字面疏处可走马，密处不透风，这种理解还是稍有刻板之嫌。八大山人作品中并没有刻意的疏密夸张和对比，结字密不透风的情况在王铎和傅山作品中常见，但在八大山人作品中很少出现。八大山人的结字永远在点画间保持基本的距离，在任何情况下都从容不迫，这就是他所理解的魏晋风骨。这种将每个点画都交代清楚的能力，其结果就是每个布白都具有明确的意义，从而使观看者不仅关注点画本身，也会在不自觉中被点画所构成的空间所吸引，从而获得更多感悟。依照佛教的观点，智慧来自禅定。如果说空是智慧的呈现，那么将每个点画都清晰交代则是定力的体现，八大山人作品中的空间感便来自他将点画独立而完整刻画出来的能力。早期佛教讲究由定而生慧，禅宗则更多地强调定慧一体。从禅宗的角度看，八大山人点画周详之定与其结字空旷之慧只是一种技巧的不同呈现方式而已。

空境在结字上初步呈现为布白巧妙，更进一步而言则在结字之奇变。八大山人结字布局之奇有目共睹，但放在明末清初大背景当中，八大山人之奇并不突出。从徐渭至傅山，奇异远过于八大山人者不乏其人。八大山人之奇在于他的结字似奇而反正，奇正相合处他人难及。如《草书小山野水七言联》十四字，整体看无一字不平正，没有超过《圣教序》之俗套，但细究之下无一笔不奇特，全然是八大山人自出胸臆。禅宗解说公案历来如是，貌似对以往公案不停重复，实际上每次运用都别出心裁，因此其意蕴不可捉摸。禅宗所谓不着相并非放弃一切形式，而是就形式而脱离形式。禅宗六祖所谓“于相而离相”，才是“无相”之真正含义。八大山人结字之变异，以《圣教序》之二王法度为根基，此为“即相”；而于二王法度能自出机杼，则是“离相”；将两者结合起来，则是无相之境的完整解读。如完全自作主张，则偏于离相；如完全恪守规则，则流于着相，明清之际落于一偏者不乏其人。如八大山人结字未脱离法度而能时出新意，是罕有的对无相空境的圆满呈现。

如果说八大山人书法中奇妙的结字是无相之境的呈现，那么构成其奇变的内在原因则是无念之境。依照《六祖坛经》的观点，无念者乃是于念而离念。《六祖坛经》对此境界有类似的表述：“般若三昧即是无念。何名无念？若见一切法，心不染著，是为无念。”具体到书法领域而言，无念大致相当于无意境界。禅宗所悟入的无念三昧，当然比书法的无意之境更为高妙透彻，但两者之间仍存在明显的相似性。就心体境界而言，两者都强调无心的重要性，必须达到心无染著的地步方可算作无念或者无意。此外，这种无意或者无念的境界本身并非昏沉散乱，具备无可比拟的创造性。只不过禅宗达至无念境界的方式是参禅，书家达至无意境界的方式往往是饮酒。唐代书家群体借助酒力而乘兴创作已经广为人知，宋代书家中这种现象也颇为常见。史上记载有苏轼和米芾的醉书轶事：

> 米元章书，自得于天资，然自少至老，笔未尝停，有以纸饷之者，不问多寡，入手即书，至尽乃已。元祐末，知雍丘县，苏子瞻自扬州召还，乃具饭邀之。既至，则对设长案，各以精笔佳墨，纸三百列其上，而置馔其旁。子瞻见之大笑。就坐，每酒一行，即申纸共作字。二小史磨墨，几不能供。薄暮，酒行既终，纸亦尽，乃更相易携去，俱自以为平日书莫及也。①

八大山人癫狂之际，大哭大笑，世人不堪其扰，于是就将其灌得酩酊大醉以求安稳。或许是这个原因，八大山人晚年也颇为嗜酒。其实借助酒精毕竟是权巧方便，真正构成书法之妙的原因在于他们长年对书法艺术的参悟，如黄庭坚晚年言："幼安弟喜作草，携笔东西家，动辄龙蛇满壁，草圣之声誉满江西。来求法于老夫，老夫之书，本无法也。但观世间万缘，如蚊蚋聚散，未尝一事横于胸中。故不择笔墨，遇纸则书，纸尽则已，亦不计较工拙与人之品藻讥弹。譬如木人舞中节拍，人叹其工，舞罢则双萧然矣。幼安然吾言乎？"唐宋以来艺人对此的感悟在很大程度上来自禅宗，尤其是六祖一脉禅学倡导的无念、不作意对后来诸家影响颇深。如果我们放宽视野会发现，不仅宋代，其实整个古典书法时期都注重无意之中的创作胜过刻意的篇章谋划，不过宋人深受禅宗无念之影响而对此详加阐发而已。从八大山人晚年的作品中我们可以明显感受到，他在创作过程中对于无念之境的把握。具体就作品细节而言，这种无念体现为诸多不合理细节在作品整体上的合理性。如果基于刻意进行书法创作，那么会出现两种后果：所有点画都经过精心安排而处于合理的位置，那么作品会如同机械而失去生机；要么点画被刻意制造出夸张的变化，那么随之作品因缺少整体的合理性而失之自然。明清之际，馆阁体是前一种弊端的体现，很多行草名家都不免有后者的嫌疑。八大山人作品之独特，就在于它既充满各种出人意料的变化，又呈现出天然的合理性。如果说其作品中的变化来自无意间的挥洒，那么最终作品的合理性则体现了他对法理的深刻体认。

恰如我们不能把禅宗的无念理解为万物不思或者随心所欲，我们也不能把艺术创作

① 《石林避暑录话》卷三。

中的无意理解为任意挥洒。禅宗对于无念有着清晰的界定，既对诸多观念有清晰体认，同时又不为其所困。对“无念”之境的如是解释便与“无住”有了重合。《六祖坛经》中对无住之说颇为重视：“无住者，人之本性，于世间善恶好丑，乃至冤之与亲，言语触刺欺争之时，并将为空，不思酬害，念念之中，不思前境。若前念、今念、后念，念念相续不断，名为系缚。于诸法上，念念不住，即无缚也。此是以无住为本。”无住是超脱的根本所在，是对无相和无念的进一步解说。从艺术的角度来看，无住即无法，不仅不被前人的风格所束缚，更进一步也不为自身设立的规则所束缚，才能称得上无住境界。要达到无住境界，关键在于将价值判断予以悬置，如此才能不为既有的规则所困。八大山人晚年的作品显然有了不同于以往艺术家的独立风格，更为难得的是他并没有简单重复自己，而是在其每件作品、每个细节当中都体现出创造性元素。这种创造性的源头，离不开他对于无住之境的体悟。

八大山人并不是严格意义上的艺人，他并不以贩卖自己的作品为生。巨贾贵族千金求作往往不被八大山人接受，赠送给他的精美绢素倒是可以收下，但他依然没有作品回赠。反而是八大山人身边的贩夫走卒以至儿童，时常可以得到八大山人的作品，所以权贵之士若要获得八大山人的作品反而要从平民手中购买。这种诡异的作品流通方式使得八大山人完全不依赖外在的评价，无论是最终的购买者还是画商，其褒贬对于八大山人来说毫无意义。这与其中年的癫狂经历有不可分割的关联。癫疾发作期间流落街头的经历使他明了，外在社会的评价其实对人的存在状态并无意义。从更深层来看，癫狂状态下，人对于自身的价值判断也失去了意义。度过中年危机之后，八大山人对于价值评判的虚幻性自然有了更进一步的体会。他终生浸染的禅学，对于价值判断也有着明确的指示。记载菩提达摩弟子言论的《二入四行》长卷中讲道：“心若有所贵，必有所贱。心若有所是，必有所非是。心若善一个物，一切物即不善。心若亲一个物，一切物作怨家。”禅宗三祖《信心铭》也有“但莫憎爱，洞然明白”的指示，《六祖坛经》对善恶不思展开了更为详尽的阐述。这一切禅门开示都指向价值判断的悬置，而数十年的参禅经历，加上独特的身世背景，八大山人对此道理必然有非同寻常的切身体悟。这种价值悬置的境界，使八大山人能够摆脱对他人、对自身观念的执着，充分自由地挥洒笔墨。他创作的自由度如此之高，以至于创造性元素在作品中随处可见，难以列举。无论是笔法还是结字，无论是墨法还是篇章，八大山人书法中不可思议的变化俯拾皆是，使每一次观看都产生不同的印象，在历经数百年之后依然令人神往。

中国
佛教美学
典藏

第五章 近代禅德墨迹

意识形态的厌倦，也有对革命新说的热忱，但根本原因是碑学契合了东渐之西方艺术的基本预设。源自古希腊的西方艺术传统之所以推崇视觉，是因为视觉具有最高的“客观性”，它很少因为感觉主体的不同而呈现出差异，而其他的感知都无法达到这样的效果。西方的视觉中心主义基于古希腊的哲学基础，渗透到艺术的各个领域。近代中国对西方文化的接纳，不可能不受视觉中心主义的渗透。西方文化中视觉所具有的优先性逐渐演化为视觉的统治性，凡是与视觉冲突的感知都被贬斥为次一级的感知，或者干脆被斥为虚妄。

这些被排斥的感知模式自然包括中国传统宗教和艺术所倚重的意会能力。中国艺术思想基于《易传》立象尽意，而个体的独特领悟能力和层次是宗教和艺术具有穿透性洞见的根源所在。这种意会的能力基于主客一体的被动“聆听”能力，与主动搜寻和构建的视觉并无密切关联，在很多情况下，艺术和宗教都明确反对主客分立的视觉倾向。禅宗之所以能对传统艺术形成重要启发，是因为它能够帮助艺术家超越理性的构建而激发本然的呈现，这与视觉中心充满谋划与构思的创作模式截然不同。

然而，此时的禅宗作为一种普遍的文化形态已经式微，作为其承载主体的佛教本身也面临来自现代性的严峻挑战。清末太平天国运动后，各种寺庙、祠堂遭到严重破坏，佛教的损失首当其冲。鸦片战争后，面对内忧外患，中国现代化运动试图通过振兴教育而发展国力，变法之士主张把寺庙、祠堂改为学校。湖广总督张之洞作《劝学篇》，力主动用全国寺庙财产作为兴学的经费，这一主张得到支持后，庙产兴学在戊戌变法期间开始施行。庙产兴学不是一个简单的经济问题或者政治举措，它实际上意味着整个社会已经对自身的精神传统失去信任，迫不及待地试图用西方的方式来对抗西方。佛教一方面联合起来试图自保，另一方面开始进行革新以谋求发展空间。这种革新集中于两个角度，一是体现于人间佛教运动的教制革新，一是基于唯识学的学理革新。然而无论是人间佛教运动的社会化倾向，还是唯识学的实证主义倾向，都基于来自西方的思想资源，其得失尚未分明，但与传统的冲突已经凸显。

倡导人生佛教运动的太虚法师与教内传统派因为教制和教产改革产生了直接冲突，然后他所主持的武昌佛学院又与金陵刻经处产生学理上的分歧，不过此时太虚法师反而成了保守派。因为金陵刻经处吕澂等人指责整个中土佛学出于伪说，太虚法师不得已创立大乘三系说予以辩护。千余年来，从未有人怀疑过中土佛学不合于佛理，但近代此说一发不可收拾。这一内在危机对佛教的威胁甚至在外在的庙产兴学运动之上，因为它动摇了佛教的根本理念。表面上看，吕澂等人批判中国佛教传统的武器是源自印度佛教的唯识学，但内在根据其实是近代西方基于理性的实证主义传统。实证主义同样来自古希腊注重主体间性的理论传统，排斥特定个体在认知上所具有的优先性和独特地位。传统以禅宗为核心的中国佛教恰恰强调自证自悟，极力屏除来自文字、语言的共识，因此与近代的理性化运动之间无法共容。一部分佛教僧人干脆放弃了与现代思想的对话，采取相对封闭的传统模式来延续佛教，其中以弘扬禅宗的虚云法师、弘传净土的印光老人和精研律宗的弘一法师为代表。

面对前有未有的危局，佛门诸有识之士竭力护法救教，传统士大夫式的文化氛围已荡然无存。从整体而言，佛教对艺术已经不复以往般留意，但其中也有例外，弘一法师便试图通过书法艺术来弘传佛法。他出家伊始，试图以写经传教，后来其书法作品具有了超越文字的独特感染力，从而成为近代禅德墨迹的典范。

弘一法师墨迹

清末，佛教迎来短暂的复兴，唯识宗由杨文会从日本请回经典论述而重新焕发光彩，禅宗以虚云和尚为代表的一代宗师出世，净土宗有印光老人等专心弘扬，律宗有弘一法师重新整理，教制改革则有太虚法师积极推进。近代重要佛教人物大多有墨迹存世。作为近代佛门巨擘的虚云、印光二公，虽见解不凡，但其墨迹不约而同地将踏实平凡的风格发挥到极致，后人敬重其墨宝多是借此追忆其德行。太虚法师的结字偶有妙处，但技法尚欠锤炼，因此难以比肩历代佛门墨迹。其中主要原因在于以上诸公皆未曾专心留意笔墨，能够有意识地以笔墨来作佛事者，以弘一法师为典范。从纯粹的艺术角度看，弘一法师墨迹的成就也最高，甚至可以比肩历代书坛名家而垂范历史。

一、弘一法师之禅学理念

从佛教门派论，弘一法师属于律宗，他的整个僧侣生涯都以弘扬南山道宣法师所确立的律宗为本怀，被称为近代重兴南山律法的祖师；从他本人的宗教实践来看，应属于净土宗。弘一法师深受印光老人的影响，从初入佛门开始就以净土作为自己的修行途径，并终生以念佛来教化他人。弘一法师的僧侣生涯，可谓教弘律宗而行归净土宗。但是，无论是律宗还是净土宗，都无法解释他在艺术上取得的非凡成就。如果我们不把弘一法师在艺术上的成就仅仅归于天赋的话，那么无疑佛教对他最终风格的形成起到了至关重要的作用。可以反过来设想一下，如果没有中年时毅然出家的转折，弘一法师能否在艺术上取得如今这样的成就？显然不会。即便他注定会成为伟大的艺术家，但是他的艺术风格也肯定与现存作品的状态不同。也就是说，佛教教义深刻影响了弘一法师对艺术创作的理解并最终促成他独特风格的形成。然而深究起来，能够对其艺术风格产生影响的佛教教义，很难在分析行为准则的律宗和一心念佛的净土宗中找到渊源。因此，必定还存在第三种佛教理论来影响弘一法师的艺术风格，那就是隐藏在他思想深处的禅学。

弘一法师早年天资超群、才华横溢，出家之后却锋芒尽敛，多作念佛行善等平实话语。他也有些契合于禅宗的论述，不过多为其律宗和净土宗的成就所掩盖。如《晚晴集》中录有很多禅师法语，可见弘一法师曾经于禅门下过功夫。

53 岁时，弘一法师为竹园居士书法题偈道：

> 文字之相，本不可得。以分别心，云何测度。若风画空，无有能所。如是了知，斯为智者。[①]

文字之相不可得，是大乘佛教的一贯立场，但禅宗对此有特别的关注。弘一法师此言的直接源头是菩提达摩“诸佛妙理，非关文字”的说法。只不过禅宗所言文字是指语言，而弘一法师指书法。虽所指不同而意蕴无异，皆分别思量所不能及。禅法远离分别思量，在《圆觉经》等经典中有明确的开示。而书法亦非分别思量可得，这是弘一法师晚年对于书法的创造性洞见。第二偈中“若风画空，无有能所”一句，用形象的比喻呈现出弘一法师对空性的理解。空并非虚无，它能够发生实际的作用，就如同风行草偃；然而空又非实有，风过之际并无能吹所吹，过后了无痕迹。大乘佛教行菩萨道亦复如是，虽六度万行救度无量，但心中无一众生可度。弘一法师用形象比喻所表现出来的，是他对大乘中观深刻的理解，也就是禅宗“无念”的根本宗旨所在。

这种思想并非弘一法师偶然的闪现，而是他成熟的体悟。另一处题记中也有类似表达：

> 一言一字，莫非实相。周遍法界，光明无量。似镜现像，若镜画空。如斯妙喻，乃契诗宗。[②]

---

① 《弘一大师全集》编辑委员会编：《弘一大师全集》第 8 册，福建人民出版社，2010 年，第 210 页。
② 《弘一大师全集》编辑委员会编：《卧云楼诗存》，《弘一大师全集》第 8 册，福建人民出版社，2010 年，第 210 页。

虽然表面上是在题写诗集，但弘一法师的用意还在于佛法。前面言文字之相不可得，此处云“一言一字，莫非实相”，貌似相反而实际上相成。不可得指佛性之体超越语言，无非实相则指佛性之用不离于文字。佛性的作用如同明镜，照彻万象，清净明白；又如同微风，掠过空中，不留痕迹。了解了佛法的道理，也就理解了诗歌的道理。在这几首诗偈当中，弘一法师明显呈现出对禅宗的领悟，并有意识地将其与艺术创作进行关联。这种禅理与艺术的互相激发在历史上已经有很多先例，弘一法师这些论述是传统的禅艺交融在近代的典型体现。

去世前一年，弘一法师为刘绵松居士题写精舍匾额“滜华精舍”并释义道：“滜者，今文作净。胜净者，圆悟自性本净也，谓知一切众生，皆如来藏，无别八识生灭之种烦恼生死，即是菩提涅槃彻于法界。唯见清净，不复更有染法也。胜华者，既悟自性本净，应即称性圆修，芬敷万行，荣耀众德，故喻如华也。然性与修，二而不二。全性起修，全修在性，由是挈合净华。名其精舍，藉示性修不二旨焉。”在弘一法师看来，众生本性清净，本无烦恼，能顿见此性即是修行，因此本性与修行并无二致。此观点基于禅宗自性本净、客尘本空的立场，但是也吸收了华严宗的观点，与历史上华严四祖澄观、五祖宗密所倡导的华严禅非常接近。

1942 年，弘一法师预知自己辞世之期将近，致函给夏丏尊和刘质平道：

> 朽人已于九月初四日迁化，曾赋二偈，附录于后：
>
> 君子之交，其淡如水。执象而求，咫尺千里。
>
> 问余何适，廓而忘言。花枝春满，天心月圆。

这两首偈语是弘一法师辞世之前最终见地之呈现，其重要性无论如何估计都不过分。预知辞世之时将至，在净土宗和禅宗都有先例。但随后遗留的两首偈语，其中包含的禅意更多些，且辞世留偈本来就是禅宗的传统。

第一偈所言“君子之交，其淡如水”，不能简单理解作传统儒家的行为方式，其中包含了大乘佛教入世出世合一的精神境界。所谓君子之交，并不局限于弘一法师同某个人的交往，而是概括了弘一法师对这个世界的态度。从他早年醉心于艺术、教育和思想，到他中年毅然出家归隐，到出家后积极弘法利生，再到晚年重归于隐退，弘一法师一生起伏进退，充满了戏剧化的转折和引人入胜的情节，但对他本人而言，始终与此世保持着清醒的距离。这种清醒的距离，即大乘佛教空性见之体现。大乘佛教讲究入世利生，但前提是必须对受众、自我和交往都有清醒的洞察，只有对三者的虚幻性有高度自觉的把握，才不会被入世所困。一句简单的“君子之交，其淡如水”，道尽了大乘佛教在入世中保持出世态度的精要所在。“执象而求，咫尺千里”，暗示了弘一法师在表面的行为举止之外，还有隐含的精神境界。这使得我们在探究弘一法师时，不能仅依据表现出来的言谈行为来做判断，而是要超越表相，洞察其本怀，否则就无法把握弘一法师的本真。

如果我们追问弘一法师的本怀，法师却道“廓而忘言”，忘言绝虑之境与禅门不立文字之道若合一契。“花枝春满，天心月圆”一句为后人传颂不已，意味深长又难以捉摸，其内涵也需要结合禅宗才能有明确的解释。“花枝春满”一典来自某比丘尼悟道诗：“尽日寻春不见春，芒鞋踏遍陇头云。归来笑拈梅花嗅，春在枝头已十分。”[①] 这首偈子流传甚广，不仅是禅宗开悟之典范，在文学领域也令人称赞不已。所谓“寻春”，比喻对本然自性的追寻，此自性并非抽象之理，而是生动之意境，所以喻之以春，取其蓬勃生发之气象。“芒鞋踏遍陇头云”，可以指辛苦的求道经历，虽然自性本然存在，但不经过一番辛苦追寻也难以得见。另外这句话也可以理解作烦恼本空，如岭上浮云，自来自去，无碍本然风光。“归来笑拈梅花嗅，春在枝头已十分”，表面上形容游子历经千般终回故乡的感慨：原来自己不断追寻的目的，其实早已在出发之地便存在，只是当时恍然不觉而已。实际上这句诗背后呈现的是禅宗理念：佛性当下即是，不劳向外寻求。弘一法师“花枝春满”四个字，高度概括了比丘尼悟道诗的禅宗意境，借用这首传颂广泛的禅诗，将自己对禅宗的悟境呈现给世人。

与“花枝春满”一句类似，“天心月圆”一句同样是在表述禅宗境界。将圆满佛性比喻为月亮是佛教的一贯传统，尤以禅宗为重。最初菩提达摩引以为禅门依据的《楞伽经》卷四中讲道：“如愚见指月，观指不观月。计著名字者，不见我真实。”后来影响禅宗甚巨的《圆觉经》也有类似的表述，明代据此将禅宗公案汇集为《指月录》。在禅宗传统中，月亮指超越语言的真实境界，而笑拈意味着指向真实的文字语言境界。弘一法师前面所言“廓而忘言”指对语言文字境界的超越，而末后“天心月圆”则诉说对真实境界的洞察，两者合起来即禅宗传统上超越文字、直达真实的理念所在。

这种对于弘一法师的理解并非臆测，在当时已有人意识到了弘一法师思想中超越性的一面，此人即马一浮。马一浮不仅是近代儒门巨擘，而且深入禅学，

---

① 《鹤林玉露》丙编卷六。

与弘一法师交往密切，弘一法师出家即受其激发所致，因此他对弘一法师的理解全面而透彻。当弘一法师圆寂的消息传来，避难四川的马一浮写了两首挽诗，作为对弘一法师毕生修为的总结：

高行头陀重，遗风艺苑思。自知心是佛，常以戒为师。三界犹星翳，全身总律仪。只今无缝塔，可有不萌枝？

春到花枝满，天心月相圆。一灵元不昧，千圣更何传？交淡心如水，身空火是莲。要知末后句，应悟未生前。[①]

第一首诗前面概论了弘一法师在律宗、头陀行、艺术上的多重成就。末后“无缝塔”一句，嵌入了禅宗的典故。塔是佛教僧人去世后埋葬的场所，所谓无缝塔其意何在呢？唐代长沙景岑禅师参学于雪峰义存禅师门下，雪峰指着一片空地说：此处正好建一座没有缝隙的舍利塔。两人就此展开机锋往还，“无缝塔”遂成为禅宗的重要公案之一。此处缝隙指理解的可能性，而无缝塔则指终极境界不可思议。马一浮用无缝塔来总结弘一法师的最终境界，暗示了弘一法师之境界非思量分别所能究竟。虽然不可思议，但此无缝塔又充满蓬勃萌发的花枝。无缝塔指空性境界，花枝萌发则指弘一法师诸多成就，马一浮用此来说明法师的各种成就都是基于他对佛性的洞察。弘一法师的各种成就世人皆知，而对其背后的无念之境则少有清晰的觉察。马一浮第二首诗是对弘一法师辞世偈的解说，全然出自禅宗的角度，与本文基于禅宗来解说弘一法师辞世偈如出一辙。在马一浮看来，“天心月圆”之心即是无心，无心即历代禅宗祖师所揭示的灵明自性。如果试图透彻理解弘一法师辞世偈颂的本意，那么应该从未生之前的本来面目去探究。众所周知，所谓“本来面目”是禅宗的重要公案，指不被烦恼染污的本然自性。马一浮在这首诗中反复强调的都是在禅宗视野下对弘一法师的观照，可谓发人所未发。作为弘一法师最重要的方外之友，马一浮的视角是理解弘一法师佛学观念的重要参考。

① 《弘一大师全集》编辑委员会编：《马一浮居士与弘一法师的法缘》，《弘一大师全集》第10册，福建人民出版社，2010年，第350页。

二、弘一法师之书学理念

从前文可知，弘一法师对佛法的洞见有时隐藏在他对艺术的论述当中。因此有必要对其艺术观念做更进一步的解析，不仅为深入探求弘一法师的佛学见解，更为呈现他艺术成就背后的思想依据所在。鉴于他出家后放弃了书法之外的其他艺术活动，所以我们仅以其书论为考察的重点。

弘一法师出家之初的书法理念来自印光老人的教诲，以踏实平正为主导。

弘一法师出家后，选择净土宗作为自己的修行途径，而印光老人正是近代净土巨擘，因此弘一法师多次向印光老人请示。印光老人悉心教诲的信件犹存，其中不乏对其书学理念的指导。弘一法师出家后放弃了其他艺术领域而唯保留书法，原因在于他认为写经有助于弘法："夫耽乐书术，增长放逸，佛所深诫。然研习之者能尽其美，以是书写佛典，流传于世，令诸生欢喜受持，自利利他，同趣佛道，非无益矣。"① 印光老人对此开示道："写经不同写字屏，取其神趣，不必工整。若写经，宜如进士写策，一笔不容苟简。其体必须依正式体。若座下书札体格，断不可用。古今人多有以行草体写经者，光绝不赞成。……方欲以此断烦恼，了生死，度众生，成佛道，岂可以游戏为之乎？"② 印光老人将世俗以行草为主导的书法和工整的佛教写经书法做了严格区分，认为写经乃是出世间法助缘，绝不可以世间法游戏文字的态度从事。

他的这种观点对于弘一法师影响深远，弘一法师出家后的书法创作基本上是按照印光老人的指点进行，整体风格端正严谨，令人望而生敬。据刘质平回忆，弘一法师作字时闭门谢客，不许他人在旁，唯恐扰乱神志，书写时聚精会神，落笔慎重，一点一划皆全力以赴。1937 年在南普陀关于书法的演讲中，弘一法师表达了这种艺术立场：首先，佛教优先于艺术，书法只是弘法的助缘而不可喧宾夺主；其次，书法应当以篆书为入门，可以知汉字之渊源及流变而避免误写；再次，结字要平正，不可偏左右上下而必须合乎标准；最后，风格统一之外可略有变化但不可过度……从这些基本法则可见，弘一法师认为规矩和准绳是书写的基本。但是接下来，弘一法师的观点又超越了简单的规矩和准则：

> 诸位或者要说，这是普通的方法，假如要达到最高的境界须如何呢？我没有办法再回答。曾记得《法华经》有云："是法非思量分别之

① 《弘一大师全集》编辑委员会编：《弘一大师全集》第 7 册，福建人民出版社，2010 年，第 641 页。
② 《弘一大师全集》编辑委员会编：《弘一大师全集》第 8 册，福建人民出版社，2010 年，第 503 页。

正书七言联是弘一法师在出家前一年（1917）所作，可以看作是他早年书法创作的代表之一。他早年所作书法，受清末以来碑学影响很深。从他这一时期所临习的作品看，集中于北朝的碑版如《天发神谶碑》《张猛龙碑》《始平公碑》等。这些碑刻用笔方截，结字中宫茂密而四周舒张，弘一法师早期书法基本上效法此风格。碑学的兴起有复杂原因，其中较为直接的动机是反对明末清初书坛的萎靡孱弱之气，因此取碑刻雄强劲健之风予以弥补。碑学思想恰好与近代社会注重变革的风气相吻合，又有金石学兴起相助，于是大行其道。弘一法师敏锐感知到艺术领域的变革之风并全力投入其中，此时已经是小有成就且充满拓展的潜力。如果他没有出家的话，依照这个路线发展下去，应当也会以此书风卓然成名。

但随后弘一法师决然出家，书风也随之一变。

正书九言联是他出家第一年所作，将前期碑版充满雕刻痕迹的用笔改为较为自然的内敛型用笔，结字并没有太大变化，依然是攲侧结字模式下中宫紧缩、四周开张的写法。这种延续碑学的风格持续了相当长一段时间，主要用于书写楹联、匾额大字，同时期书写佛经的小字则是一种接近于颜体的风格，信札中还有一种类似于沈曾植的行书碑版风格。基本上看，出家初期弘一法师墨迹处于延续早期的探索阶段，尚未形成独立而稳定的自我风格。

世人所熟知的弘一法师书风，直到他 50 岁左右才形成，代表作品是《华严集联三百》。弘一法师多年留心《华严经》，1930 年（夏历庚午年）手写成《华严集联三百》一书，次年撰书前《序说》及《〈华严经〉读诵研习入门次第》附于卷后，在沪印行。据刘质平《跋》，庚午四月，为法师母太夫人七十冥寿之期，法师编写此书，兼有回向纪念之意。书前《序说》中弘一法师云："割裂经文，集为联句，本非所宜。今循道侣之请，勉以缀辑。其中不失经文原意者虽亦有之；而因二句集合，遂致变易经意者颇复不鲜？战兢悚惕，一言三复，竭其驽力，冀以无大过耳。兹事险难，害多利少，寄语后贤，毋再赓续。偶一不慎，便成谤法之重咎矣。"从序中可知弘一法师编辑此书之慎重，不仅文字编辑方法周密，书写尤见态度严谨，因此成为传世之作。蔡丏因《廓尔忘言的弘一大师》记云："法师书法极有功力，上窥秦汉篆隶，而《天发神谶》《张猛龙》《龙门二十品》诸碑，更是法乳所在。……晚年把《华严经》的偈句，集成楹联三百。有人请他写字，总是写着这些联语和偈句的。用笔更来得自然，于南派为近，但以前学北碑的功夫，终不可掩，因之愈增其美了。据他自己说，生平写经写得最精工的，要算（民国）十五年在庐山牯岭青莲寺写的《华严十回向

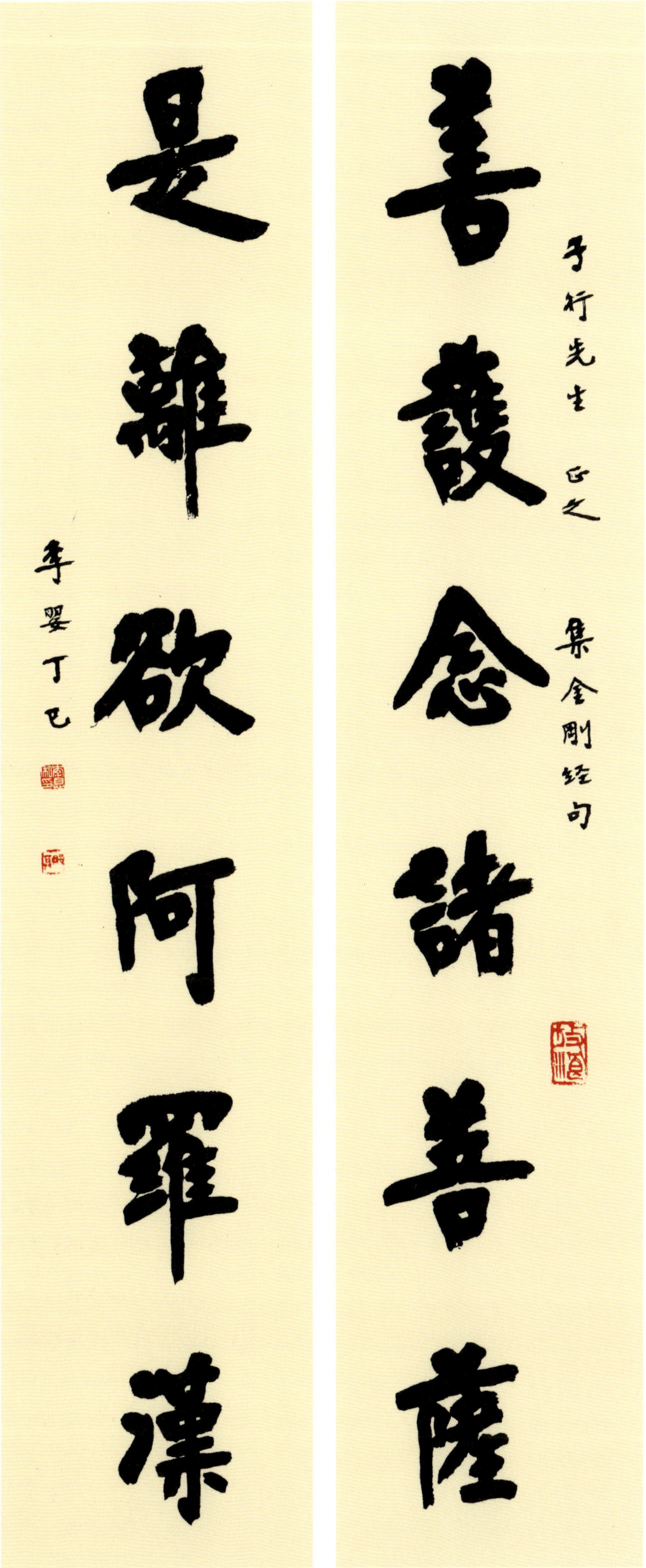

图 5-1　正书七言联，弘一法师

释文：善护念诸菩萨，是离欲阿罗汉。

图 5-2　正书九言联，弘一法师

释文：信解受持亦无非法相，
梦幻泡影应作如是观。

品·初回向章》。含宏敦厚，饶有道气，比之《黄庭》。太虚法师也推为近数十年僧人写经之冠。……后来《华严经集联》印成，来信又说：‘迩来目力大衰，近书《华严集联》，体兼行楷，未能工整。昔为仁者所书《华严·初回向章》，应是此生最精之作，其后无能为矣。’”如果按照这个说法，其实弘一法师的书法风格在 46 岁时已经形成，50 岁时的《华严集联三百》只是对此成熟风格的集中展示而已。

弘一法师此时的风格与前期风格截然不同。简要而论，就是碑、帖之别。1923 年，弘一法师在给堵申甫的信中有一句非常重要的话：“拙书迩来意在晋唐，无复六朝习气，一浮甚赞许。”[①] 所谓“六朝习气”，就是清末兴起的碑学运动，也就是他早年醉心其中的北朝刻石。此时弘一法师已经明确意识到碑学风格的偏颇所在，而试图摆脱它对自己书法创作的影响。帮助弘一法师做出这一转折的是马一浮。马一浮不仅兼通儒佛，而且擅长书法，加之与弘一法师往来密切，因此其观点对弘一法师非常重要。马一浮的书法曾经深受碑学代表人物沈曾植的影响，弘一法师早期书法中也有类似沈曾植的风格，或许就是来自马一浮。但马一浮后来明确指出并不赞成沈曾植，说明他已经开始有意识地远离碑学立场。马一浮的转折也影响到了弘一法师，自 43 岁时，弘一法师已

① 《弘一大师全集》编辑委员会编：《弘一大师全集》第 8 册，福建人民出版社，2010 年，第 358 页。

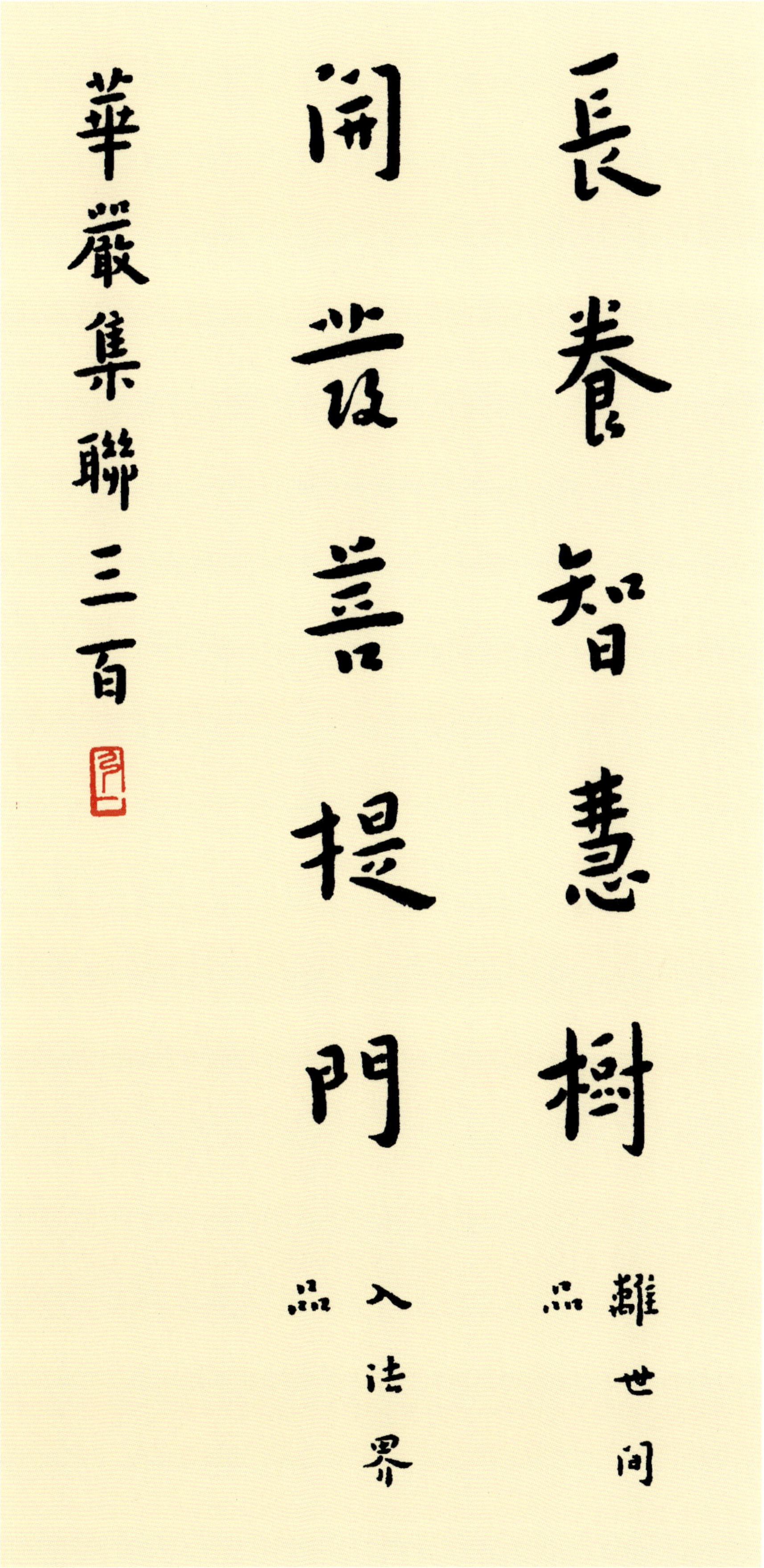

图 5-3 《华严集联三百》，弘一法师

释文：长养智慧树（离世间品），开发菩提门（入法界品）。

经开始有意识地摆脱碑学体系，这个转折直到50岁左右才迎来根本性变化。除去欹侧夸张的碑学之后，弘一法师的风格发生变化，其工稳平正之处来源于唐人，而天然变化之处来源于晋人，这就是给堵申甫信中“意在晋唐”的含义所在。《华严集联三百》正是弘一法师此期平正中见天然、法度中见变化之书风的典型体现。

这种风格大概是弘一法师给世人印象最深的一种，然而实际情况更为复杂。在《华严集联三百》完成后不久或几乎同时，弘一法师就在尝试另外两种风格。其中一种与《华严集联三百》形成鲜明对照，似乎转瞬之间又回到了他曾经摒弃的北朝书风。这批作品大多集中于1930年，几乎与《华严集联三百》的时间重合。

这批作品对于理解弘一法师的艺术历程具有特殊意义，他在更高层次上回归了早期的碑学风格，但同时又不违背自身对于晋唐气象的追求。在这批风格鲜明的作品中，弘一法师将北方书风之浑厚与南方书风之天然有机地结合在一起。他当年以晋唐之风反对六朝习气，是思想推进中的一个阶段，并不能看作是定论。如果说他早年习北碑是正题，中年习晋唐是反题，那么此时弘一法师进入合题阶段。此阶段的作品兼具南北两种书风，但又不是两种元素的生硬拼凑，在碑版之质感与帖学之动感之间，弘一法师完成了创造性的融汇。他自身的这一小步，对于近代书坛来说是一大步。这意味着碑学和帖学势同水火的模式已不复存在，取而代之的是如何将两者进行创造性的融合。

面对这种巨大的成就，弘一法师依然没有停止探索的脚步，1932年他再次改变了自己的风格。

表面看来1932年确立的风格似乎与1930年的《华严集联三百》接近，但内在的境界已经截然不同。《华严集联三百》影响虽大，却只能算是弘一法师风格的形成初期，1932年的这批华严长联才是足以媲美历代名家的传世之作。然而，弘一法师这种行楷交杂的写法似乎并非其本意，他在1931年给蔡丏因的信中讲道：“迩来目力大衰。近书《华严集联》，体兼行楷，未能工整。昔为仁者所书《华严·初回向章》，应是此生最精之作，其后无能为矣。”[①]据蔡丏因回忆，《华严·初回向章》写于1926年，在《华严集联三百》之前不久，风格应与其类似。此时弘一法师的艺术理念还是早期来自印光老人的立场，以工整洁净为尚。但不巧的是他视力衰退，已经无法像往年那样完成这种精工小字。艺

① 《弘一大师全集》编辑委员会编：《弘一大师全集》第8册，福建人民出版社，2010年，第379页。

术家的不幸反而成就了艺术本身的幸运，弘一法师视力衰退之后以行书入楷书，主观上是出于无可奈何，但客观上的效果是逐渐超越了早年印光老人将艺术仅仅当作是弘法手段的理念。弘一法师把行书融合进楷书之后，画龙点睛般地使其作品充满了蓬勃生机。传统写经式的工整、北碑式的夸张、晋人式的天然在此期融汇为新的整体，点画仿佛任意安排，但充满内在的严谨。这种充满矛盾色彩的组合，给弘一法师此期作品带来令人赞叹不已的魅力。

1930 年至 1932 年，弘一法师的任意一种风格都足以传世，但是他在 60 岁左右又迎来了一次风格上的创新。这时他的身体状况已经很差，他谢绝世缘，闭户静修，却依然不废笔墨："此次至泉，未演讲，未赴斋会。……惟以见客、写字，至为繁忙耳。"[1] 这段时间虽短，但是存世墨迹并不稀少，可看作是弘一法师最后一类风格。

这一时期的风格，仿佛是对 1932 年华严长联时期作品的呼应，只不过更为散淡零落，是弘一法师最后的风格。早年写经之工整平正已经荡然无存，取而代之的是颤动之点画和欹侧之结字，貌如风中残烛、经霜枯草。人们或许可以将之解释为他晚年生机衰退，失去了对毛笔的把控能力。但是这只能解释表面痕迹，并不能解说这一时期作品所呈现出来的意境。如果说弘一法师 50 岁时的作品还可以勉强效仿，那么 60 岁前后的作品已经令人望而兴叹。从艺术的角度看，此时弘一法师可谓人书俱老；从佛法的角度看，他则达到了"非思量分别可解"的至高境界。

纵观弘一法师的艺术历程，这种不断超越自我之限定而不为成法所缚的能力，在艺术史上非常罕见。古代书家为了突破自身或者他人风格的局限，采用了各种手段，甚至求助于酩酊大醉，以求解脱。但宋元以来，越来越多的艺术家开始从禅宗中寻找突破既定范式的路径，如黄庭坚、董其昌等，都对此有了明确的体认和叙述。这种不为既定规则所局限的能力，从禅宗的角度看可以称为"无住"。《六祖坛经》中对无住解说道："无住者，人之本性，于世间善恶好丑，乃至冤之与亲，言语触刺欺争之时，并将为空，不思酬害，念念之中，不思前境。若前念、今念、后念，念念相续不断，名为系缚。于诸法上，念念不住，即无缚也。此是以无住为本。"弘一法师所言"若风画空，无有能所"，其含义就是既不执着于固定的创作状态，也不执着于固定的纸面风格。他的这种观念，连同他自身的经历，可以看作是对"无住"理念的精准体现。

---

① 《弘一大师全集》编辑委员会编：《弘一大师全集》第 8 册，福建人民出版社，2010 年，第 455 页。

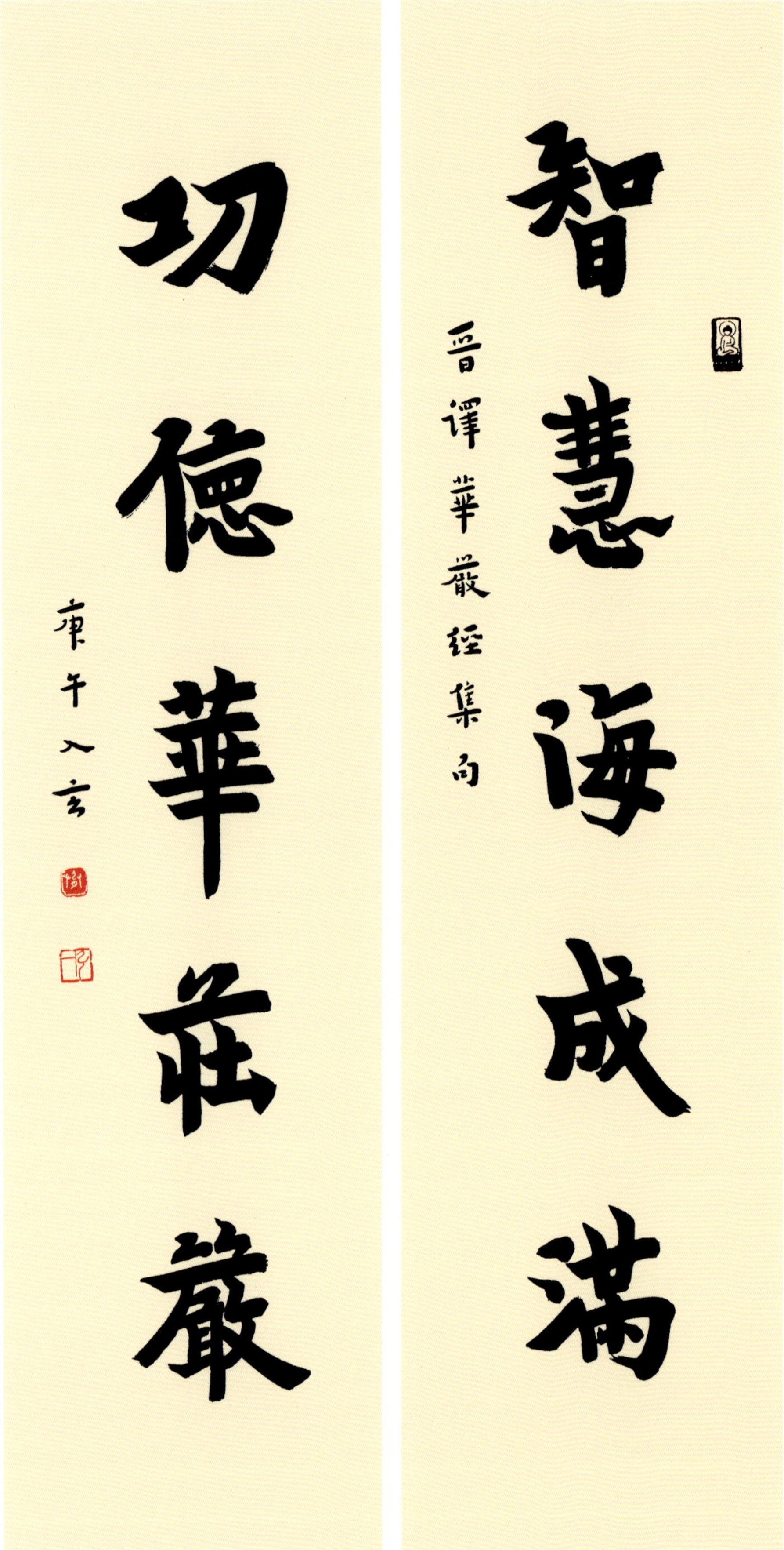
智慧海成滿
晉譯華嚴經集句
功德華莊嚴
庚午入玄

图 5-4 《华严经》集句五言联，弘一法师

左释文：智慧海成满，功德华庄严。

右释文：住一切智树，建无上法幢。

如果说弘一法师不断的风格跃迁是对无住之说的呈现，那么他认为最高艺术“非思量分别之所能解”的观点则是对无念之说的呼应。弘一法师本身的历程昭示了他对知行合一的注重，所以当他提出这种艺术理念时，会有与之相对应的艺术实践。1932年他在给刘质平的信中提及：“此次为新华同学诸君书写字幅，本为往生西方临别之纪念……字之工拙大小多少可以不计也。”① 所谓字之工拙大小可不计之说，不可简单理解为弘一法师自谦之词，而应该看作是他对书法艺术本身的深刻理解。同年他给胡宅梵的信中讲道：“余近来写字，绝不注意，信手挥写耳。”② 所谓不计工拙或者信手挥写，其内在的指向一致，都是对各种价值评判的悬置，也就是禅宗一再强调的“但莫憎爱”境界。从作品及弘一法师自述的双重印证可知，他在1932年达到艺术上的成熟绝非偶然。其因素有来自多年技法锤炼的成就，更关键之处在于弘一法师此时达至的信手挥写之境界。苏轼对此境界曾有“无意于佳乃佳”的论断，其根源在于禅宗的无念之境。《六祖坛经》中讲道：“般若三昧即是无念。何名无念？若见一切法，心不染著，是为无念。用即遍一切处，亦不著一切处；但净本心，使六识出六门，于六尘中，无染无杂，来去自由，通用无滞，即是般若三昧。”《六祖坛经》所言无念，有两重含义，一个是体，一个是用。从体而言，无念法门意味着心无染着，不执着于任何好恶评判；从用而言，无念心体又能够挥运自在而不凝滞。此时，在弘一法师内在的信手无念之境与外在的巧妙笔墨挥写之间存在严密的体用关联。当我们惊叹于弘一法师艺术上的精彩之时，不可忽略无念境界于其中所起到的关键作用。

《六祖坛经》无住、无念、无相三解脱门，在实质上并无差异，不过是为表述方便而有所侧重而已。同样，弘一法师的精神境界也无法分割，前文所述无住、无念，只是从两个角度来予以折射，下面再从具体笔墨技巧层面来对其无相之境界略加分殊。1938年，弘一法师致马冬涵信中曾言：“朽人于写字时，皆依西洋画图按之原则，竭力配置调和全纸面之形状。于常人所注意之字画、笔法、笔力、结构、神韵，乃至某碑某帖某派，皆一致屏除，决不用心揣摩。故朽人所写之字，应作一张图案观之可矣。”③ 这段话是弘一法师纯熟境界的集中表述，各派影响一概屏除是无住之境，而“决不用心揣摩”则是无念之境。若将所写当作一张图案来观看，似乎与无相之境不合。书法本身不能离开形象，

① 《弘一大师全集》编辑委员会编：《弘一大师全集》第8册，福建人民出版社，2010年第326页。
② 同上书，第431页。
③ 同上书，第464页。

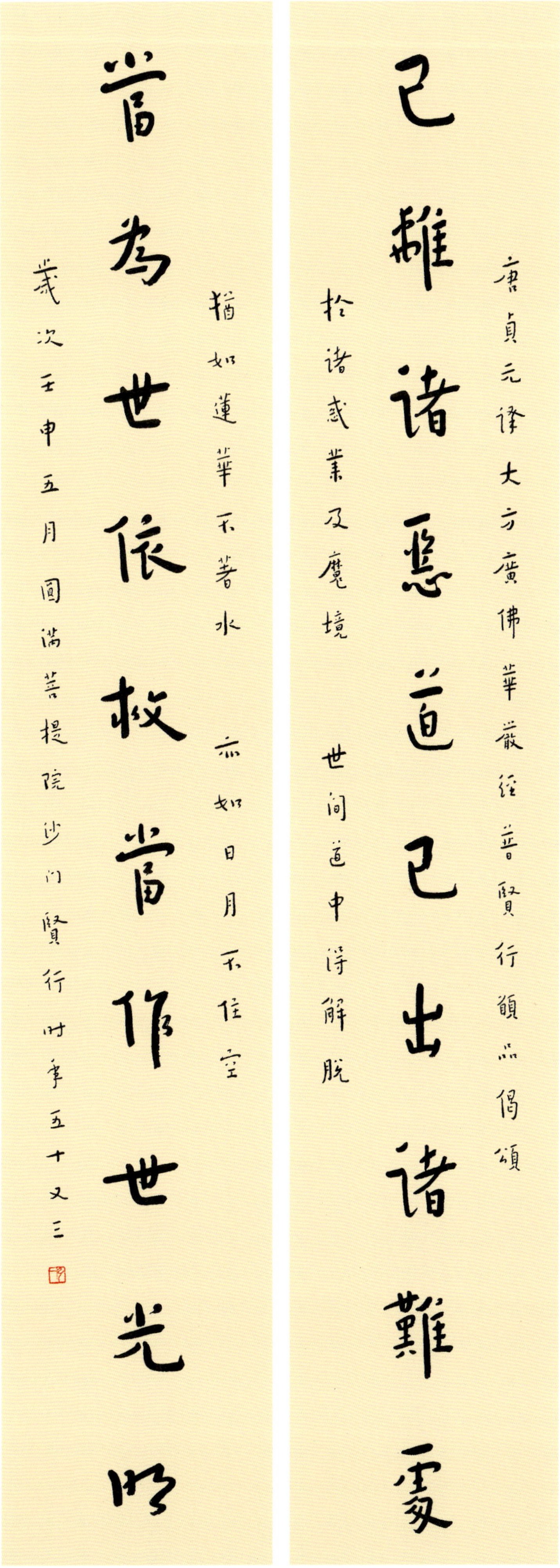

图 5–5 普贤行愿品偈颂十言联，弘一法师

释文：已离诸恶道，已出诸难处。当为世依救，当作世光明。

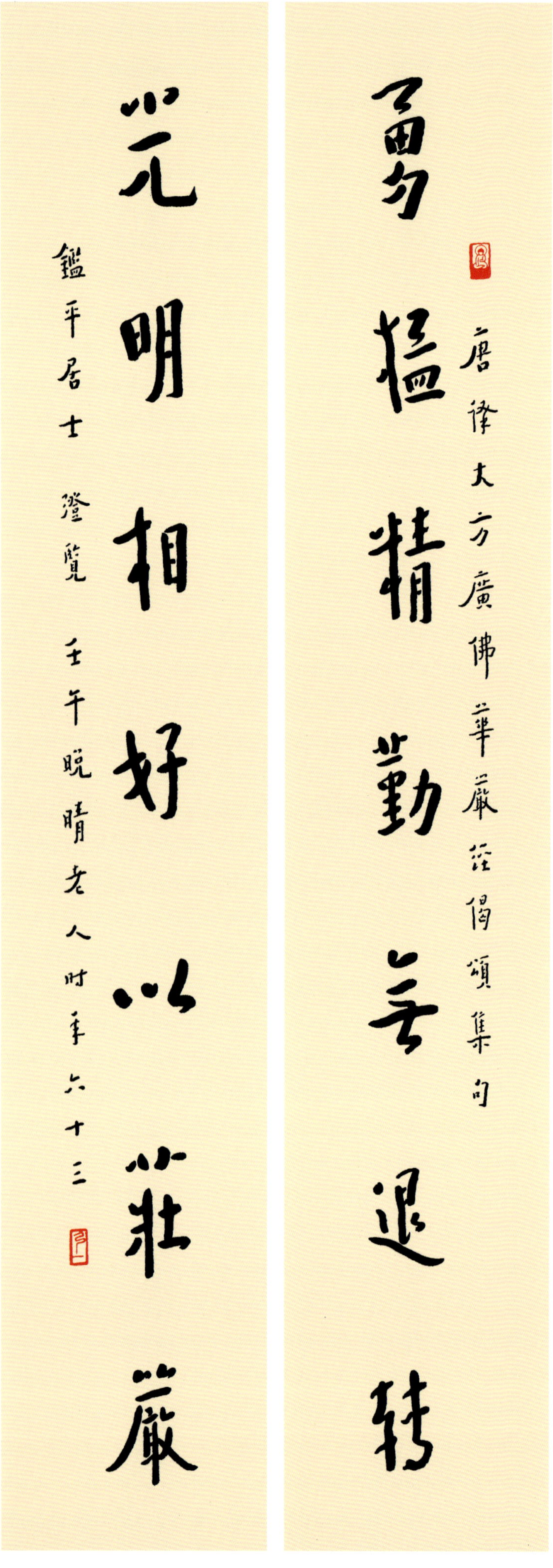

图 5-6 《华严经》偈颂集句七言联，弘一法师

释文：勇猛精勤无退转，光明相好以庄严。

何以能达至无相之境？《六祖坛经》中对此有明确开示：所谓离相者并非遁入断灭，而是于相离相，不离形象而达至空境方为禅门无相法门的真义。依照这种观点，弘一法师将其作品看作是一个图案，并不违背禅宗的无相之道。关键在于弘一法师如何使用形象而离于形相，涉及一些具体的笔墨技巧。

从点画而言，弘一法师由早年之工整严谨到晚年之信手零落，从北朝之雄强浑厚到独有之空虚灵动，似乎并没有一以贯之的笔法。但这只是表面上的不同，其间的差异不过是体用之别，不能看作是技法上的分裂。简要而言，点画凝重为体，映带灵动为用；没有早期对点画的刻意打磨，就没有后期的信手落笔。弘一法师在出家前对于碑学的研习已经表现出与众不同的取向，他不仅学习北碑的外形，而且深入碑刻点画内涵的意象。所以他无论是学习《张猛龙碑》还是《始平公碑》，都能很快达到临创结合的层次。出家前对北朝碑刻的长期投入，以及《华严集联三百》之后紧接北朝碑书风格复归，对弘一法师在 1932 年形成自身独立风格有至关重要的影响。他后期对于点画的信手挥写之所以并无懈怠靡弱之嫌，是因为早期数十年对碑学点画质感的不断打磨。后人效法弘一法师，往往只取其后期之淡泊灵动，而忽略其前期碑学的深厚底蕴。1937 年，马一浮为弘一法师《华严集联三百》手稿题跋曰："大师书法，得力于《张猛龙》。晚岁离尘，刊落锋颖，乃一味恬静，在书家当为逸品。"①弘一法师早年倾心碑学，可谓重象，他超越北碑的具体字形，取其凝重端庄之气象；晚年则刊落锋颖，可谓离相。这两者相结合，才是于象离相之无相境界。若是未能于字形中取其意象便信笔挥写，无异于缘木求鱼、盲人瞎马。

弘一法师结字之奇巧有目共睹，然妙在何处则言人人殊。从最浅显的层次看，弘一法师结字巧在充满断点。在法师的大部分常见作品中，点画和点画之间往往并不连接，而是保持众多的间隙。这种写法容易引起重视，书法史上如祝允明、王宠等也有类似的结字方式。弘一法师这种断点式结字在《华严集联三百》时期就有明显表现，一直持续到他最晚年作品。但很奇怪的是 1930 年这段时间，他有一批作品完全缺少这种"断点"结字。这批作品短暂地回归到他出家前所致力的北碑模式，不仅用笔浑厚，而且结字茂密，与《华严集联三百》截然不同。这批并无断点的作品中依然充满通透的空间感，这说明弘一法师结字之巧妙并不依赖于断点的存在。其中一方面在于他对点画的精准把握，点画本身的质量造就了结字的空间感；另一方面，弘一法师将帖学的流动性引入书

① 《弘一大师全集》编辑委员会编：《弘一大师全集》第 10 册，福建人民出版社，2010 年，第 400 页。

写，构成空间的合理变化。将南北书法风格相结合，是弘一法师结字既稳定合理又充满通透变化的技法根源所在。

最终而论，弘一法师作品之巧妙来自他的精神理念。他所说将作品当图案来看待，表面上是借鉴西方绘画的构图模式，实际上是指对汉字整体性的消解。通常书家在创作时，所想无非用笔结字或者某家某派，对于此类观念，弘一法师在晚年已经全然屏除。汉字在弘一法师眼中失去了天生的固定模式，而被看作是一个整体图案的局部构成。此时他可以对汉字的点画、结字、笔墨、风格进行自由安排，而最终符合他心目中所希望达到的冲淡境界。弘一法师对此特地说明，书法之境界是人品之境界的自然流露，而并非刻意的布置。也就是说自由的创作只是手段，而体现本人的境界才是目的。弘一法师一再强调书以人传，其内涵不止于书以人贵，更进一步是指书法实际上体现了人的内在精神境界。正因为弘一法师有着内在对无住无念的把握，所以他的书法才有外在的于象离相之意境，可谓体用一如。

通过对弘一法师思想和创作两方面的分析，我们可以把他各种散落的言论逐渐凝聚为统一整体，一言蔽之，曰“空性见”，所谓的无住、无念、无相，只是对不可言说之空性见的勉强言说。空性见是佛教不同于其他思想派别的根本见解，对于佛教的理解独到之处即在于此。趋近空性见的方式有很多，可以通过特定的行为如布施、忍辱进入，也可以通过传统的持戒—禅定—智慧方式进入，还可以通过充满中国色彩的意会模式进入。禅宗是主要通过意会模式来领悟空性见的主流宗派，所以诗歌曾一度成为禅宗传授教义、启迪弟子的主要手段。弘一法师对于空性见的趋近，也是采用了禅宗式的意会途径，只不过其外在表现不是诗歌而是书法。在趋近空性见的过程中，其禅宗理念和书法创作之间，形成了互相增进的正向循环。初始，弘一法师借助书法来弘法；随后，他对佛法的理解促进了其书法风格的转向；最终，其外在笔墨与内在空性见融为一体，难分彼此。无论从过程还是从结果看，弘一法师都可以看作是禅宗理路与书法墨迹相结合的典范。

图 5–7　弘一法师绝笔

释文：悲欣交集。见观经。九月初一日下午六时写。

九月初一日下午六时写

悲欣

交集

見觀經

3

初一日下午

王屋之既之畫史暉雲福
書之横圖潤色俾每之
似人自之飛聲之更
絶所第之補來之如彼仍
一録之之如人國無仍可
所謂平生之筆何之之錄
嘗也爲成筆何之見

指陈锺口结之比…言
声一变已教观平生东
尽已阿如书虞继修已
夫人须顺辞不已谓光空
如淳浮已撰待从笔已约
生之来子卑张功可之
须同笃中已是草学

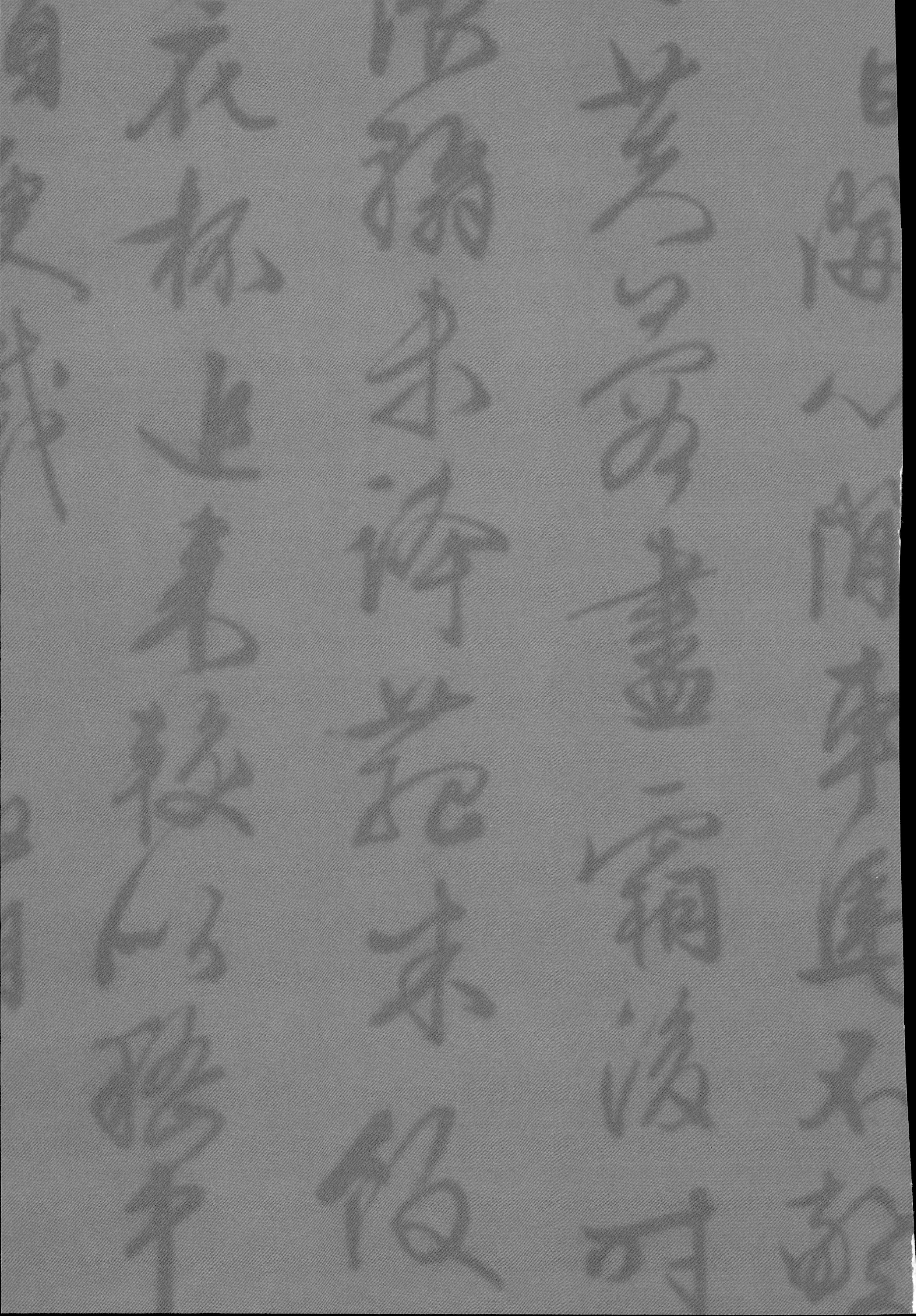